易經义说

上

李振义 著

南方日报出版社
NANFANG DAILY PRESS
·广州·

图书在版编目（CIP）数据

易经义说．上 / 李振义著．— 广州 : 南方日报出版社，2016.2
ISBN 978-7-5491-1350-7

Ⅰ．①易… Ⅱ．①李… Ⅲ．①《周易》－研究 Ⅳ．①B221.5

中国版本图书馆 CIP 数据核字（2015）第 297371 号

YIJING YI SHUO SHANG

易经义说（上）

著　　者：李振义
出版发行：南方日报出版社
地　　址：广州市广州大道中 289 号
经　　销：全国新华书店
印　　刷：广州市正雄印刷有限公司
开　　本：787mm×1092mm　1/16
印　　张：15.5
字　　数：215 千字
版　　次：2016 年 2 月第 1 版
印　　次：2016 年 2 月第 1 次印刷
定　　价：52.00 元

投稿热线：（020）87373998-8503　读者热线：（020）87373998-8502
网址：http://www.nanfangdaily.com.cn/press　http://www.southcn.com/ebook
发现印装质量问题，影响阅读，请与承印厂联系调换。

目 录

序

黄小丹

《易经》对我而言，既是一本神秘的书，又是一本难读的书。说它神秘是因为觉得它能算命，说它难读是因为书中有许多抽象的符号和生僻的字，因此，对它敬而远之。

有一天，我在校园遇见了一个多年的同事，我惊讶于她的容貌变化，很久不见看上去却依然年轻。怎么逆生长了呢？在我的追问下，她说跟着李振义老师学习国学已经有一段时间了。学国学有如此功效？是啊，相由心生嘛！她很平淡地回答。也许看着我一脸的向往，她告诉我，易之信国学班开讲了，让我去那儿听李振义老师讲解《易经》。

带着好奇的心，我来到易之信国学班听《易经》课。开讲了，李老师的PPT课件让我眼前一亮，图文并茂，动静相宜，李老师的讲解深入浅出，一下将我带入了《易经》的世界。李老师对一卦一爻、一词一字详细解读，引经据典，既分析历史事件，又评说当下如何做人做事，让我对这个世界的认识越来越清晰，让我知道任何事情的发展都是有规律可循的，让我焦虑的心情平静下来。每次六个多小时的学习时间过得飞快，可我根本没有丝毫的疲劳感，并期盼着下次学习时间的到来，我对自己的这种状态也感到不解，难道这就是修身养性？！

现代分子生物学常常用DNA来解释生命现象，用基因的表达来说明结果的产生，用碱基对的重组来解释变异的原因，比如通过调控某个基因可延缓人的衰老或不得某种病，人们的生命质量因而得到提高。

《易经》也许是社会科学中的DNA，它的卦象是基因，它的爻是碱基对，它是一本揭示事物发展规律的书，是一本开启人类智慧的书。而李老师所著的关于《易经》的这本书，不但通俗易懂，更能带你领略新概念，使你有更加正确的心理和行为。

2015年6月26日

（作者系仲恺农业工程学院教授）

导读一　学习《易经》的目的

很高兴大家今天来这里听我讲《易经》这一门课。我相信在座的各位朋友和同学对于《易经》都有一定的了解和认识，关于《易经》的学习我觉得有一个人说得最好，就是南怀瑾老先生，在他的《易经杂说》里有这么一段话，大意是“古人研究《易经》有一个毛病，大家都不肯明白说清楚，……研究了很久，明白了以后，觉得自己苦了好几年，不愿意让别人一下子就会，把所了解的当成秘诀，不告诉人，每个人留一手，留到后来，就糟了。……搞得后来的人又要重新研究”，导致《易经》像一个谜，更加神秘。我们中国人几千年来不断地研究，近百年来由于交流的便利，有很多外国人也加入了研究的行列。有时候倒过来想想，我们自己人真正能接受和了解《易经》的其实也并不多。

昨天晚上跟几个朋友一起聊天时，有朋友说：“这一辈子不学《易经》是件很遗憾的事。”就算是不能学懂，如果连学都没有开始学，那真的是比较遗憾的一件事。我自己花了八九年的时间自学，不能说自己学懂了，只能说是看了很多书，有一些感想而已。今天只是想把这些来之不易的感想分享给大家，把有些自己认为比较能合理解释的地方翻译出来，没有任何意思说别人的不对，这是我讲这门课的初衷。

比较有心的人会发现中国正在发生一个大的转变，就是我们这个民族的复兴。民族的复兴最根本的应是优秀的中华传统文化的复兴，因为她是我们民族的心，是我们民族的精神和灵魂所在。而《易经》是群经之首，所以在给大家讲《易经》的时候我想先说的就是我们学习《易经》是为了干吗，学习《易经》是为了明白道理，并且应用于实践之中，在学习的过程中可以让自己的心和性都得到修养并有所提升，让人生充满愉悦，这是我所认为的对于个人的最好的一个目标。

刚才说了《易经》是群经之首，但《易经》不是宗教，也不是迷信。虽然很多人一提到《易经》就会联想到算卦和风水，《易经》可以占卜，也可以看风水，但是那些都不是迷信，把它等同于迷信我认为是一种误解。另外一个问题是：《易经》属于哪个政治派别呢？有的人说它是从伏羲画卦开始的，所以它属于统治阶级。我认为：统治阶级确实要用它，因为它里面有大智慧，但是平民照样可以用，照样可以通过里面的智慧来提升自己，所以《易经》不属于统治阶级，在座的各位都可以学习。《易经》并不是玄虚的东西，有些东西我们现在觉得玄，是因为我们还不明白，明白了它就不玄了。这是开始讲《易经》之前我所要说明的几点。

对于《易经》的学习，我自己的理解呢，它就是一个系统，如果大家在学习《易经》的时候没有一个系统论的概念是没办法学的。而且这个系统所使用的语言不是今天的语言，是古汉语，换句话来说是春秋战国以前的语言。所以我们用今天的语言去研究《易经》是很困难的，我们得有系统的观点又要尽量用古汉语，这些古汉语就包括甲骨文、金文。研究《易经》时我们要学会穿越，设身处地去想象，我们就是伏羲、文王，才容易明白其中的意思。我还发现《易经》六十四卦之间存在非常严密的逻辑，每一卦、每卦的六爻之间，其逻辑真是太严密了，它就像一个盘旋的环一样，借用古人的一句话就是“如环之无端”，随处可以起头，它自成一体，将来在深入研究的时候大家应该会找到这种感觉的。刚才说《易经》是一个完整的体系，如果你研究时发现在某个地方有别扭、不通，这就说明研究有错误。所有的自成体系的东西一定是通的，我们都知道有一句话叫“通则不痛，痛则不通”，联系到人身上如果你身上某一个地方有痛点，那你的身体一定是有病的，至少是未病，就是那个病已经准备开始起来了。研究《易经》如果你觉得某个地方有别扭、不通，就说明你这个地方没有研究透。如果你觉得“恍然大悟”，那就说明你已经研究“通”了，这也是我自己在学习中所想明白的。另外就是刚才说到的，有些东西现在不明白是因为我们还没有达到那个高度，如果我们达到了那个高度，自然就明白了，所以不要以为我们不知道的东西它就不存在，我们可以先把它放在那里，等有一天我们把自己的修为境界提高了，那个时候我们就豁然开朗啦。这是讲《易经》之前先给大家做的一个概述吧！

在讲六十四卦之前，我先把《易》《周易》《易经》之间的脉络给大家理一下。学《易经》首先要明白《易》是什么，我相信大家在书上都看到了，中国人一讲“易”时就讲到三易，“变易、不易、简易”。“变易”是说，我们这个社会、天地、万事万物都是在不断地变化的，这个我们大家都明白。“不易”是说，万事万物在变化时所遵循的自然规律、大道是不变的。“简易”是说，这种“变”到最后是非常“简单的”，就像李克强总理在2015年“两会”上提到的“大道至简”一样。我觉得这三种说法都是对的，不过我有一种理解：这个“三易”的解释是后人的解释，不是作《易》的人当时的解释。《易经》是从伏羲开始把它称为《易》后一直传下来的，我们读孔子写的《系辞》时看到它的名字就叫作《易》。那我就开始想一个问题，为什么古人把这部书起名叫《易》呢？有的人解释说“易”就是蜥蜴的意思，我觉得用蜥蜴来解释有点偏了，好像是日本传来的这种说法。我带着这个问题去翻书，在甲骨文中看到了“易”字的这两种写法（见图0-1）。第一种写法像工业生产中的倒模一样，那个时期的中国有制造陶器的，所以大概就相当于那个意思，把原料倒入模具中，生产出东西来。今天社会制造陶器的不太多了，但是有很多模具。这第二种写法就更简单直观了，这个虚线相当于一条路，我们很多人都会开车，虚线就如路中间那条线，开车时必须沿着公路上画定的线走。所以甲骨文的这两种写法其实在告诉我们：“易”是一个规范、一个样本，是我们前行过程中必须要遵循的道理、规范。所以这样看“易”是很有意思的，也许古圣先贤就是告诉我们：“易”就是一个规范！

甲骨文

前 6 · 43　　　佚 234

图 0-1

我在品味“易”的甲骨文时有了这样的理解之后，发现不管“变易”“不易”“简易”，归纳起来它都可以被称为一个“规范”。换句话来说，生活中不管是大风大浪也好，风平浪静也好，我们都应该有一个原则、一个模式。这是我对“易”的理解，所以我说正本清源，还原“易”本来的面目。如果说“易”是一个规范，那我们在其他地方能不能找到印证呢？答案是肯定的！孔子在所做的《系辞》里，开篇时就说“易则易知，简则易从”。翻译成白话文就是说：《易经》是很容易明白、理解的，又因为很简单，所以就很容易“从”。为什么是“从”呢？因为它是规范，所以要去效法、遵从，如果“易”不是规范、样板，那又如何“从”呢，也就无所适从了。这就是我对于“易”给大家做的一个解释。

在继续解释《易经》《周易》之前，要先穿插一个概念：阴阳。现在中国人对于阴阳应该说误解非常多，绝大多数人一提到阴阳就会联想到生死，而且大部分人会想到死，不会想到生。因为一听到阴阳就会想到阴曹地府嘛。这个现象也是我们长期对于国学教育的缺失所造成的。阴阳实际上是什么呢？阴阳是上古先贤认知万物的一个基本法则。我们都知道有一个神话传说叫盘古开天地，就是说盘古一划把天地分开了，在盘古没划之前天地是混沌的，他这一划也就分出了天地。现在大家应该明白，这个天地就是阴阳，上为阳下为阴。所以阴阳是上古先贤最早的对世界进行分类的原则，这个原则到今天来看依然是非常有效的，可惜很多人对于阴阳没有概念。我们所有的东西都可以用阴阳来分类，这是最大的分类方法。我们不妨举些例子，比如说天地之间，天为阳，地为阴；太阳为阳，月亮星辰为阴；高的地方为阳，低的地方为阴。从方位上来说，上面是阳，下面是阴；左面是阳，右面是阴；前面是阳，后面是阴；东面和南面是阳，西面和北面是阴。从时间上，大家都知道白天是阳，晚上是阴，一个月上旬是阳，下旬是阴；春夏为阳，秋冬为阴。从气温上，暖热是阳，寒冷是阴。对于人来说就更有意思了，生为阳，死为阴；男为阳，女为阴；健康是阳，生病是阴；成长是阳，衰老是阴；头部是阳，脚部是阴；背后是阳，身前是阴。还有我们经常说的五脏六腑，六腑是阳，五脏是阴；身体外边是阳，里边是阴。以此类推我们把天地男女、万事万物全分出了阴阳。这样一来它的好处就出来了，如果你都不知道阴阳那你还知道什么呢！用刚才盘古开天地来说，若阴阳都分不清，你自然是“混沌”了。所以阴阳是对万事万物的最基础的分类，这个分类是必须要有的。如果你阴阳不分，那你就是处于一个混沌未开的状态，用大白话来说你就是个糊涂虫！对于阴阳的分类呢，我们还有一些其他的例子来进一步说明，比如说吉为阳，凶为阴；得为阳，失为阴；实为阳，虚为阴。还可以把事情现象分阴阳，比如说老师在上面讲课，学生在下面听，认真听的为阳，不认真听的为阴。所以大家明白了阴阳分类的方法就可以普遍地把它拿去试用！如果我们养成了这种分类的习惯，你就会发现这样是很有意思的。

细心想想阴阳还有三个性：一是相对性，阴阳是相对的；二是兼容性，绝大多数情况下一件事里既有阴又有阳，只是所占比例不同；三是互化性，在一个人身上，阴阳所占的比例是不断地改变的，比如说一个女生，在年轻的时候雌性激素是比较多的，到了更年期之后雌性激素有一个骤跌的过程。实际上雌性激素、雄性激素就是人体里的阴阳，从这里我们知道即使在同一个人的体内，阴阳也是一个互化的过程。所以阴阳是有这三个特性的。

关于阴阳，我们的古圣先贤有着很精辟的论述，例如老子在《道德经》中说“道生一，一生二，二生三，三生万物，万物负阴而抱阳，冲气以为和”。老子很少讲阴阳，但是在这里却提到了，他把阴阳的关系用简单的几个字写出来。孔子讲阴阳较多，最让人竖大拇指的就是“一阴一阳之谓道，继之者善也，成之者性也”。用我们今天的话来说，道就是由阴阳构成和表示的，如果你能悟道，并遵循大道前行，这是一件至善的事；能不能有所成就要看自己的“性”了。这是关于阴阳，给大家做一下介绍。

我刚才说了，“易”是古圣先贤给大家树立的一个规范，它是用阴阳来表示的。那第一个画“易”的人是谁呢？伏羲。伏羲画的是先天八卦。关于伏羲，大家都知道，伏羲是中华民族最早的王。我在自学《易经》的时候就在想一个问题：“伏羲为什么要画八卦？”后来，我用一段时间想明白了，伏羲之所以画八卦就是为了“王天下”。今天跟大家说一下我碰到的问题，是我自学《易经》时一个很重要的节点。我们假想：让自己回到七千年前的那个年代，没有文字，使用的语言可能只是一些简单的音调，连衣服也没得穿，用我们今天的话说都是野人，没有时间的观念，没有空间的观念。那假如你是一个王，像伏羲那样要领导这么多人，最现实的问题是：你如何有效地发号施令？一个领导者就是要管理别人，发号施令嘛。但是如果没有承载号令的载体你就没办法传达号令；没有标准，一片混乱、混沌，这个王是当不下去的！所以我想，如果我是伏羲，我一定要先搞一套标准出来，在今天叫制度！想到这一点我就明白了，伏羲画的这个先天八卦实际上就是一个时间和空间的标准。伏羲的先天八卦图大家都看过了（见图 0-2），一目了然，伏羲的先天八卦把一天的时间和空间用三画卦的方式把它全部给画出来了。所以我用了两个星期的时间把这个问题想明白之后很感慨，感慨我们的祖先太伟大了！先天八卦是统一的时间空间标准。你也可以视它为文字，因为它有标准的形式，固定的画法，它不是文字是什么？！如果这样想我们就会明白，我们这个民族从一开始就智慧超凡。为什么这么说？在七千年前我们就已经有了文字，而且这种文字是把时间空间合二为一，还自成系统。我们不得不为祖先的这种智慧感到骄傲自豪。这是我个人的观点，如果我说得对的话，中华文明史的时间应该还要往前推，不是五千年而是七千年文明史，这是我对伏羲画先天八卦的一个解读。我的这个解读，大家在孔子所作的《系辞》里面也可以看到，孔子说：“古者包牺氏之王天下也，仰则观象于天，俯则观法于地。”这说明孔子也是这样认为的。所以当时我就想，太有意思了，伏羲画卦就是为了“王天下”。我的这个说法还有一个后世的佐证，就是秦始皇统一中国之后做的一件事：书同文，车同轨，统一度量衡。这是秦始皇效法伏羲王天下的一个做法！所以讲到这里我们就明白了，《易经》不是迷信，是为了解决人类面临的现实问题而进行的一个智慧创造，是智慧的结晶。

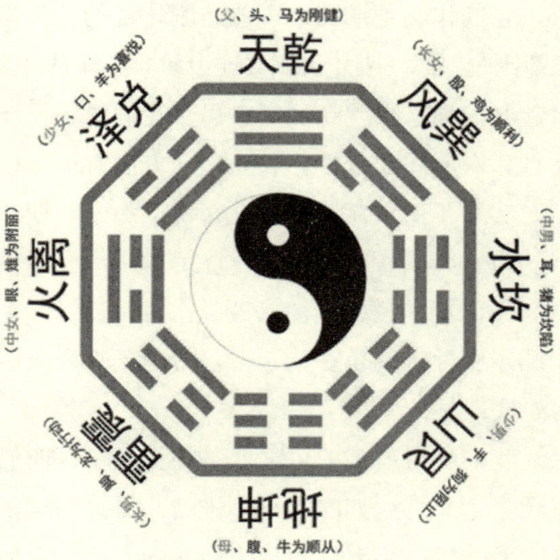

图 0–2

在伏羲的先天八卦之后紧接着就是《连山易》和《归藏易》，关于它们的说法比较多，不同的书有不同的看法。我自己是这样认为的，《连山易》的作者可能是神农氏，注意是“可能”。为什么说它的作者可能是神农氏呢？大家注意《连山易》以艮卦为起卦，刚才伏羲的先天八卦是以震卦为起卦，而《连山易》之所以叫“连山易”，它一定是以艮卦为起卦。对于神农大家都比较了解，湖北有神农架，神农最大的贡献在哪里呢？神农不仅发明了农耕技术，他对医学的贡献也是很大的，提到中医大家自然会想到《黄帝内经》，而在《黄帝内经》之前还有一部《神农本草》，它才是我们国家最早的医书。我们还知道一个故事叫“神农尝百草”，因为我自己出生在豫东平原，来到广东才见到真实的山，很多草都长在山上，平原地区的草很少。所以由此猜测，神农对山很熟悉，在尝百草的过程中了解了山的特性：连绵不断。神农对山特别感兴趣，且有感悟，所以在伏羲八卦的基础上发展出了《连山易》。估计孔子也是这样认为的，孔子在《系辞》里说："包牺氏始做八卦，包牺氏没，神农氏作。"所以我认为这个神农氏作的就是《连山易》，这是我的一个推测。孔子在《系辞》里暗示神农氏是伏羲的继承者、发展者。接下来说《归藏易》，它的作者是谁呢？可能是刚才说的黄帝、尧、舜。关于轩辕黄帝大家都比较熟悉，刚才讲到《连山易》是以艮卦为起卦，《归藏易》是以坤卦起卦，坤本来就有藏的意思。我们知道最能埋藏东西的就是土地，就是坤。众所周知黄帝在农业生产方面有很多创造和发明，其中最主要的就是实行了田亩制，换句话来说，那个时期黄帝对土地非常重视，所以我认为《归藏易》的作者应该是黄帝，当然也包括后面的尧和舜。孔子在《系辞》中说："神农氏没，黄帝、尧、舜作。"所以我们可以推测，孔子实际上就是在暗示：黄帝、尧、舜应该是伏羲八卦和《连山易》的继承、发展者。

讲到《易经》我们听得最多的可能就是周文王了，西伯侯被纣王抓了起来，在羑里关了七年，这期间在牢里推演八卦。那文王为什么画卦呢，为什么把先天八卦进一步发展到后天八卦呢？如果我们从历史的角度去看就会明白，文王画后天八卦是为了翦商大业做准备。用今天的话是为了推翻商朝做准备。为什么这么说呢？大家知道后天八卦是关于季节的表述，刚才我们说伏羲的先天八卦是关于一天的时、空变化的标准，而后天八卦是关于一年四季变化的描述。从这里我们可以推出来，在伏羲的时代还没有"年"的概念，在文王的时代已经有"年"的概念了。为什么说后天八卦是关于季节的呢，大家可以看到在《说卦》里孔子说："帝出乎震，齐乎巽，相见乎离，致役乎坤，说言乎兑，战乎乾，劳乎坎，成言乎艮。"这段话把后天八卦的顺序全部说完了，把每一卦在一年中所处的季节摆放得很清楚。那个帝是什么呢？"帝出乎震"，"震"我们知道是雷，地下潜藏的阳气初动，刚好如春天里的惊蛰，也就是说春天到了，春雷响了，很多动植物都要出来了，农人们要去劳作了。在这里这个“帝”不是皇帝，它是一个代表性的说法，所有的阳的东西都开始动了，正如三画卦震中的一阳由地下而生。“齐乎巽”，巽是东南，春季，春风吹来，万物复苏。“相见乎离”，离是夏天，万物成长且艳丽。“致役乎坤”，坤是三伏天，大暑的天气又湿又热，人们要去地里辛苦劳作，任劳任怨地去干活。有付出才有收获啊，秋收时的喜悦溢于言表，故“说言乎兑”。秋收之后要赶快把庄稼晒干，“战乎乾”，趁着秋风赶快晒干粮食，只有晒干之后才能收，不然收起来都会发霉了！“劳乎坎”，地下挖坑，在北方叫地窖，把红薯、大白菜都拿到地窖里藏起来，准备好过冬。“成言乎艮”，前面的事情都做好了、做完了，我们就可以停下来、坐下来说，今年的事情终于都完成了，接下来为明年的开始做准备吧！后天八卦把一年四季每个季节要做的事通过它的特征给概述出来，其目的是为了发展农业。今天我们说“农业是国民经济的基础”，民以食为天，如果一个邦国连吃的问题都解决不了，就更加不用谈什么富强了。在上古时期他们的生产力水平比较低下，吃饭是大问题，如果某个地方解决了吃的问题，而且粮食还有富余，这个地方就一定会吸引很多人过来。换个说法就是很多人会投靠这个地方，投奔这个国家，人越来越多，慢慢地这个国家就会兵强马壮，国富民强。所以说周文王推演后天八卦的真正目的就是要揭示季节的规律，找到四季变化和农业生产的关联性，遵循天时、不违天时地进行农业生产，从而达到富国强兵，最终推翻商纣王统治的目的。因为周文王在羑里被关了七年，时间比较充裕，所以又做了进一步发展，把先天八卦、后天八卦重叠形成了六十四卦。文王演《周易》的故事让我想到当下的“宅男”，如果不打游戏而是真真正正做点事的话，其实还是可以做出成就来的。很有意思！文王把先天八卦和后天八卦重叠演绎出六十四卦，这六十四卦呈现给我们的信息量就非常之大了，像一张无所不包的大网，内里包罗万象。

大家注意六十四卦是六画卦，它与三画卦不一样，有什么区别呢？三画卦是代表万事万物的八种属性，是静态的；六画卦是代表万事万物千变万化的一个过程，是动态的。先天八卦和后天八卦也不同，这是我们在学习的时候应该有的一个分别。周文王所做的后天八卦、六十四卦是对伏羲先天八卦、《连山易》、《归藏易》的发展和继承，我们称为《周易》。

讲到这里我们大致明白了《易经》的一个发展演变，伏羲先天八卦就是最早的《易》，周文王继承和发展之后所作的后天八卦及六十四卦为《周易》，孔子做了《十翼》之后，把《十翼》也归纳进去一并称之为《易经》。这是我个人的一个粗浅看法，不见得完全正确，只是分享给大家，到这里就把这个导读给大家讲完了。

导读二 让《易经》不再难学

谈到《易经》，绝大多数中国人都心有怯感、面露难色。因为，面对这部用自己的语言文字写成的书，现代人不用说讲明白其中的道理、智慧，就是连顺畅地读下来都有困难。许多人都有过想学习《易经》的念头，后来却由于各种原因而未能如愿，把这些原因归纳为一句话，那就是：《易经》太难懂、难学啦！

《易经》真的那么难懂吗？

最早对这个问题进行回答的是孔子。孔子在他的《易经》学习心得之《系辞传》中一开篇就回答了这个问题，子曰："易则易知，简则易从。……易简而天下之理得矣。"孔子认为：《易经》是很容易弄懂的，它很简单而且方便效法，这个既容易明白又容易效法的《易经》还能给我们昭示天地万物运行的内在规律。

孔子认为读懂《易经》是很容易的事情，为什么我们今天读起《易经》觉得如此困难呢？

本人根据自己多年在《易经》学习、探索过程中的曲折经历，以及在给同学们讲解《易经》过程中获得的信息反馈，加以梳理总结，认为与孔子的时代相比，我们今天在学习《易经》的过程中遇到的种种困难是客观存在的，而且是普遍存在的。借着广州市易之信文化发展有限公司邀请写稿的机缘，本人把这些具有代表性的困难梳理出来，并根据自己的实际经历，整理成几篇短文——《如何破解文字难》《如何破解结构难》……有针对性地与大家一起分享自己的学习体会，以期对大家的国学学习有所帮助，对中华优秀传统文化的传播尽一份绵薄之力。

一、破解文字难

在读《易经》的所有困难中，排在第一位的应该是文字难，而且文字之难的表现形式也五花八门。下面就对文字难做具体的归类分析并介绍相应的对策。

（一）一字多义，灵活可解

一字多义在《易经》中非常普遍，特别是用于卦名的文字。以豫卦为例，今天的读者见到“豫”字，大多数人马上会联想到河南省，而河南籍的朋友见到“豫”字干脆直接说，豫就是河南。研读《易经》时间久一些的学友都知道豫卦中的“豫”有很多意思，但不是指河南省。具体来说，豫卦中的“豫”在不同的位置有以下几种不同的含义：①音乐、乐舞：见象辞“雷出地奋，豫。先王以作乐崇德，殷荐之上帝，以配祖考”。②安逸享乐：见初六爻辞“鸣豫，凶”。③幸福：见六三爻辞“盱豫，悔，迟有悔”。④预谋：见九四爻辞“由豫，大有得”。

“豫”在豫卦中不同的地方其含义不同，这只是一个例子而已。《易经》的文字一字多义是很普遍的，读者必须学会以“变易”的方式去理解，才能准确把握它的字义。

（二）字句不顺，溯源可解

《易经》有些字句的意思理解不顺，按照现代的文字解释无论如何都解释不通，那么，我们最好的办法就是追根溯源，使用甲骨文的形意予以解释。仍以《豫卦》九四爻辞中的“由豫”为例，一般人可能以为是“由于”的通假字，随后就会发现这种解释的句意是不通顺的，也即翻译错误。实际上，“由”的甲骨文象形为“积水成渊”之象（见图 0-3），故而是“源头之积”，由一滴水积聚成一瓢水是要很长时间的，由上可知“由豫”是“厚积薄发、深谋远虑”之义。

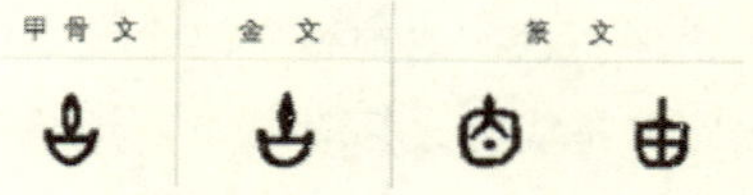

图 0–3

读《易经》发现句意不顺时，很可能是个别的文字无法用现代汉语的意思去理解，这时最好尝试用它最原始的甲骨文象形字义去理解。

（三）字形两可，大象可解

汉字中有些文字的长相极易混淆，当这些文字出现在《易经》中时会更加增添迷惑。例如，有一位学友询问：损卦初九爻中，巳事、已事、己事，哪个是对的？我明白他的问题所在，于是用一首小诗回答："往事如烟，逝而不返。展望未来，心志向前"。明白爻义如此，则该字为"已"，已经过去的事情。为何如此解释？因为这是由该卦为"损"这一大象决定的。正如老子所言：执大象，天下往！

有些字形两可或字义复杂的文字，必须先考虑所在的卦——这一大象。

（四）百解不顺，土语可解

《易经》中的有些文字，百思不得其解，即使参照别人的解释仍然觉得不够通畅，也许它是古代某一地方的土语，一般的字典没有收录。仍以豫卦为例来说明之，豫卦"九四：由豫，大有得。勿疑朋盍簪"。其中的"盍簪"一词，王弼注："盍，合也；簪，疾也。"陆德明释文："簪，虞作戠。戠，从合也。"孔颖达疏："群朋合聚而疾来也。"后以指士人聚会。我个人仔细品味后，觉得他们的注释都不够准确。我认为这个词属于豫、皖、苏、鲁四省交界区域（春秋战国时期的宋、楚、鲁国的部分地区，也是老子、孔子生活的主要地区）的方言土语，发音为 hé zān，含义为：因受到惊吓而发抖、颤抖、哆嗦。因为本人出生于该区域的农村，使用土语方言较多，该词语至今仍在使用。这样解释之后，再结合前面关于"由"字的甲骨文义解释，整个豫卦九四的爻义就豁然开朗了：经过长期的谋划，厚积薄发，而后取得骄人的成就（"大有"为另一卦名）。取得如此一鸣惊人的成就，就连离你最近的亲朋好友也一定会感到震惊的！诸位仔细想想，其实这不就是豫卦之上震的本义吗？

有一次与商丘的几个老乡谈到“盍簪”这个词语的含义，他们说，这个词还用翻译解释吗？就是受惊之后打哆嗦，这是我们当地谁都知道的意思啊。

关于文字难的表现形式还有很多，因篇幅所限不能一一列举，在此抛砖引玉，希望诸位广开思路，能一一破解之。

二、破解结构难

从系统论的角度看，天地万物皆是以其特有的系统形式存在的，无论动物、植物，还是事物，概莫能外。认识一个陌生事物的最好方法就是对它进行系统性的研究，通过研究它的结构层次，以期全面认知它。

《易经》肯定也是一个独特的系统，要学习、把握《易经》也必须从系统的角度去认识、分析它。这是必须的！

《易经》作为一个系统，不同的研究目的决定了它的层次结构划分也是不同的。本人经过多年的揣摩，认为从有利于学习者“学习”的角度出发，《易经》系统的学习进程结构是由表象、内里、扩展、施用这四个层次组成的。（见图 0-4）

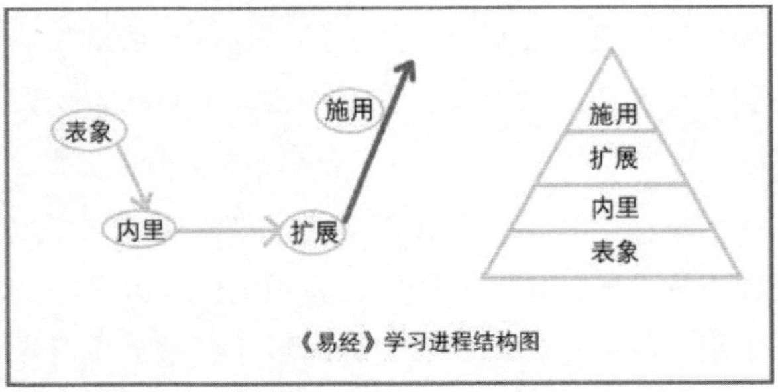

图 0–4

（一）表象

《易经》的表象就是初学者翻开经文所看到的东西，也即卦画和文字。以六十四卦而言，卦画即是由每卦的六爻组成，文字即是卦辞、彖辞、象辞、爻辞。这两部分构成了《易经》的表象，它们不是毫无联系地摆放在那里的，而是意义非凡，其中六爻为骨，辞为皮肉。

仍以豫卦九四爻为例予以说明。豫卦下卦为坤为地，主静主藏，上卦为震为雷，主动主疾，而九四为上卦雷震第一爻，而且是在下卦坤地久藏久蓄之后的第一声雷鸣。讲到这里大家应该已经想到了非常熟悉的一句话“于无声处听惊雷”，或者是一个词语“不鸣则已，一鸣惊人”。相信大家到这里都已经明白了：《易经》的文字是对每卦相应的上下卦或爻的文字说明而已，而卦及卦爻本身已经在讲述着那无形的大象了。如果你对文辞的解释不符合这个象，你的解释一定是错误的。希望诸位读到这里的时候，再倒回去读我前面关于《豫卦》九四爻的文字释义，前后结合起来看，仔细想一想：是不是通了很多！

很多人觉得《易经》难以读懂，现在应该明白了，我们被它的表象给挡住了视线，正所谓：一叶障目，不见泰山！

（二）内里

《易经》的内里，也就是其表象直接指向或指明的地方，它通常在每一爻的象辞之后。仍以《豫卦》九四爻为例，“象曰：由豫大有得，志大行也”。这个象辞实际是我们的祖先圣贤担心我们读不懂爻辞，而对爻及爻辞做的直截了当的解释，《豫卦》九四爻换成现代的语言就是：谋定而后动，长期蓄势准备之后，才可能一鸣惊人、一飞冲天，让自己的理想抱负得以实现！

（三）扩展

扩展就是在内里的基础上，进一步举一反三，当然最好就像孔子说的举一反十！这一点，不需要解释了，大家都明白的。

（四）施用

把《易经》的智慧用于现实之中，就是《易经》的施用。如《黄帝内经》《孙子兵法》等就是《易经》智慧在具体领域中的应用，了解这些对于我们学习《易经》会有很大帮助。因为，通过对这些经典的阅读，可以帮助我们反过来理解《易经》的智慧，同时，还可以让我们明白《易经》并非谈玄弄虚，它是很实在的。我们以之为玄，那是因为我们自己不明就里！

三、破解“穿越”难

“穿越”一词，最近几年曾经非常时髦。我想说的是：如果在学习《易经》时不懂“穿越”，那么学习将是非常困难的。而我所说的“穿越”，仅仅“穿越”到明清或者汉唐是不够的，必须要穿越到春秋战国之前，直至伏羲所处的上古……

（一）必须穿越

众所周知，今人所看到的《易经》是由伏羲、文王、孔子等古圣先贤写成的，他们生活的年代距今已经非常遥远，即使是离我们最近的孔子，也是2500多年前的事情了。《易经》虽是使用汉字写成，但是并非今天的汉字，文王当时使用的文字也许是甲骨文，但是绝不是大篆小篆等以后的汉字。因此，我们使用现代汉语去理解《易经》肯定是行不通的，最好使用甲骨文，其次是金文。如果你觉得某些甲骨文的文字翻译也有不妥，那么，最好连甲骨文的翻译也不要了，让自己“穿越”回中古时期或者上古时期，直接给甲骨文象形释义吧……

不仅在文字理解上要“穿越”，在《易经》整体智慧的理解上也必须要“穿越”。人类社会经过几千年的发展，今天的世界与孔子之前的世界肯定大不相同。我们必须明白：古圣人是以当时的人文社会、自然环境为大背景来写作《易经》的。如果以今天的社会、政治、经济等理论去理解《易经》，显然是非常不畅的。因此，我们要想学好《易经》，就必须设身处地用古人的思维去思考，而不是用今人的思想理论去批判它。我常常提到的一点是：如果我们还没有完全明白它，又凭什么去批判它呢？

因此，要想学好《易经》，一定要让自己暂时“穿越”回那个时代！

（二）如何“穿越”

既然“穿越”如此重要，那么该如何“穿越”呢？

我个人认为：第一，要增加自己的历史知识，尤其是春秋战国以前的历史知识；第二，要加强自己“穿越”意识的培养，以便熟练穿越，熟能生巧；第三，要注意《易经》自身系统内知识的穿越。

四、跨越神秘关

谈到《易经》，绝大多数中国人都认为它是一部充满了神秘色彩的书。至于如何神秘，则会进一步联想到“算命”和“风水”等。

实话实说，我自己在学习《易经》之前也是这种认识。但是，在学习了几年之后，发现它不再是“神秘”，而只剩下“神”了！

这是怎么一回事呢？我想用自己的一个生活片段说明之。

2013 年 11 月下旬的某一天，我突然感到自己的右眼皮老是在不受控制地乱跳。起初，我想也许是受到了什么刺激造成的，过两天就会好的。谁知第二天、第三天右眼皮跳得更加厉害了，到了第四天左眼皮也开始跳了！大家都知道有句俗语“左眼跳财，右眼跳灾”，当一个人两只眼皮大白天不停地乱跳，一定会心慌意乱的，再想到这句俗语，就会更加慌乱！而此时的我毕竟是学习《易经》等国学经典有数年之久了，内心是不会相信“跳灾跳财”之说的，自然也就不会心慌。于是，自己就静坐下来“观自在菩萨”，思考一下为什么会出现这种状况。静思之后，得出的结论是：第一，由于自己长期看书以及电脑屏幕，造成用眼过度，眼睛附近的肌肉劳损而没能及时恢复。第二，11 月下旬广州的天气转凉，自然界的阴气渐长阳气渐消，在人身上会有所作用，而最先受到影响的一定是自己最弱、最易受伤或者已经有暗伤的地方，也就是天气转凉使眼睛周围肌肉劳损的暗伤显现了。明白这个道理之后，我立即注意个人的用眼卫生和保健；同时，购买了一台女士用的“蒸汽香薰美容仪”，加清水后放入艾绒蒸汽熏眼，每天 15 分钟，在没有使用其他药物治疗的情况下，一周后眼皮乱跳的症状全部消失。它真的很“神”啊！

这个真实的故事告诉大家，学习《易经》之后，你就会明白其中的智慧，在遇到具体的事情时就不会太情绪化地去处理问题，而会更加理智化，分析其成因并找出相应的解决之道。《易经》所蕴藏的智慧，真的很“神”！

讲完这个故事之后，我想借用一句话来表达自己对于这部“群经之首”的感受，正如《黄帝内经》所言：“道无鬼神，独来独往！”

五、读易样板

谈到《易经》，肯定要面对的一个问题就是：易是什么？大家都说：易就是三易，指其简易、变易、不易。我认为这种解释是可以理解和接受的。但是，我们的古圣先贤为什么要把这部经典命名为“易”呢？恐怕不是“三易”那么简单。

带着这个问题，我仔细品味“易”的甲骨文字样，发现在甲骨文中“易”字实际上就是“规范、样板”的意思，至此我的心结全部打开，我明白古圣先贤为何把这部经典命名“易”了。易，就是我们必须效法的规范、样板！怪不得孔子在《系辞》开篇就讲“易则易知，简则易从”。

明白了上述问题之后，我另外一个问题又冒出来了：在《易经》之中，我们的古圣先贤会不会已经给我们隐藏一个学习《易经》的样板了呢？

带着这个问题，我再次翻阅《易经》。比对六十四卦之后，我的问题已经迎刃而解了，这个学习《易经》的样板确实存在，它就是“乾、坤”二卦！

至此，大家应该感觉到这乾坤二卦与其他六十二卦的不同了，也应该明白孔子在《系辞》中不厌其烦地大谈“乾坤”的良苦用心了！

愿我们从“乾坤”开始，能够更加容易地把《易经》读懂！

【作者心语】

以上观点，只是一己浅见，微不足道，不值争辩。唯抛砖引玉，以期国人明白自己的文化才是民族的根，若根不存，则枝干必危。愿大家对中华优秀传统文化的传播都能尽一份绵薄之力，为中华民族的伟大复兴添砖加瓦！

第一卦　乾

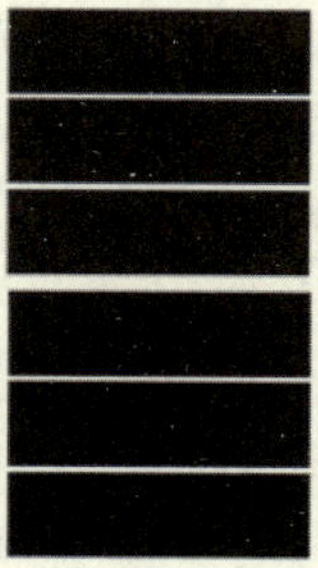

乾：元，亨，利，贞。

初九：潜龙，勿用。

九二：见龙在田，利见大人。

九三：君子终日乾乾，夕惕若厉，无咎。

九四：或跃在渊，无咎。

九五：飞龙在天，利见大人。

上九：亢龙，有悔。

用九：见群龙无首，吉。

象曰：大哉乾元，万物资始，乃统天。云行雨施，品物流形。大明终始，六位时成，时乘六龙，以御天。乾道变化，各正性命。保合大和，乃利贞。首出庶物，万国咸宁。

象曰：天行健，君子以自强不息。潜龙勿用，阳在下也。见龙在田，德施普也。终日乾乾，反复道也。或跃在渊，进无咎也。飞龙在天，大人造也。亢龙有悔，盈不可久也。用九，天德不可为首也。

《文言》曰：元者，善之长也；亨者，嘉之会也；利者，义之和也；贞者，事之干也。君子体仁，足以长人；嘉会，足以合礼；利物，足以和义；贞固，足以干事。君子行此四德者，故曰“乾：元、亨、利、贞”。初九曰“潜龙勿用”，何谓也？子曰："龙，德而隐者也。不易乎世，不成乎名，遁世无闷，不见是而无闷。乐则行之，忧则违之，确乎其不可拔，潜龙也。"九二曰"见龙在田，利见大人"，何谓也？子曰："龙德而正中者也。庸言之信，庸行之谨，闲邪存其诚，善世而不伐，德博而化。《易》曰：'见龙在田，利见大人'，君德也。"九三曰"君子终日乾乾，夕惕若厉，无咎"，何谓也？子曰："君子进德修业。忠信所以进德也。修辞立其诚，所以居业也。知至至之，可与几也；知终终之，可与存义也。是故居上位而不骄，在下位而不忧，故乾乾因其时而惕，虽危无咎矣"。九四曰"或跃在渊，无咎"，何谓也？子曰："上下无常，非为邪也；进退无恒，非离群也。君子进德修业，欲及时也，故无咎。"九五曰"飞龙在天，利见大人"，何谓也？子曰："同声相应，同气相求。水流湿，火就燥，云从龙，风从虎，圣人作而万物睹。本乎天者亲上，本乎地者亲下，则各从其类也。"上九曰"亢龙有悔"，何谓也？子曰："贵而无位，高而无民，贤人在下位而无辅，是以动而有悔也。"

潜龙勿用，下也。见龙在田，时舍也。终日乾乾，行事也。或跃在渊，自试也。飞龙在天，上治也。亢龙有悔，穷之灾也。乾元用九，天下治也。

潜龙勿用，阳气潜藏。见龙在田，天下文明。终日乾乾，与时偕行。或跃在渊，乾道乃革。飞龙在天，乃位乎天德。亢龙有悔，与时偕极。乾元用九，乃见天则。

乾"元"者，始而亨者也。"利贞"者，性情也。乾始能以美利利天下，不言所利，大矣哉！大哉乾乎！刚健中正，纯粹精也。六爻发挥，旁通情也。"时乘六龙"，以"御天"也。"云行雨施"，天下平也。君子以成德为行，日可见之行也。"潜"之为言也，隐而未见，行而未成，是以君子"弗用"也。君子学以聚之，问以辨之，宽以居之，仁以行之。《易》曰"见龙在田，利见大人"，君德也。九三重刚而不中，上不在天，下不在田，故乾乾因其时而惕，虽危无咎矣。九四重刚而不中，上不在天，下不在田，中不在人，故"或"之。"或"之者，疑之也，故无咎。夫"大人"者，与天地合其德，与日月合其明，与四时合其序，与鬼神合其吉凶，先天而天弗违，后天而奉天时。天且弗违，而况于人乎？况于鬼神乎？"亢"之为言也，知进而不知退，知存而不知亡，知得而不知丧。其唯圣人乎！知进退存亡而不失其正者，其唯圣人乎！

我们来看六十四卦中的第一卦乾卦，在讲乾卦之前我想先说一个观点，乾卦和坤卦在六十四卦中是最不好讲也没什么好讲的，因为乾、坤这两卦都被孔子讲完了。孔子为乾卦、坤卦作了《文言》，在彖辞里写了非常多，在象辞里也写了非常多，不厌其烦地写，其实是想告诉大家，你想学好《易经》吗，你想学好六十四卦吗，乾、坤两卦就是样板。因为孔子都已经讲完了，所以其他人就没什么好讲的了，我们今天学习的时候把孔子讲的古文翻译成白话文就差不多了，这是我的一个理解。乾坤是六十四卦的开始，是《易经》的门，这是孔子说的。

孔子在讲《系辞》《文言》的时候，把六爻的东西合在一起写了，我今天把它拆开与每一爻配在一起，这是先要跟大家说明的。另外要说的就是我做了一个改变，原本《易经》书上是卦辞、彖辞、象辞、六爻爻辞这样一个顺序，但是我讲时要把象辞先抽出来，因为我在以前讲课的经历中发现，如果按照《易经》书上的顺序讲有些别扭。后来我想到一件事，古圣先贤在作《易经》时已经写得很清楚了，“天垂象，圣人则之”，所以是先有象。有了象之后以卦爻示象，有了卦爻之后再配卦辞爻辞，之后才有彖辞，而卦辞是对整卦精华的概括性总结。所以按照这个逻辑顺序我做了一个调整，讲每一卦时先给大家讲象辞，这是先要给大家做的一个说明。

象曰：天行健，君子以自强不息。

乾卦，乾的本义就是天。上、下卦都是乾，积极向上，刚健，永远向前，这是我们看到天之后所能想象到的东西。大象里说“天行健，君子以自强不息”，这是中国人朗朗上口的话，天的性质就是刚、刚强，健、硕健，永远向前。君子效法天的智慧，自强不息，内心永远向上向前充满正能量。结合现实说，人的一生会遇到很多挫折，大坎小坎有很多，不管遇到什么挫折只要心中一直有这个乾阳，我们就一定能过去的。对于一个人而言，这份阳气所散发出来的正能量来自内心，如果心里的阳没有了，人就容易轻生；如果说他在很困难的时候依然内心充满阳光，那他不会悲观。这是我对乾卦“天行健，君子以自强不息”的理解。曾经有朋友和我谈到某某人轻生的事情，问能不能救，我说基本上用药救不了，一定要找到一个点把他内心的那个向上、向生的阳激发出来。如果只是一次阻止其轻生，而没有找到症结、心结，且从心里激发他向生的阳（生命力），以后他再次轻生的念头还是会出现的。这是我们在理解乾卦象辞“天行健，君子以自强不息”时应该想到的。

乾：元，亨，利，贞。

卦辞“乾：元，亨，利，贞”这四个字怎么解释呢，我们可以从不同的角度去解释。元：最原始的，开始；亨：亨通，通达；利：收获，收益；贞：正固，收藏。注意“贞”这个字在《易经》书上出现的次数很多，大多数人都把它解释为正固、收藏的意思，不过我认为，“贞”字在很多情况下应解释为“以……为主征象，预示将来……”。比如说，“贞凶”一词，解释成“凶要正固”是不合适的，凶怎么还要去正固呢？而解释成“预示着将来会很凶险的”就容易理解了。当然在乾卦里这个“贞”是正固、收藏的意思，在其他的地方大家就要注意辨明了，这是第一种解释。第二种解释是把“元亨利贞”解释为春夏秋冬四个季节，元对应春，亨对应夏，利对应秋，贞对应冬。元亨利贞对应一年四季，四季变化也是轮回不息的，所以元亨利贞也可以解释为春夏秋冬四季变化。第三种解释就是仁义礼智，元对应仁，亨对应义，利对应礼，贞对应智。有人可能会说，仁义礼智怎么少了信呢？大家都习惯说仁义礼智信。这里简单讲一下五行，信就是土，土为中土，了解过中医的人都知道每个季节最后的十八天，就是土的时令，所以这里面不再讲土，因为已经把土分散到四季中去了，这是我们古人的一种哲学。

从十二消息卦可以看到，乾卦代表的是农历四月。虽然在广东四月份不是特别明显，但是在北方四月份就很明显有“乾”的特征了。我这样用季节去解释“元亨利贞”是有根据的，孔子在《系辞》中说“元者，善之长也”，春天是最适宜生长的。“亨者，嘉之会也”，夏天的时候万物最美丽的一面就会呈现出来。“利者，义之和也”，秋天是收获的季节。当然也有人看到这几个字会想到：和气生财。“贞者，事之干也”，做完了前面的事情之后还要再加以正固、收藏，这是最重要的部分啊。“君子体仁足以长人，嘉会足以合礼，利物足以和义，贞固足以干事”，孔子不厌其烦地又总结了一遍，这是关于卦辞的说明。

彖曰：大哉乾元，万物资始，乃统天。云行雨施，品物流形。大明终始，六位时成，时乘六龙，以御天。乾道变化，各正性命。保合大和，乃利贞。首出庶物，万国咸宁。

看着彖辞这些文字，华丽得使我们不忍心去翻译，也没有水平把它全部准确翻译出来，它的意境太高了。从文字上看，它是在讲天道、王道的，六条阳爻如六条龙，时间到了，才能做一番事业。抓住时机，在什么时候做什么事，该变时就要去变。各正性命中的“命”不要理解成宿命，而是指本来的大道。所有的事情如果按照正确的方向、正确的时机去做，那就会达到一种大和的境界，对于全天下，对于王都是好的。乾元，也就是先天元阳。以人为例，孩子身上来自父母亲的那份阳气，是先天承自父母的，而非后天进补获得的。大家看武侠小说时经常会看到元气、真气，也就是指这个乾元，它是生命的根。下面我们看爻辞。

初九：潜龙，勿用。

为什么是潜龙勿用呢，因为阳在下。一共六条爻，上中下分为天人地三才，初、二爻为地位，三、四爻为人位，五、上爻为天位。初九爻阳气在地下潜藏，属于最为幼稚的阳，所以不能乱动。这个时候你是一条龙也只能隐藏，不可以乱动，不管外面风吹雨打都不可以乱动。不用顾忌人家说你好坏，自己做“宅男”好啦！遁世无闷，这条龙不能出来但是他并不郁闷，因为他明白现在所处阶段就是要潜。如果高兴了也还是可以晃晃身子摇摇尾巴，并不是说一定要待在那里不动，潜是说在这个阶段不可以发挥作用，不能大动，不要老想着去干成什么事。不要妄动，积蓄自己的实力，所以这就是“潜龙勿用”这个爻辞真正的含义。

九二：见龙在田，利见大人。

现在已经走到第二爻了，刚才说下面两爻是地位，那现在就是地表。“见龙在田”这个“田”就是地表面，龙已经走到地面上来了。“利见大人”，这个“大人”是指谁呢？两个指向，第一个是指龙以外的其他人，就是我们说的万民，龙已经走到地面，这个时候就是要把它的德行施予出来，也就是“德施普也”。它的德广施天下，万民就会得到利益。另外这个“大人”还指龙自己，龙出地面，把自己的德向天下普施，这个过程也是自己修德的一个过程。所以大家要明白这个“大人”不仅指万民更指龙自己。另外在《文言》中有几个地方大家要注意，“易曰：见龙在田，时舍也”。这个“舍”字又是双关语，时间到了你要准备离地了，在这里第一个意思就是指地，第二个意思是舍弃。“天下文明”，这个“文明”不是我们今天讲的这个意思，它是“天下都知道，天下都看得见”的意思。这个“文”和“明”在后面六十四卦里经常出现，特别是三画卦离出现时，它就会出现这样的意思。“君子学以聚之，问以辨之，宽以居之，仁以行之”，很多人这样解释：聚在一起是为了学习，辩论的时候不懂就问人家，住的房子要大一点，行仁义。其实不是这个意思，它的本义是：这个东西你不懂，你要学习，就把所有不明白的东西聚集在一起，经过分类对比之后就容易明白了。在分辨、辨别、思辨时应当多问几个“为什么”，这个问是“思辨性发问”的意思。所以它们是倒装句，聚之以学，辨之以问。所以说《易经》是世界观，同时是方法论。“宽以居之”，不是说住的房子越大越好，而是说在处理事情时要心宽，宽容别人，居是处的意思，也就是我们常说的要放得下的意思。仁以行之，这个大家都明白。以上这些是九二爻给大家做的一个说明。这一爻里我想特别给大家说明的是，“见龙在田”，这个时候龙不再潜了，已经出来了，有一点作为了，但是大家要注意的是，这个作为不是说大的作为，不要想着取得很大的成就，还没到那个时候。这一爻最大的智慧在于施德，德博而化；事物发展到这个阶段要注意懂得“舍”。

九三：君子终日乾乾，夕惕若厉，无咎。

九三也就是我们常说的“惕龙”。本句在不同的版本上句读不同，经过比较和思考我认为应该是这样的：“君子终日乾乾，夕惕若厉，无咎。”这句话的意思是到了九三这个阶段，白天要勤奋努力，傍晚要自省，这个惕是警惕自省的意思。大家应该已经联想到了一句古话："吾日三省吾身。"关于这一爻，圣人说"君子进德修业"，这个时候还是要注意让自己的德行继续上进，你的功业还要去修。"忠信所以进德也。修辞立其诚，所以居业也。"做到忠信，讲话的时候注意使用的语言要有诚信，讲话都不负责任，怎能做出一番事业？日常生活中有些人讲话不靠谱，十句话里有九句都是假话，这样的人办不了什么事的。上面说到天地人三才中，九三是人的开始，三爻这个位置总想往上走。这里面我想给大家说一下"知至至之，可与几也；知终终之，可与存义也"，这个"至"字就是边、边界的意思，如房地产行业中说的"四至"，还可以联想到冬至，关于这个"至"字将来在复卦，我们再详细介绍。这句话非常经典，它其实告诉大家，一个人应该知道边界、知道时机、知道进退，这样的人才能让他参与最重要的事情，才可以把你的情义托付给他。以此为据顺便想给大家的提醒就是：交友要慎重，交错了朋友将是很麻烦的事。在人生事业走到九三爻这个阶段时要勤奋工作，勤勤勉勉，晚上要回来反思。"居上位而不骄，在下位而不忧"，取得进步时不要骄傲，不要说我已经不是潜在地下了，太骄傲就很容易摔下来的。这个上位是说在地的上位，下位是说在人位、天位的下位。"故乾乾因其时而惕，虽危无咎矣。"所以，做事要勤勤勉勉，前行路上要警惕，如履薄冰地反省自己，不可以骄傲。

九四：或跃在渊，无咎。

这个"跃"是什么意思呢？孔子曾说"上下无常，非为邪也；进退无恒，非离群也。君子进德修业，欲及时也，或跃在渊，乾道乃革"。龙跃于渊，这个时候一定要跃，因为它位于人这一才的上位，同时就六画卦来说它已经脱离了下卦，这对于它来说是一个重大的转折，在这个时候开始起飞，该起飞的时候一定要飞，即使困难重重也要飞。咱们坐过飞机都知道，在起飞的时候要加很大的油才能飞上蓝天，在这个起飞过程中也会担心害怕，但是即便这样也还是要努力起飞。《易经》里面说这个阶段"乾道乃革"，意思就是，这个阶段是转折点，如果你不跃，就意味着丧失良机。"上下无常"，上去了发现有问题再下来嘛，因为你不成熟，但是一定要上。

拿足球运动中的射门来说，该射门的时候就一定要射，不起脚，球永远不会进去，射不进下次可以找个机会调整一下再继续射。所以有担心有怀疑也没问题，该起飞的时候一定要起飞。我们在人生中要把握时机，要审时度势，有的人一辈子碌碌无为可能就是他对时机的认识把握不够好，不知道什么时候该“起飞”。

九五：飞龙在天，利见大人。

凡是对《易经》有所了解的都知道这是最好的一个境界，九五爻这条龙现在已经到天上了，历经前面几爻的努力、担心、危险，现在已经飞上天了，龙舞九天这个时候是很爽的，很舒服的。在飞龙在天之时用了一个词叫“大人造也”，意思就是“这是你的时代”。是什么样的一个境界呢？“同声相应，同气相求。水流湿，火就燥，云从龙，风从虎”这文字真是太漂亮了，不舍得翻译啊。这个境界正如俗话说：要风得风，要雨得雨，龙虎相伴，春风得意，做什么事都非常顺利。当然任何一个“飞龙在天”阶段的出现都不是凭空的，它是经过前面几步的积累、发展演化而达到的。这是你的时代，上下都对你很好，这是让你的才华抱负充分施展的时候。“乃位乎天德”，你做的事可以“与天地合其德，与日月合其明，与四时合其序”，天地时全讲完了。“与鬼神合其吉凶”，说到吉凶，大家不要以为有什么吉凶事啊，《易经》里的吉凶讲的是一个得失的问题，得是吉，失是凶。这里的“鬼神”这样给大家解释，孔子在《系辞》讲到“神而化之，以利万民”，所以“鬼神”二字实际是说明它非常神奇，像鬼使神差一样。“先天而天弗违，后天而奉天时”，你走在天的前面，天马上会跟上来的；你走在天的后面，不过是奉天时而行。“天且弗违，而况于人乎？况于鬼神乎？”天都不与你相违背，更何况人，何况鬼神呢？万物都与你同道，所以九五这个境界真是太高了！这里我有个感慨，希望我们一生都明白自己处于什么阶段，如果是处于“飞龙在天”这个阶段时，正是发挥自己的才华给天地万物增加光彩的时候，不要太含蓄了，这个时候如果还含蓄的话就有点浪费天地的造化了。

上九：亢龙，有悔。

亢就是说太高傲、太亢奋了。“盈不可久也”，那种盈满的状态怎能长久下去呢，就像月亮一样，月盈则亏。达到了“飞龙在天”的一种状态之后不可能一辈子都是这样，接下来就会是亢龙的一种状态。明白了这个道理之后我们就应该想到“亢龙”是整个过程中一个必经的阶段，不能抵触它。悔的意思是悔恨，悔怨。出现悔的时候是可以做一点补救措施的，所以它前边也加了一个字“有”。意思就是明白了自己处的这个阶段之后做点补救措施，是可以把“悔”降到最低程度的。这种现象我们是可以看到的，就是一个单位的领导高高在上，下面连一个真心服从、支持的员工都没有，自己成了孤家寡人，这就是那个领导太自以为是了，处于一种“亢龙”的阶段了。男人和女人都会有更年期，也是这个亢龙的阶段。所有的事在发展变化的过程中也都会有亢龙的这个阶段。没有哪种东西是只升不跌、长生不死的，生活中能明白自己是否处于亢龙这个阶段是有好处的，这时就可以提前预防以减缓它下跌的幅度。比方说在更年期时如果自己明白这个道理，就会在心理上安抚自己，同时再配一些药物，自己就会平缓度过更年期，日子过得会更舒服些。总而言之，处于亢龙这个阶段是有事可做的，要知进退，知存亡，知得失。

用九：见群龙无首，吉。

“乾元用九，天下治也。”“乾元用九，乃见天则。”“知进退存亡，而不失其正者，其唯圣人乎！”本来六条爻，现在好像又多出来一条，但又没画出来。对于这个用九大家明白一件事就可以了，“用九”是对全卦的总结。一般人看到用九之后会觉得很奇怪，群龙无首是凶的，这里为什么“吉”？大家应该明白：当六条龙同时出现的时候，有一个状态是最漂亮的，就是大家都很厉害、很本事、很英雄，但是相互之间却不争雄，这个时候的境界最高。我曾经跟一些朋友聊天说到，如果大家都是虫，都很平庸的话，你会发现大家都很散，一盘散沙。如果大家都是龙的时候，每一条龙都很了不起，大家聚在一起时会有两种可能：一种可能是争斗得天昏地暗，山摇地动；另一种情况是每一条龙都具备圣人的德性——不争。个个都很有本事但是又相互不争，这种境界是很美的，这就是我们常说的“天下大治”的景象。这种情况能不吉祥吗？中国现在强大了，是世界第二大经济体了，有些国家开始散布“中国威胁论”了，但是我们中国人是怎么说的，我们说“国强不必霸”，然后又补充了一句“太平洋足够大，足可以容得下中美两国”，这句话的智慧就源于乾卦用九。

到这里，乾卦基本上就讲完了，我想给大家做一个总结。乾是讲天道、刚健的智慧，也是常说的自强不息。另外，乾是讲生道的智慧，大家在一生中应学会呵护生命之阳，让这个阳持续下去，寿命才会长。讲到这里，顺便跟大家说两个生活常识：第一个，若有亲人得了重病，去看望时，千万不要哭哭啼啼，这是不对的。你一定要通过言行告诉他，这病可以治好，给他传递生命之阳、生的力量，这样才有利于病人康复。第二个，学会交朋友。大家都愿意交阳光活力的朋友，他会传递给你正能量。如果一个人一天到晚耷拉着脸，脸色阴沉，他只会传递给你负能量。所以生活中我们也要学一点“相面术”。对于统治者来说，乾讲的是王道；对于全天下来说，讲的是圣道。

下面对于整个卦的结构做一个分析：初九讲的是潜龙，这时是勿用。九二是见龙在田，这个时候不能再潜了，要出来做一点小事了，不能大用，做小事来培养自己的德行。九三惕龙的时候要明白，这时离开地面，但是要知道前进的道路曲折多多，白天埋头苦干，晚上反省自己。九四跃龙，这个时候是必须飞跃的，一定要抓住时机，如果不飞，就变成虫了。很多人觉得九五爻是最好的，但是如果没有九四爻抓住时机飞跃，就不会有九五。九五爻飞龙在天，这是你的时代，是你大有作为的时候，这时要注意让你的才华充分地展示出来。上九亢龙，任何事物都不可能永远处于高峰状态，过了飞龙在天的时候就要注意，不能高亢，要从最高的境界退下来了，知进退。如果知道这个阶段从最高处退下来会是无咎的，如果不知道退，那就等着后悔吧。用九，群龙不争的时候，才是天底下最好的盛世。在不同的阶段要懂得处理相应阶段的事情。

这次给大家讲的时候加入十二消息卦，又称十二辟卦（见图 1-1），它是西汉时的一位易学家孟喜创作的。西汉时期孟喜被正统的儒学大家排斥在外，但实际上他的水平是相当高的，我非常认可他的十二消息卦。乾卦代表农历四月份，对应节气是立夏、小满，这是一年中非常漂亮的月份，杏花、桃花、梨花盛开。对于一天来说，早上九点至十一点的时候，太阳刚好在东南偏上，朝气蓬勃、积极向上。对于人体来说，这个时候脾经当令。有的人吃过早餐后有点小困，就是因为这时脾经当令，运化水谷要耗脾阳，所以人易困。十二生肖里属蛇，小龙。对应于身体的部位，属于左手肩关节这个部位。

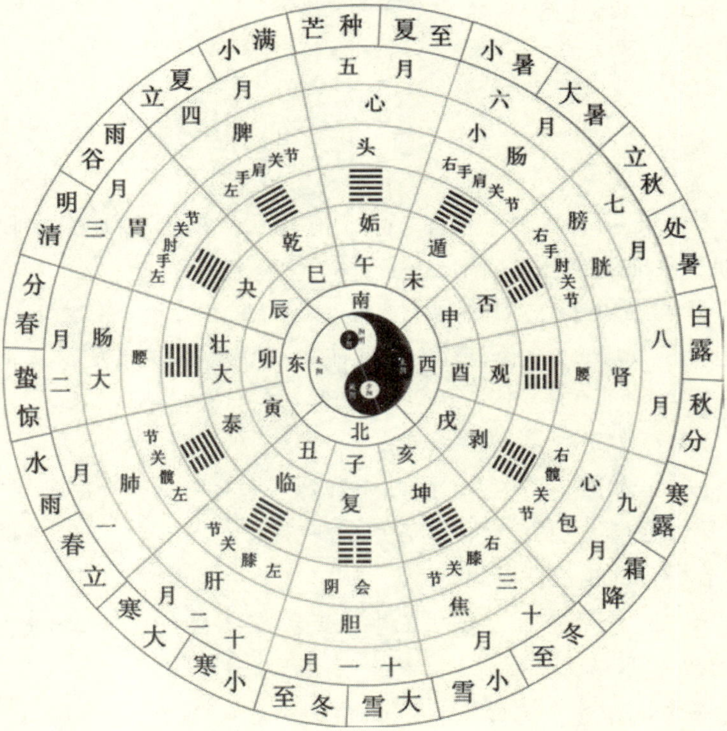

图1-1 十二消息卦

乾卦讲的是刚健，下面要讲的是坤卦，请大家预习。

第二卦　坤

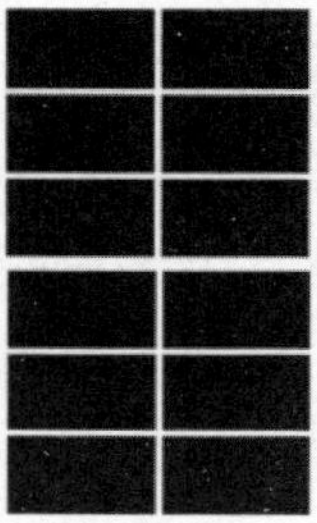

坤：元亨。利牝马之贞。君子有攸往，先迷后得主，利。西南得朋，东北丧朋，安贞吉。

彖曰：至哉坤元，万物资生，乃顺承天。坤厚载物，德合无疆。含弘光大，品物咸亨。牝马地类，行地无疆。柔顺利贞，君子攸行。先迷失道，后顺得常。西南得朋，乃与类行。东北丧朋，乃终有庆。安贞之吉，应地无疆。

象曰：地势坤，君子以厚德载物。

初六：履霜，坚冰至。象曰：履霜坚冰，阴始凝也。驯致其道，至坚冰也。

六二：直、方、大，不习，无不利。象曰：六二之动，直以方也。不习无不利，地道光也。

六三：含章可贞，或从王事，无成有终。象曰：含章可贞，以时发也。或从王事，知光大也。

六四：括囊，无咎无誉。象曰：括囊无咎，慎不害也。

六五：黄裳，元吉。象曰：黄裳元吉，文在中也。

上六：龙战于野，其血玄黄。象曰：龙战于野，其道穷也。

用六：利永贞。象曰：用六永贞，以大终也。

《文言》曰：坤至柔而动也刚，至静而德方，后得主而有常，含万物而化光。坤道其顺乎，承天而时行。积善之家，必有余庆，积不善之家，必有余殃。臣弑其君，子弑其父，非一朝一夕之故，其所由来者渐矣，由辨之不早辨也。《易》曰：履霜，坚冰至，盖言顺也。直其正也，方其义也。君子敬以直内，义以方外，敬义立而德不孤。直、方、大，不习无不利，则不疑其所行也。阴虽有美，含之以从王事，弗敢成也。地道也，妻道也，臣道也，地道无成而代有终也。天地变化，草木蕃。天地闭，贤人隐。《易》曰：括囊，无咎无誉，盖言谨也。君子黄中通理，正位居体，美在其中而畅于四支，发于事业，美之至也。阴疑于阳必战，为其嫌于无阳也，故称龙焉。犹未离其类也，故称血焉。夫玄黄者，天地之杂也，天玄而地黄。

坤卦的原文相对于乾卦来说没那么多了，但还是比其他六十二卦要多一些。

象曰：地势坤，君子以厚德载物。

坤卦的象，坤象法大地，一是象法大地的柔性，二是象法大地的顺性，坤卦是两个三画卦都是坤。“地势坤，君子以厚德载物”，这个“势”字非常重要，我们一般会想到“顺势而为、趋势”，这里确实也是这个意思。在《说卦传》里有这样一句话“立天之道，曰阴与阳；立地之道，曰柔与刚；立人之道，曰仁与义”，中间这一句已经说明了，地之道实际上就是柔刚的问题。地的柔刚变化显示出了地的势，坤象法地的势。大地上柔的是水，刚的是高山。“君子以厚德载物”，意思是要包容别人，有容乃大。

坤：元亨。利牝马之贞。君子有攸往，先迷后得主，利。西南得朋，东北丧朋，安贞吉。

坤卦的卦辞不再像乾卦一样“元亨利贞”了，只有“元亨”，再加上“利牝马之贞”。牝是雌性的，牝马就是母马，用牝马这个动物来代指坤。有人可能问为何不用凤凰，按照现代的观念来说对应于乾卦用龙，这里用凤凰是合适的，遗憾的是在唐代以前凤凰是指男性、雄性的。考虑坤卦的本色是黄色且牝马难以配图，又考虑坤卦的包容性，所以在配图时我选了黄牛来替代牝马。“君子有攸往”，“有攸往”这个词在《易经》里出现得非常多，今人怎样解释的都有。我个人认为，从甲骨文看（见图 2-1），“攸”的甲骨文像是“一个老人拄着拐杖”，大家可以想到，老人大多是步履艰难的，如果拄上拐杖，他就可以走得远一些。即便可以走远一些，但还是不能像年轻时那么顺畅，还是要加倍小心的。在《易经》中我们以后会发现很多此类词语，比如“利有攸往”“无攸利”等，这个“攸”字用得很漂亮，希望大家仔细品味。“西南得朋，东北丧朋”这句话很多书上翻译为“往西南走就会得到朋友，往东北走，朋友就没有了”，这样讲只是表面的文字翻译，没有给出一个所以然。今天我从后天八卦这个层面给大家解释一下它的本义：坤为阴卦，位居西南，从东南巽卦到正西兑卦，四卦皆为阴卦，就像家庭成员一样依次为长女、中女、母亲、少女，坤卦为母为四阴卦的中心，所以“西南得朋”的本义为“做事的时候一定要找到自己志同道合的朋友”。明白了“西南得朋”，“东北丧朋”也就懂了，大家自己试着翻译，我就不解释了。至于“安贞吉”，等大家看完六爻的解释之后，就自然明白了。

甲骨文

前4·30

图 2-1

彖曰：至哉坤元，万物资生，乃顺承天。坤厚载物，德合无疆。含弘光大，品物咸亨。牝马地类，行地无疆。柔顺利贞，君子攸行。先迷失道，后顺得常。西南得朋，乃与类行。东北丧朋，乃终有庆。安贞之吉，应地无疆。

还是那句话，这坤卦的彖辞也是太漂亮了。坤元，相对于乾元来说，可以叫先天元阴，坤是至阴的意思。我想说的是，在现代社会我们要注意阴的滋养，人的养生不仅要补阳，还要懂得滋阴，最应该做到的一点就是晚上把觉睡好。记得年前习近平主席还说“你们年轻人要注意不要熬夜”。不会睡觉的人，学习是没效率的。后面这几句的意思是说：认清自己的本分，你是牛，你就安心做你的牛就行啦，不要老想着做龙如何如何。本本分分做自己的老黄牛是没问题的，也许刚开始会迷惑，但后面终究会找到自己的，坚持下去最后就能得善果。

初六：履霜，坚冰至。

象曰：履霜坚冰，阴始凝也。驯致其道，至坚冰也。

初六爻，履霜，坚冰至。前面的十二消息卦中讲到了，坤卦是农历十月份，节气是立冬、小雪；而立冬前面就是霜降。履霜，脚下面已经踩到霜了，就会想到接下来寒冬就要来了，这时阴气逐渐加重了。“驯”通顺，顺着这个道理往下看，马上寒冬就要来了。这一爻的解释比较简单，它借这种自然变换的现象想说明什么呢，简单来说就是做人要学会“见微知著”，那往深一层次想就是不仅要见微知著，还要为后面将要到来的这个事情做好准备，做好思想准备和物质准备。讲到这里给大家插说一个小故事，春秋时期，五霸之一的齐桓公在管仲临终前问他：“你走了以后，谁可以做你的接班人？”管仲说：“你要注意易牙、竖刁、常之巫，这三个人不可以做。”并且说了这三个人的不足之处。但齐桓公最终没有信，后来就真的出现了管仲所说的那种情况，以至于春秋五霸之一的齐桓公死了以后都没人埋葬。借这个故事想给大家说明“见微知著”的道理。风起于青蘋之末，懂的人看到一个微象就知道后面将发生何事以及该如何应对；而不懂的人，事情已经发生了还不明就里。所以这也是坤卦初六爻的智慧，我们平时要注意培养自己的这种见微知著的能力。

六二：直、方、大，不习，无不利。

象曰：六二之动，直以方也。不习无不利，地道光也。

六二爻，直、方、大，不习，无不利。在《文言》里已经说得很清楚了，这个直是正的意思，方是义的意思。大家看古文会发现，这个义在不同的地方有不同的意思，有的解释成义理，有的解释成情义，有的解释成表义，这里我认为应该解释成情义。之所以这样解释，是因为与它所处的位置和要说的事情是有关系的。做君子，应该是敬以直内，义以方外，这样就会德不孤。本爻是说厚德载物，要做到这点须知内外有别。在家里，自己人应该相互尊敬，坦诚相待；在外面要讲义气、情义。这样内外都做好就会德不孤，就可以达到厚德载物的目的。这个“大”就是有容乃大，一种德不孤、应地无疆的状态。“不习，无不利”，在甲骨文里“习”的字象就是尚在鸟巢里准备练习飞翔的小鸟，但是在这里，这个习是“为”的意思。就是，你不用刻意地去作为，只要做好自己的本分，内外有别，则无为而无不为，“不疑其所行也”，没有人怀疑你的行为，那也就是厚德载物、有容乃大了。六二爻非常重要，拿一个车厢来做比喻的话，六二爻就是车厢的底厢，它负有承载的重任，能否厚德载物就看它了。总结一下，本爻的智慧就是要容纳、宽容、包容，包容家人，包容朋友，更要包容自己！

六三：含章可贞，或从王事，无成有终。

象曰：含章可贞，以时发也。或从王事，知光大也。

六三爻，含章可贞，或从王事，无成有终。“章”字在古文里通“彰”，把自己美好的一面彰显、展现、表现出来，引申为有所作为。坤卦讲的是地道、臣道、妇道，六三爻已经走到下卦的顶端，前面有所包容，后面壮大了之后还要懂得含、含蓄、低调收敛，这样做是好的、可取的（可贞）。补充个常识，三爻这个位置常会有冒险的个性，之所以如此是因为它判断不准、有迷惑；四爻会有恐惧的个性，所以《系辞》称“三多凶，四多惧”。“或从王事”之“或”翻译成迷惑是可以的，在三爻这里你自己想称王，但是你本身是老黄牛，所以你会有惑。也可以翻译成或许，那意思就是你现在有自己的势力了而且已经壮大。但是你识时务服从君王，跟随君王去打天下，将来会有建功立业的一天。不过建功立业了千万不要居功自大，这样才会善终。经过厚德载物之后队伍发展壮大了还是要收敛的，但这个时候还是可以做一些事的，不是自己去挑大旗，而是做一些辅助王的事，辅助王去做事，这样你为人臣的智慧也就会得以施展、发扬光大。讲到这里举个例子给大家做个对比说明，一个是西汉跟随刘邦打天下的韩信，为汉王朝的开创立下了汗马功劳，但是开国之后自视甚高，居功不知收敛最终被汉高祖、吕后一再削弱权力直至最后处死。另外一个人是张良，同样为汉王朝的开创立下了汗马功劳，但是他在功成后知退，自己不要什么官而是专心修道，崇信黄老之学，最后他是安享天年的。两人同为刘邦的左右，但是结果却相去甚远，这不得不引人深思。

六四：括囊，无咎无誉。

象曰：括囊无咎，慎不害也。

六四爻，括囊，无咎无誉。刚才说到了，四爻容易恐惧。在《易经》里有一个常识，下卦往往指江湖，上卦往往指庙堂。四爻往往指庙堂里的官员，皇帝身边的官员。《文言》中也说道：“积善之家，必有余庆；积不善之家，必有余殃。臣弑其君，子弑其父，非一朝一夕之故，其所由来者渐矣，由辨之不早辨也。”做善事的家庭将来一定有值得庆贺的事，如果是做坏事的家庭将来一定是灾祸不断。做臣子的把君王杀了，儿子把父亲杀了。这种局面不是一朝一夕达到的，而是慢慢积累下来的，冰冻三尺，非一日之寒。现在才知道这样了，早干吗去了？回过头来翻译括囊，囊就是一个布袋，括囊就是把布袋口绑紧、扎紧的意思，这是本意。做事要谨慎，这是人臣分内的事，不需要表扬、点赞。说到谨慎有两个人适合拿出来说说，一个是诸葛亮，另一个是北宋的吕端，有毛主席送给叶剑英元帅的诗为证：诸葛一生惟谨慎，吕端大事不糊涂。

六五：黄裳，元吉。

象曰：黄裳元吉，文在中也。

六五爻，黄裳，元吉。我们说坤象大地，黄色是大地的颜色，爻义是说到了六五这个阶段应该有自知之明，明白自己是谁。自己是大臣，是头黄牛，就要做好自己的本分。对本爻我解释为“坤道自觉”，重在这个自觉，人有自知之明，内心明白，不需要再多说了——文在中也。孔子在《文言》中说的“黄中通理，正位居体，美在其中而畅于四支”，就是对本爻的解释。

上六：龙战于野，其血玄黄。

象曰：龙战于野，其道穷也。

上六，龙战于野，其血玄黄。这是坤卦最后的一爻了，这时是阴积得最深厚的时候，它往下看全是阴，往上看没有了，这时就开始怀疑是不是没有阳了，有句话叫山中无老虎，猴子称霸王。因为它认为没有阳了，所以诸阴就自己开始争斗。举个例子，水是阴性的，水可载舟也可覆舟。水什么时候会覆舟？一定是水很多水势大的时候。阴也是这样，阴越积越厚，到极端就会出现后面这个情况。我们讲到血，在阴阳五行里，气为阳，血为阴。诸阴到最后打来打去就会自己流泪、流血。

用六：利永贞。

象曰：用六永贞，以大终也。

用六，利永贞。意思就是你作为臣子、作为妻子要做好自己的本分，不要想着去称王，这样坚持下去永远都是有好处的。象辞说，“安贞之吉，应地无疆”。用现在的话来说：能够本分做事情，走到哪里都是没问题的。

总结一下，坤卦讲的是柔、顺，至柔、至静、至顺。做事要学会包容，才能厚德载物，能够厚德载物就能应地无疆、走遍天下。初六，见微知著。六二，要包容别人，内外有别，敬以直内，义以方外。六三，如果你的队伍大了，要懂得收敛，辅助王。六四，做王臣的时候要谨慎。六五，明白自己的本分，要有自知之明。上六，不要怀疑阳的存在，不要晚节不保。用六，坚守坤道，有始有终，可得善终。

十二消息卦中，坤卦指每天的亥时，晚上九点至十一点；在十二个月中是指农历十月；在二十四节气里是指立冬、小雪；在身体经络里是三焦经当令；在十二生肖里属猪；在人体部位里是指右膝关节。

坤卦讲的是柔顺，下面要讲的是屯卦，请大家预习。

第三卦　屯

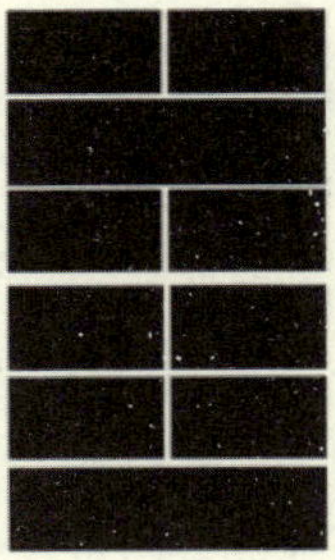

屯：元亨，利贞。勿用有攸往，利建侯。

象曰：屯，刚柔始交而难生。动乎险中，大亨贞。雷雨之动满盈，天造草昧。宜寻建侯而不宁。

象曰：云雷屯，君子以经纶。

初九：磐桓，利居贞。利建侯。象曰：虽磐桓，志行正也。以贵下贱，大得民也。

六二：屯如邅如，乘马班如。匪寇婚媾，女子贞不字，十年乃字。象曰：六二之难，乘刚也。十年乃字，反常也。

六三：即鹿无虞，惟入于林中，君子几不如舍，往吝。象曰：即鹿无虞，以从禽也。君子舍之，往吝穷也。

六四：乘马班如，求婚媾。往吉，无不利。象曰：求而往，明也。

九五：屯其膏，小，贞吉；大，贞凶。象曰：屯其膏，施未光也。

上六：乘马班如，泣血涟如。象曰：泣血涟如，何可长也。

《序卦传》中说：“有天地然后万物生焉，盈天地之间者唯万物，故受之以屯。屯者，盈也。屯者，物之始生也。”所以《序卦传》中已经告诉我们了，屯有两个意思，一个是充盈，另一个是始生。始生则难，初生之难。

象曰：云雷，屯。君子以经纶。

屯卦的内卦是震，震就是打雷，雷动威猛。上卦是坎，坎代表水，代表下雨，代表艰难，代表坚冰。下面打雷，上面下雨，雷雨交加。所以它的大象说，“云雷屯，君子以经纶”。春天惊蛰过后就可以春耕了，是一年劳作的开始。于人而言，刚生下来从第一声哭开始，标志着新生命开始了。婴儿新生，大人们都是很高兴的，这是值得庆贺的喜事。但是对于这个婴儿来说，它将面临很多困难，走路、疾病、上学、成长等等，这也是上卦所显示的坎坷艰辛。屯的甲骨文是个像豆芽一样的东西（见图 3-1），比喻事物刚刚破土而出，也正是始生。始生之时面对雷雨交加、坎坷艰辛，要坚定信念，将来可以成就侯王霸业。大家注意，三画卦震在家中代表长子，在一个国家代表将来可能主器的侯。新事物刚刚出生，懵懵懂懂，这时就要好好学习，汲取营养，为自己将来的侯王霸业做准备，也就是“君子以经纶”。

图 3-1

屯：元亨，利贞。勿用有攸往，利建侯。

屯的卦辞也讲“元亨利贞”，但与乾卦里的不同，乾卦里是指一种春夏秋冬的天道轮回和王道的规律，而这里只是对普通的人事而言。“勿用有攸往”，指初生之后不要乱动，不要想立即有什么大作为，而是应该汲取营养，充实自己，这样才有利于将来建立自己的侯王之业。

象曰：屯，刚柔始交而难生。动乎险中，大亨贞。雷雨之动满盈，天造草昧。宜寻建侯而不宁。

阴阳交合，新生命出来了，这时新生命其实是很困难的。下卦是雷是动，上卦是坎是险。“中”是上卦坎中的那条阳爻，虽然是险中，但是内心刚健且处在九五君王中正之位，所以是未来大亨之兆。雷雨交加铺天盖地，初生之蒙昧是与生俱来的，这是自然规律——天道，没什么不好的。我们应该有耐心，将来他会成就自己的一番事业，当然前行的路并不是一帆风顺的。

初九：磐桓，利居贞。利建侯。

象曰：虽磐桓，志行正也。以贵下贱，大得民也。

初九爻，第一声雷鸣，似婴儿的第一声啼哭。磐是大石头，桓是柱子。这个小孩生下来没多久，爬不多远，只能围着柱子（大人）转，活动范围就那么大的地方，但是没问题的。“居”是处的意思，不要急于有大作为是有利的，只要心志向前向正就没问题。“以贵下贱”，自己虽然出身高贵将来有侯王之相，但是仍要放低身段向别人学习，这样会得到自己的拥护者。

六二：屯如邅如，乘马班如。匪寇婚媾，女子贞不字，十年乃字。

象曰：六二之难，乘刚也。十年乃字，反常也。

这句话不同的人有不同的解释，我比较倾心于这种解释。“邅”，是一种虎，“字”是代表出嫁的意思，我们知道有个词叫“待字闺中”。六二爻从字面上看是在讲一个故事，有个人去迎亲，但是女子不嫁给他，场面乱哄哄的，不明就里的人还以为是有人来抢亲，其实不是抢亲，而是男子乘着车马，但是马就地盘桓，不往前进，就像前面有虎在那里一样，所以它一直在原地打转。往深里去想，这个求婚的人还太小，谁家女子愿意嫁给一个小孩啊？所以女子看不起他，不嫁给他，等这个小男孩长大了，成就了自己的侯王霸业之后再来娶她，就会嫁了。这让我想到了一件事，今天风光无限的马云，在事业之初找人合作时也是被人看不起的，受了不少白眼的。所以六二这里总结一下，自己弱小遭受别人白眼的时候，千万不要丢了自己的信念，也不要过于在乎别人的冷漠，更不要怨恨那白眼之人。

六三：即鹿无虞，惟入于林中，君子几不如舍，往吝。

象曰：即鹿无虞，以从禽也。君子舍之，往吝穷也。

六三爻，即，靠近。虞，是一种以老虎为名的游戏，在北方农村现在仍有一些儿童穿着虎头帽子、虎头鞋，在古代人们很怕虎，所以通过玩老虎游戏以提醒大家要提防不测。禽，通擒。这里的意思是说，你看到一头鹿，然后靠近它是没问题的，因为鹿很温顺吉祥。但是如果这个鹿跑了，跑向森林里，这时就不要再去追了，不如舍弃。这一爻给我们的一个智慧就是当你实力还弱小时，要学会放弃。虽然很喜欢美丽温顺的鹿，但是它跑了你就不要再去追了，你的时机还未到，所以要学会放弃。

六四：乘马班如，求婚媾。往吉，无不利。

象曰：求而往，明也。

六四爻再次讲到了求婚，但与六二不同了，因为处于不同的阶段，向谁求呢，九五？六四乘坐马车去求婚，往前走是吉的，没有什么不好的。六四已至上卦，是转折期。“明”是光明，前行追求光明。这里的意思是，我虽然很小，但是我热爱光明，追求美好。一个人虽然很小，没有能力，但是要给他树立一个光明的目标，让他往一个正的方向努力，在这里九五就是那个光明。六四给大家的一个智慧启示，就是不论处在什么阶段都要追求好的、正的。

九五：屯其膏，小，贞吉；大，贞凶。

象曰：屯其膏，施未光也。

九五爻是屯卦的卦主。屯卦是讲自我囤积的，这个“膏”是精髓、精华的意思。把精髓、精华吸收过来，充实自己。这个阶段做一些小事是没问题的，做大事就会不利，因为自身还很弱小，如果逞能做大事就会把自己累死。另外势力很弱小却把自己很大的野心暴露出来了，这样就会让原有强大的势力压制、消灭你，不利于你的发展。朱升献计朱元璋“高筑墙、广积粮、缓称王”的故事，就是本爻智慧的具体施用。自身实力弱小，没有能力去与别人叫板，更应该埋头囤积自己的实力。

上六：乘马班如，泣血涟如。

象曰：泣血涟如，何可长也。

上六爻又一次出现“乘马班如”，盘桓不前，而且还哭得非常伤心，血泪尽出，相当可怜。为什么呢？因为他小，无助。但是没关系，因为自己终究会长大，换句话说，现在势力小，将来一定会一步步壮大。如果明白这个道理，还有什么好哭的呢？

总结一下，屯卦是讲初生之难的。从结构上看：初九，如一个初生的孩子，刚会爬，也爬不远，没关系，因为太小。六二，如小孩子出去找朋友，却没有几个人理他，说他小不跟他一起玩，饱受白眼。六三，孩子有时见到自己喜欢的东西却拿不到，不要固执地去追，要懂得放弃。六四，虽然很小但是追求正确的东西还是很好的。九五，小的时候要注意自我囤积，汲取营养，不要彰显自己，可以小为，不可大为。上六，放心吧，谁都有一个从小到大的经历，不要气馁，要充满希望，将来一定有壮大的一天。

在这一卦中一定要注意：不要在意自己的小、卑微，要心中存阳，追求光明。

屯卦讲的是初生之难，下面要讲的是蒙卦，请大家预习。

第四卦　蒙

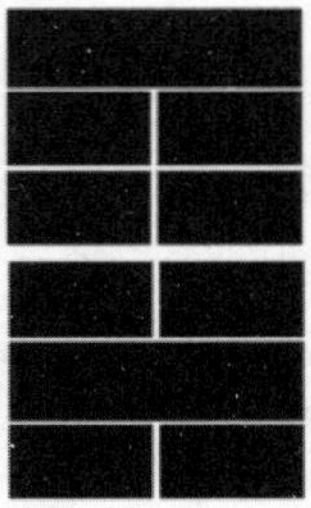

蒙：亨。匪我求童蒙，童蒙求我。初筮告，再三渎，渎则不告，利贞。

彖曰：蒙，山下有险，险而止，蒙。蒙亨，以亨行时中也。匪我求童蒙，童蒙求我，志应也。初筮告，以刚中也。再三渎，渎则不告，渎，蒙也。蒙以养正，圣功也。

象曰：山下出泉，蒙。君子以果行育德。

初六：发蒙，利用刑人，用说桎梏，以往吝。象曰：利用刑人，以正法也。

九二：包蒙，吉。纳妇，吉。子克家。象曰：子克家，刚柔节也。

六三：勿用取女，见金夫，不有躬。无攸利。象曰：勿用取女，行不顺也。

六四：困蒙，吝。象曰：困蒙之吝，独远实也。

六五：童蒙，吉。象曰：童蒙之吉，顺以巽也。

上九：击蒙，不利为寇，利御寇。象曰：利用御寇，上下顺也。

屯卦是初生之难，这是万事万物刚刚开始的一种状况。屯卦的象辞中说“天造草昧”，“草昧”就是蒙，这个蒙昧是与生俱来的，是很正常的。为什么一个东西刚刚生出来是蒙的呢？《序卦传》里说：“蒙者，蒙也，物之稚也。”蒙卦中的“蒙”除了是蒙昧，还有一个意思就是启蒙。就这一卦来说，意思就是如何给一个蒙昧者启蒙，因此这个卦涉及教和学两个方面，讲的是教育与学习的大智慧。初生而昧而蒙，因此要启蒙，要接受教育；教育者要有正确的教育方法。

象曰：山下出泉，蒙。君子以果行育德。

蒙卦的内卦是坎，是水，外卦是艮，是山。山有两个最大的特点：第一，它非常静止，天地之间不动的就是山。第二，山是天下最高的，除了天，山就是最高的，所以它代表成。这个成是成功、成就中的成，在后天八卦里，这个艮卦的位置在东北位。

果是指成果的意思，这也就对应于上面所讲的艮卦的意思。山和水在南方是特别容易见到的，我是在平原地区长大的，读大学之前没有见过山，所以对山的概念不是很清楚，来到南方后见到的山水多了，感触也多了。我们去那些有山有水的旅游区，在进山之前，往往先看到的就是水从山上往下流。所有的山都是一样，不管是白云山，还是南昆山，它们的山脚下都有水。这些水来自哪里呢？就是来自山上的树木对天地间水汽的吸收过滤，然后形成下面的山泉。因此我们的古圣人把这个象做成蒙卦的象。它的意思就是说老师是很不容易的，老师就像高山一样，把天地间的水汽，包括日月的精华吸收，然后层层过滤、沉淀，才形成流向山下的那股山泉。因此我认为老师不是谁都可以做的。第一，老师必须要有所建树。成者为师，他必须是一个成功人士。古代是这样要求的，我说的是古代，并不是今天，对于今天来说这个标准就太严了。第二，老师要站得够高。因为只有站得够高才能看得够远，才能在这个行业里游刃有余。第三，老师必须要有正德。为什么要有正德呢？我们讲易为君子谋，不为小人谋，所以《易经》是传播正的东西。那么有没有不好的老师呢？也有，我们知道有些小偷小摸、江洋大盗在盗窃方面很厉害的，他们也会带徒弟。但这种老师和徒弟不是我们今天所说的。所以这里所讲的老师必须有正德，才符合《易经》的精神。第四，老师必须愿意传授。如果一位高人很有本事，但是谁也不肯教，这位高人只能是一位孤独的高人，而不可能成为老师。用句不好听的话来说："他很厉害，但只不过是孤独地带来又孤独地带走。"所以，作为老师，我认为他至少要符合蒙卦里面的这四个要求。

2014 年的教师节前，习近平同志在北师大说过这样一句话："一个人遇到好老师是人生的希望，一个民族源源不断地涌现一批又一批好老师是民族的希望。"可见不管是古圣先贤还是当今的领导人，对于老师都有一种比较特殊的评价和要求。2014 年在青年国学班做讲座的时候，我做了一个小国学调查测验：到底蒙卦的上卦艮卦是老师，还是下卦坎卦是老师呢？当时同学们觉得下卦坎卦是老师，其实不仅是大家，我看到的很多关于《易经》的书也是把坎卦当作老师，艮卦当作学生。这其实是错的，错在哪里呢？因为只有站得够高、成功的人才可以做老师，假如你身处坎险，自身难保，那又怎么去做老师呢？

蒙：亨。匪我求童蒙，童蒙求我。初筮告，再三渎，渎则不告，利贞。

学习是一件非常亨通的事，不过呢，不是老师求学生学习，而是学生不懂，来求教老师。卦辞这里讲了教育的大原则：是学生不懂，再去向老师求教，而不是老师拼命地去叫学生学习。卦辞还把学生学习的规律性变化过程给描述出来了：一开始不懂，学生就会虔诚地去学。但学了一段时间后，很多人就怠慢了，不想学了。为什么？第一，他们觉得：我都听了很多次了，听了很久了，都是这些东西，没什么新意了，新鲜感下降了。第二，学到一定的过程，他慢慢地钝化了，觉得自己都会了，所以也就不想学了，就像我们经济学中所说的边际效用递减。因此蒙卦里的"初筮告，再三渎"，我们不要去简单地否定它，应该去承认这种规律，不要认为它不好。如果学生学了一段时间不学了，出现这种情况，老师该怎么办呢？卦辞里讲得很清楚，老师不要再教了，老师再教已经是没有任何意义的了，没有任何效用，没有好处的。他要玩就让他玩吧！干脆放假让他休息。“利贞”：这样做才是好的、有利的。学生都不想学了，老师还拼命去点名，去惩罚学生，如罚站之类，虽用心是好的，但这种做法是不利于学习的，为什么呢？因为不能顺其道而教而学。所以这个蒙卦讲了三个问题：第一，教学的大原则问题；第二，教学过程中的普遍规律、普遍现象；第三，遇到这种“再三渎”的情况，老师的对策。

一位九十二岁高龄的院士于2014年9月16日下午在人民大会堂做报告，据说下面的学生睡倒了一大片，这是我们在教学的过程中要注意的一个问题。学生不学，老师不应该再去教，要不然就只有白费心机。因为气场相斥，两个人不能同道而行，只有同道才可以往前走。我将这个卦辞给大家做一些延伸，在我们的家庭教育里面，如果我们的孩子不想学，我建议父母不要又打又骂地让他们去学习，否则将来更惨。为什么呢？因为玩是孩子的天性，如果他们想玩，就让他们玩一会儿，这是没问题的。所以那种望子成龙、望女成凤的强迫性学习，实际上是不符合教育的天道的。如果你想让他们学习，应该用引导的方式，引导他们的兴趣，激发他们的学习欲望，而不是强迫他们去学习，强迫是不可取的。另外一个延伸，“初筮告，再三渎”。“筮”是竹签，就是求神拜佛抽签的竹签，一般求神拜佛都会很心诚的。所以，这里的筮就是说一开始心里很诚恳、很笃信，但后来就不诚恳了。有些人也不是不想学，而是非常想学，但走向了另一个极端。中国有句话：头悬梁，锥刺股。我认为这是不对的，一个人已经很累了，疲惫得不得了了，还把自己的头发扎起来，吊在梁上，拿锥子来扎自己的腿，疼得不得了，只为能强迫自己去学习。这也是不符合蒙卦的要求，是“再三渎”的反面、另一个极端。人都已累成这样了，还强迫自己去学习，是没有任何效率的。“头悬梁，锥刺股”用来励志是可以的，但用来当作学习的方法是大错特错的。现在出现学渣和学霸两种人，学渣就是再三渎的人，学霸就是很用功学习，成绩很优秀的人。我建议大家不要成为学渣，但也不要为了成为学霸而过度消耗自己。

彖曰：蒙，山下有险，险而止，蒙。蒙亨，以亨行时中也。匪我求童蒙，童蒙求我，志应也。初筮告，以刚中也。再三渎，渎则不告，渎，蒙也。蒙以养正，圣功也。

蒙的上卦是山，下卦是坎，是险，所以说山下有险。险而止，下卦是坎，是险，上卦是山，山有止的意思，止就是停在那里别动、制止，遇险就应该停止。我说你们别动，实际就是在说教、劝止。为什么叫你们不要往前走了，因为我知道，你们再往前走会比较麻烦。很多人会说，这个止为什么可以做老师呢？因为他自己已经有成了，他可以告诉你，前方有危险，不可以再往前走了。为什么说不可以往前走？因为你遇到坎险要停住，要好好学习，只有学好，才能跨过这个坎，所以这里叫启蒙。“蒙亨，以亨行时中也。”这里我们可以看到两个意思：第一，学习要讲“时”，该学习的时候一定要学，特别是年轻人。当然年老者也要学，只是年轻的时候更应抓紧时间来学。第二，学习要讲“中”，当学渣、学霸都不行，要讲究学习的规律，要尽量靠中。这个中不是说随便考个很差的或者过得去的成绩就可以了，而是要符合自身状况。我在教学当中，曾有学生想跟我学《易经》，我说我啥也不懂。我为什么不答应呢？虽然他很想学，但他当时的身体状况很差，要是跟我学这么复杂的东西，我对不起他的父母，也对不起他。因此，当你身体很差，你不可以太大强度地去学习，要不然会把身体搞垮的，把自己学没了，那学习还有什么意义呢？“匪我求童蒙，童蒙求我，志应也”。这里的志就是心，学生愿意学，老师也愿意教，这就是心心相印，只有心心相印才可以达到心有灵犀一点通，老师讲课的效率才会高。如果老师非常想教你，但你却不想学，那么怎么教都是白费心机。如果你很想学，那么此子可教也。真正的学习是来自内心的，不想学那就放假，蒙卦三至五爻都是阴爻，就是放长假，你们自己学吧！“蒙以养正”，就是说教育要培养人的正气，这是一种圣功。这里的“圣功”二字就是古圣先贤给予老师的最高级别的赞誉，一个真正的好老师，他对于人类的贡献是圣功。这让我想到佛，佛就是自觉觉他。第一，自觉，你自己要明白，你自己是不是已经达到自觉的境界。第二，自觉只是小成，你还要觉他、度他，用自己明白的东西来帮助别人、教化别人。所以说真正的老师实际上是在从事“自觉觉他”的这种功德，也就是圣功。这也对应了前面所说的老师不是谁都可以做的，他必须要有前面所说的那四方面的要求。

人初生时是蒙昧的，这是与生俱来的，以后经过老师的教诲而成为社会和国家的栋梁、民族的栋梁，这和老师的教育是分不开的。

初六：发蒙，利用刑人，用说桎梏，以往吝。

象曰：利用刑人，以正法也。

每一卦有六爻，下面三爻是下卦，也叫内卦，上面三卦是上卦，也叫外卦，每一个卦的顺序都是从下往上走的。第一爻往往是社会的最底层、最基层，就是草根。第二爻往往比基层好一点，可能是中产阶级。三爻是比较有钱的，例如土豪，当然也有可能是拥有很高知识水平的士。上三爻往往就是庙堂的事情，第四爻往往是臣，第五爻是君王，第六爻往往是对整个卦的总结，或者是圣贤之爻。

我们来看初六，“刑人”就是犯人，“桎梏”就是约束了、绑住了，就是法律上所说的“强制措施”。“以往吝”，就是说再往前走下去就会比较麻烦了，吝是麻烦的意思。有人犯罪了，手脚被绑起来，带上脚镣手铐，可能要被判死刑。大家要注意：这个人不学好，从小就没有教育好，所以今天走上了犯罪之路。如果从小就学习好，那还会有今天吗？所以这个发蒙中的“发”就是启发，“发蒙”就是面对全社会、面对基层所做的社会教育，这种社会教育有制度教育的意义。就是告诉大家，你们做事要向正，要做正事、善事，不要做坏事、恶事。否则，将来的结局就会像犯人那样。用犯人来做教材，是因为反面教育比正面教育要好。为什么反面教育比正面教育好呢？我举一个比较简单的例子，很多人在炒股，股票一旦升了，他很开心，但不知道是怎么升的，如果跌得很厉害，他很难受。那么股票升、跌哪个对他刺激大呢？不用说是下跌对他刺激大。还有一种例子，比如我们被授予三好学生的奖状或者是其他奖励，你可能开心几天就过去了。但要是有一种挫折让你非常伤心痛苦，你可能会记住一辈子。有些人小学拿过什么奖，可能早就忘了，但受到的一些挫折可能至今还记得非常清晰。有时候，我们也会发现一些小孩在家里，爸爸妈妈表扬的一些好话早就不记得了，但是挨骂或者挨打的情形，可能至今还记得。

2011 年，一个山东籍复旦大学女博士教师——于娟，因癌症离开了人世，去世之前她写了一篇《为啥是我得癌症》发表在博客上。其实，她这是在以自己真实的故事来跟大家提个醒，告诉世人：不好好爱护自己的身体，将是这样的结局。所以这些负面或反面教材比正面教材更有奇功。例如，你天天在跟别人讲养生，讲阴阳五行的养生之法，别人不一定重视。如果把这个反面教材讲出来，他就会知道不重视自己的身体，后果相当严重。初六的解读有两层意思：第一，就是面向基层，面向全社会的教育；第二，你要好好学习，要向正，就是刚刚说的蒙以养正。利用刑人，以正法也。这个“正”是树立正确方向、培养正气的“正”，而不是就地正法的“正”。

九二：包蒙，吉。纳妇，吉。子克家。

象曰：子克家，刚柔节也。

包是所有、全部的意思，包蒙就是所有的人都要来学习，所有的人都要来学习是件好事。很多关于《易经》的读本认为“纳妇”是娶媳妇，翻译为：娶老婆是吉祥的，然后生了孩子，孩子可以帮忙照顾家、继承家业。我认为这是错的，这里的“纳妇”是让女性也来学习，因为这是蒙卦，讲教与学的，不是讲婚姻的。这个“子”不是儿子也不是妻子，而是指女性。子克家，就是女性将来可以和丈夫一起来操持这个家。因此九二是指所有人都要来学习，特别强调女性要来学习。因为女性只有通过学习，有文化，夫妻之间才可以相敬如宾，将来才可以和男性一起来管理家。这里我要强调一下，在今天不仅女性要来学习，男性更要来学习。因为我发现，现在大学里女生特别多，男生越来越少了。以前我读本科的时候，我们班好像是 35 个人，只有 5 个是女生，当时是女生要来学习的。现在应反过来呼吁，男生更要来参加学习。曾有一个新闻报道：在印度的一场婚礼上，新娘问新郎：“15+6=？”新郎说“17”。那个新娘气愤不过就跑了，不再结婚了。所以，九二这个爻是站在古代的角度来说的，所有人都要来学习，特别是女性，这说明当时妇女的地位不够高，而且我们的古圣先贤早就意识到女性在一个家庭中的重要地位，意识到女性在一个国家、一个民族中的重要地位，意识到女性教育对于整个民族的强盛和教化的重要性。记得梁晓声先生曾说过："民族和民族的较量，往往是母亲和母亲的较量。"如果一个民族的女性教育水平很高，这个民族将来一定是很强大的。如果这个民族的女性都是文盲，那么这个民族将来至少在短期内是很难有所发展的。

《易经》所有的爻讲的都是两面，我们一般看到的都只是一面，其实它的另一面没有讲。所以说不仅是女性要学习，男性也要学习。如果男性不学习，像上面那个 15 加 6 都不知道等于几的新郎，那这样的男人有什么用呢？现在有"女汉子、女神"这样的词语出现，说明当下已经出现阴盛阳衰的现象了，这个阴盛阳衰不仅指气势上，更指学习上。

六三：勿用取女，见金夫，不有躬。无攸利。

象曰：勿用取女，行不顺也。

有学生说这一爻是告诫老师别搞师生恋，我不明白他的根据是什么，因为这是讲教与学的蒙卦。本爻讲的是：拜金女不可以娶，因为她不学习，所以"行不顺也"。只是以钱为第一考量目标，见到有钱的"金夫"就把持不住自己了。这样的拜金女不能娶，今天她喜欢你，是因为你有钱，要是她将来遇到一个更有钱的，那么你就是一个打酱油的。本爻其实就是告诉大家，学习非常重要，如果不好好学习，心里想到的就只有柴米油盐、黄金白银，根本不知道自己一辈子该干什么，这也是从反面告诉大家要好好学习。

也许有人听到这里还是不明白，本爻爻辞和学习、教育有什么关系呢？那么我给大家布置一个课外作业：请大家课后研究一下苏轼的夫人们，第一位夫人王弗才高八斗可以"幕后听言"，第二位夫人王闰之在"湖州乌台诗案"中竟然把苏轼的佳作"悉取烧之，……十亡其七八矣"（《黄州上文潞公书》），大家把苏大文豪两位夫人的故事对比之后应该会对本爻的爻辞恍然大悟的。

六四：困蒙，吝。

象曰：困蒙之吝，独远实也。

“吝”是麻烦。“困”是学习上遇到了困难，学习上遇到困难，是因为：第一，没有老师教；第二，学习过程中没找到立足点。这第四爻，圣人说上不着天，下不着地，六四离阳爻很远，周围的人都帮不了他，所以他很无援，心中迷惑，找不到老师，也看不到自己的立足点，就像一艘在茫茫大海中无方向航行的船。一生中，经常会遇到这种情况，我现在很迷茫，不知道要干吗。有时在看一本书，好像对又好像不对，自己根本就找不到根据、找不到感觉。六四爻自身是虚的，又没有阳爻来支撑。“独远实”，离阳爻太远，如何解决呢？那就靠近阳爻，所以一是向名师学习，拜访名师高人，在他们的指点下就可以解决困蒙的问题了；二是要找到自己的立足点，这个立足点一定是在实践中。就像习近平同志所说，一个人能遇到名师是一辈子的福气。因为不是任何人都可以那么幸运地遇到名师的，但实践是每一个人都可以做到的，在实践中自己去感悟，体会真理，就是自悟、渐悟，不断积累。有句话叫道不远人，另一句叫人生何处不道场。这都告诉大家：生活中的磨难历练是我们学习提高的原始素材。要脱离“困蒙”，一是拜求名师，二是加强实践，在实践中探索。常说“千里马常有，而伯乐不常有”，所以摆脱“困蒙”主要还是靠自己去摸索。当然，上九名师也是很重要的，这让我想到一句话：一灯能除千年暗，一智能灭万年愚。学习能让我们的人生有明确的方向。

六五：童蒙，吉。

象曰：童蒙之吉，顺以巽也。

童蒙就是说从儿童的时候就要学习，这是吉祥的。为什么呢？“顺以巽也”。儿童这个阶段是人生的初春，而巽卦在后天八卦里就是春天，所以学习要从儿童抓起。十年树木，百年树人，一年之计在于春，一日之计在于晨。儿童就是人生的春天，春天的特性就是春风吹，杨柳可以摆得很柔和，它的特点就是奋发向上的。人在这个阶段的悟性是非常好的，用经济学的一个词说就是弹性系数非常大。让儿童认真学习是吉祥的，但是也要注意另外一个问题：人们总说不要让孩子输在起跑线上，请问孩子的起跑线在哪里？这是在给孩子增加压力，是不利于孩子成长的。每一个人都无法选择自己的家庭，无法选择自己的父母；身在城市的孩子不一定就比农村孩子优越，生长在农村的孩子也不见得比城市的孩子低下；闻道也有先后。所以不要给孩子施加太大压力，提太高的要求。正如现在是春天，你说10摄氏度的温度太低了、太冷了，想再升高一点温度。假如升到30摄氏度，请问这还是春天吗？童年有童年的乐趣，让儿童天天都泡在题海或者高强度的培训班里度过童年，等到他老了，就只有遗憾了。任何事情都不可以揠苗助长，揠苗助长是逆天道的。童年一定要学习，“童蒙吉”，反过来说，一个爱学习的人永远都不会老，钱锺书的妻子杨绛一百多岁了，还一直在学习，你会说她老了吗？如今很多四五十岁的人都开始说自己老了，不再学习了，也觉得没必要再学了。真正让一个人容光焕发的是自身的气质、气场，而非化妆品、财富，这种气场是令人很舒服的。学习可以让人不老，若你老是发现自己有学不完的东西，有很多知识不懂，那就去学，不急，慢慢地学。天天学习的人一定年轻，“童蒙吉”已告诉我们其中的奥妙了。活到老学到老，不是为他人学习而是为自己学习。大家都希望自己长寿，今天我告诉大家一个很好的方法，那就是学习，因为学到好的东西可以培养人的正气，不仅使人长寿，还可以让人永远年轻。

上九：击蒙，不利为寇，利御寇。

象曰：利用御寇，上下顺也。

击就是击打，因为蒙所以就击打一下。佛教有个临济宗，以棒喝闻名。住持拿一个禅杖，看到你还不明白、执迷不悟，就给你一棒，这就是典型的“击蒙”。“不利为寇，利御寇”，打不好就会打成你的敌人，打得好就可以让他避免滑向罪恶的深渊。那么怎样才可以打得好呢？“上下顺也”，就是你要让被打者明白打他的原因而且接受这个道理。现实生活中的棍棒教育很普遍，但大多数做得不好，很多父母对子女打骂是常见之事，特别是在农村。父母越打，孩子就越不听话，以至于越恨父母，甚至对父母恨之入骨。虽然不能说不可以打，但尽量不要打；如果要打，就一定要让他明白为什么会打他。有个从事教育的老师跟我谈一件事，他们在开家长会时，家长咨询一件事，孩子不听话，要不要打？这就是“击蒙”的问题，很多老师说该打就打，不打就乱套了。其实这样回答会产生误导，应该告诉家长，孩子的教育应以引导为主，引导他们向上，尽量不打，他不好好学，那就用反面教材，用反面教材来影响教导他们。这个“击”不一定是棒打，我们有个名词叫作“点穴”，点穴要恰到好处。就像中医里的针灸一样，在合适的时间，对准合适的穴位针灸。有时候几针下去就好了，这就是上下顺了。

蒙卦讲如何教育，如何学习的事情，这是一个过程。自幼就要开始学习，学习要学正，要养正，要教正的，不要教错的。我们都会为人父母，教孩子时，要教正，那些贪小便宜的不要教，那些坏的东西，会害他们一辈子。学习是一个自觉的过程，主要靠自己。遇到一位好老师是一辈子的福气，遇不到也没有关系，实践自学。棍棒教育尽量不要，反面教材反而是挺好的。孔子拜师、张良拜师和孙悟空拜师，一个个故事，都向我们展示要好好学习。

全卦从结构上看，初六是针对全社会的基础教育，大家要向正。九二是讲全民教育很重要，特别是女性的教育，这关乎整个民族的发展。六三告诉大家，不爱学习而只认识钱的人，他的素质是比较低的。六四告诉我们如何解决学习中遇到的困难，要么找到好老师，要么自己在实践中摸索。六五告诉我们，要重视儿童的教育。上九告诉我们，尽量不要棍棒教育，非打不可时要以顺为原则。

蒙卦是六十四卦中最容易切入的一卦，联系实际来看，学习是一个从低到高的过程。就像爬山一样，任何一座山都有山门、山路、山顶。初六就像山脚下的潭水，山门就是九二，就像白云山的山门云台公园一样，再往上走山路就比较崎岖，得靠自己一级一级往上走，最后我们才会到达山顶摩星岭。如果从云台花园想一步到达摩星岭，坐缆车上去也是可以的，不过你会发现，一路上的风景没怎么看到。山脚和山顶之间并不遥远，只有一步一步走上去，才知道山有多高，而坐缆车上去根本就体会不到。

学习中会遇到困难，就如爬山一样。若心生畏惧，是爬不上去的。所以心中要充满坚强的意志，心中要有那根阳，没有那根阳，你是过不了那个坎的。过不了那个山门，也就不可能到达那个光明顶，所以过那个山门非常重要。山门就是坎中之阳，有的人在学习中，一辈子都过不了那个山门，过不了，就无法看到山门后面的美景，没办法往前走。

《坛经》中讲到六祖去黄梅拜五祖的时候，五祖见到六祖后问道："汝何方人，欲求何物？"六祖回答："弟子是岭南新州百姓，远来礼师，惟求作佛，不求余物。"五祖说："汝是岭南人，又是獦獠，若为堪作佛？"六祖答："人虽有南北，佛性本无南北。"五祖知道六祖慧根了得，就让他留下，到后院干一些劈柴、踏碓舂米的杂活。八个月后，五祖叫众弟子写偈语，说谁写得好，能领会佛法大意，就把衣钵传给他，让他成为第六代祖师。神秀是五祖门下弟子、上座讲师，写了一首偈语："身是菩提树，心如明镜台。时时勤拂拭，勿使惹尘埃。"虽然大家都说这首偈语好，但是晚上五祖却单独私下对神秀说，"只到门外，未入门内"。这里五祖对神秀的点评，即是引用蒙卦九二。

学会学习，是终身受益的事。学习是件很舒服的事情，是件很享受的事情，其乐无穷。过了山门，一步一步走，将来一定可以走到山顶，急于登顶是没有意义的。自己爬上山顶才能明白什么是"一览众山小"，才能感受到登山的乐趣，才能感受到站在山顶的美妙。

蒙卦讲的是教与学的智慧，下面要讲的是需卦，请大家预习。

第五卦　需

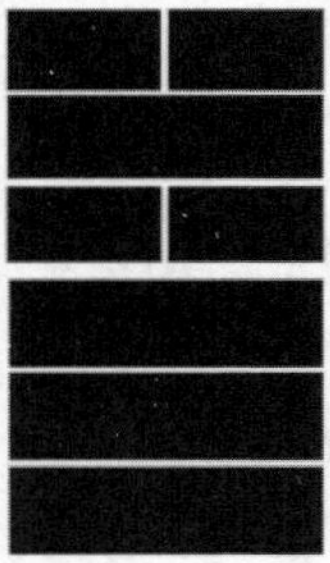

需：有孚，光亨贞吉。利涉大川。

象曰：需，须也；险在前也。刚健而不陷，其义不困穷矣。需有孚，光亨贞吉。位乎天位，以正中也。利涉大川，往有功也。

象曰：云上于天，需；君子以饮食宴乐。

初九：需于郊。利用恒，无咎。象曰：需于郊，不犯难行也。利用恒，无咎；未失常也。

九二：需于沙。小有言，终吉。象曰：需于沙，衍在中也。虽小有言，以终吉也。

九三：需于泥，致寇至。象曰：需于泥，灾在外也。自我致寇，敬慎不败也。

六四：需于血，出自穴。象曰：需于血，顺以听也。

九五：需于酒食，贞吉。象曰：酒食贞吉，以中正也。

上六：入于穴，有不速之客三人来，敬之终吉。象曰：不速之客来，敬之终吉。虽不当位，未大失也。

蒙，是启蒙，因为幼小所以要启蒙。幼小时除了要启蒙，还要营养，要吃饭，也就是养，就是需。所以《序卦传》：“物稚不可以不养，故授之以需。需者，饮食之道也！”需本来的含义就是耐心等待，那么营养和耐心等待又有什么关系呢？

象曰：云上于天，需；君子以饮食宴乐。

下卦是乾卦，是天，刚健；上卦是坎卦，坎在上是水，是雨，是乌云，是危险，是陷阱。乌云布满天，作为君子，在这个时候该吃就吃，该喝就喝，言下之意就是等。乌云密布，说明大雨就要来了，等雨过了，再走吧！不管雨下得多大，总会有雨过天晴的时候，因此要耐心地等。上卦是乾，下卦是坎，意思是内心充满阳光地前行，但前行中遇到了坎，遇到了雨。兴高采烈地出门，下雨了，那么就等一等再前行。出门办事，遇到了坎坷，怎么办？研究研究再走。

需：有孚，光亨贞吉。利涉大川。

有孚，诚信。老天爷下雨是讲诚信的，不是乱下的，是讲时间的；下完雨一定会雨过天晴，不用担心，也不用急。光亨贞吉，光是阳光，亨是亨通，阳光出来再走，那绝对是亨通，绝对吉祥，绝对是利涉大川。

彖曰：需，须也；险在前也。刚健而不陷，其义不困穷矣。需有孚，光亨贞吉。位乎天位，以正中也。利涉大川，往有功也。

自己往前走，遇到坎，遇到陷阱，注意不要掉进陷阱。怎样才能不掉进陷阱呢？那就必须等，研究研究再走。很多人说需是需求的需，这是错的。需的意思是你往前走时，发现困难，就停下来研究研究，这样的好处就是不会让自己掉进陷阱，套死自己。停下来，将来等你想通了，想明白了，看到阳光大道的时候，再往前走，这样谁也困不住你，谁也套不住你了。“位乎天位，以正中也”，是指中正的九五，想往上走，遇到困难，那停下来等一等，这是没问题的。我知道这坎险乌云是暂时的，心中依然阳光，这就是“以正中也”。现在不走是为了将来更好地前行，心里清楚得很，知道自己该往哪里走，也阳光得很。做到这样，将来无论做什么都可以成功，不管走多远，一定可以“利涉大川”。不管做什么，都会有收获，将来都会有所建树的，这就是“往有功也”。

这个需卦太好了，在蒙卦之后就讲需卦，需卦就像营养一样，是每一个人在成长的途中必须要经历的。有些人前行中看到陷阱就直接掉进去，出不来了。例如有人遇到诈骗，想想就知道那是个陷阱，但还是照样掉进去，就是自己“脑残”，脑子进水，因此被骗是自己的原因，不能怪别人。那怎样才可以不掉进去呢？慧眼识陷阱，遇到陷阱时，等。停下来等，研究研究，你设再多的陷阱，对我而言都没用。你要设就继续设，我不掉进去，我不走了，那你能奈我何？一般而言，掉进陷阱的人是有自己的原因的：第一，往往是自己无知；第二，是自己太过于急躁冒进。

初九：需于郊。利用恒，无咎。

象曰：需于郊，不犯难行也。利用恒，无咎；未失常也。

城门之外就是郊。我现在出城门了，但刚出城门走到郊外，离家没多远，乌云来了，怎么办？给自己恒心，等。只有等了，才能无咎。为什么呢？因为古代没有水泥路或柏油路，都是土路，天下雨后道路非常泥泞，一般是很难前行的，很容易滑倒、摔倒。所以在郊外遇到乌云，知道雨快来了，赶快找个地方避雨，等雨过了再走。这样是没有什么损失的，是符合常理，符合天道的。出门见险，必须学会等，等雨过了再走。

九二：需于沙。小有言，终吉。

象曰：需于沙，衍在中也。虽小有言，以终吉也。

小有言，言语上的别扭，口舌之争，此处指懊恼后悔。九二不是初九，它已经走了很长的一段路，路程走了一半，天却要下雨了，前不着村后不着店，于是就开始有人懊悔了，就会埋怨说：“都怪你，早知道我就不出门了，如果下雨的话，我去哪里避雨啊？”有人会后悔，会出现一些风言风语，这是很正常的，但这个时候还是要找个地方避雨，还是要等。

那些“小有言”不要放在心上，就让他们说去，最终还是吉祥的。如果在旅途中不断地争吵，并被雨淋湿了，那就很没意思了。所以走到半路了，出现言语上的小别扭，没事，行动上守持中道就行了。九二是中位，但是阳爻，所以不正，不正是因为“小有言”，“小有言”是因为不正。走到半路下雨了，最好找个地方避雨，最后还是“吉”的。“衍”是延迟的意思，这个字很有趣，里面有个“行”字，走到一半，雨下来，所以有三点水。“需于沙”，这离水还比较远，其实将九二至六四合在一起就是兑卦。兑卦就是水，走在半路上，不期而遇的雨来了，不要埋怨，赶快找个地方避雨，这才是上策。

九三：需于泥，致寇至。

象曰：需于泥，灾在外也。自我致寇，敬慎不败也。

上卦是坎，坎就是水，九三已经靠近水了，到有泥巴的地方了。“寇”是自己抵触、讨厌的意思，而不是指强盗。为什么这样说呢？第一，从卦象来看，首先是出门了，然后到中途了，现在是快到家了，快到目的地了，天却快要下大雨了。第二，这是第三爻，下卦的最上一爻，再往上就是坎卦了，坎就是雨，雨就要下了。有人就产生讨厌的情绪，开始骂老天爷了。可见爻辞和卦象是天衣无缝地合在一起的。同时也说明在看《易经》解释时，要是不符合卦象和爻象，都是不对的。我快到家里，但就差那么一点点，老天爷却要下雨了，于是心中生厌。这个时候还没下雨，只是雨很快就要下的一种状态。别烦恼那么多，还是要等。因为“灾在外也”，灾就是雨，雨淋在身上，可能淋成重感冒，就真的有灾了。如果避雨，则灾在外，就不会降临自身，所以不要埋怨老天爷，老天爷下雨是天道，是有孚的，是该下才下的，老天爷下雨也是人所控制不了的。所以不要跟老天爷斗，不要把老天爷下雨当成很讨厌的事情，老天爷下雨不是寇，自己才是寇。老天爷下雨不是让我们生气的根由，我们生气的根由在于自己，是因为没有正确认识下雨是自然的。如果正确认识了，就不会讨厌了，不会生气，也不会骂老天爷了。并且明白之后，就会敬天。老天爷要下就下吧，我即使是差半步，我也不走了。还是去找个地方避雨，这样一切问题都不存在了，这就是“敬慎不败”！快到家了，突然狂风大作，赶快找个地方避雨。要不然就会被淋湿，即使快到终点，避雨还是第一，赶快找地方避雨，要不然这么远都走了，可能就是那么一步让你功亏一篑。所以我们失败不要怪别人，只能怪自己，怪自己太过急躁，怪自己无法静下心来耐心等待。有句话叫小心驶得万年船，放在这一爻是很合适的。

六四：需于血，出自穴。

象曰：需于血，顺以听也。

六四是上卦坎的第一爻，坎卦是雨，即开始下雨了。下卦三爻都还没有下雨，只是乌云遮顶而已，这一爻才真正开始下雨。一般雨刚开始下的时候，我们都会有一个习惯，手伸出去感受一下有没有雨。“需于血”，对于人来说，血为阴，气为阳。而晴天为阳，下雨天为阴，所以用血来比喻雨。“出自穴”，坎卦本身就是陷阱，在地上挖一个大坑，这个坑就是穴。穴的另外一个意思是家、老巢。看着厚厚的乌云在移动，觉得雨就要下来了，没过多久雨就真的开始下了，雨是从乌云那里来的。雨开始下了，要顺以听也，即要顺应天道，顺应天道就是回家。小兔子都知道下雨要回家，更何况人呢？坎在人体是耳朵那个部位，耳朵是用来听的。天下雨了，用耳朵听听风声是不是很大。刚开始下雨，风声又很大，则会有大雨来临；没什么风声，可能只是毛毛细雨。“顺以听也”中的“听”，我个人理解，至少有三个意思：第一，真的用耳朵听听看雨是否会下很大；第二，雨开始下了，赶快找地方避雨，若还往前跑，则是犯傻，躲雨才是顺天而行；第三，顺风听雨，是一件很美的事，是一种境界。

九五：需于酒食，贞吉。

象曰：酒食贞吉，以中正也。

九五爻是中正的，它在坎卦的中间，而且是阳爻。雨下得很大，是暴雨。那我们该干什么呢？不走了，避雨，该吃吃，该喝喝，为将来前行做好充分的准备和调整，这是最正确的策略。如果大暴雨来了，还不断往前跑，就会深陷坎中，不可自拔。在大暴雨的天气，很多人在外面跟老天爷过不去，其实是跟自己过不去，也就是九三所说的“致寇至”。不要骂老天爷，这是自己弄出来的问题。我们都知道青蛙是很熟悉水性的，但下暴雨的时候它还是躲在荷叶下避雨。所以我们人为何就要逞能呢？老子曾说过：“飘风不终朝，骤雨不终日。”因此雨下得越大，也就是在告诉我们雨快要结束了。所以莫要担心，不管多大的雨，终究是会结束的。一般小雨才可以下很久，但大暴雨却不会，因此大暴雨来了，我们该吃就吃，该喝就喝。

上六：入于穴，有不速之客三人来，敬之终吉。

象曰：不速之客来，敬之终吉。虽不当位，未大失也。

穴就是雨的家。不速之客，有人说是下卦的三个阳爻，代表三个人。这是不对的，这个“不速之客三人来”就是上卦三爻，三阵突然降临的雨。第一阵是小雨，第二阵是暴雨，第三阵是尾巴雨，或者是太阳雨。上六是尾巴雨，雨过三巡，雨现在要回家了。虽现在还是在下，雨毕竟开始收了，变小了，但我还要敬。因为我知道太阳很快就要出来了，雨要回去了，我还是再等等，这没什么不好的。“虽不当位，未大失也”。“不当位”，因为天还在下雨，还不是时候走出去，所以我不走了，还是等一等，这是没有什么损失的。反之，我走出去，即使是小雨，也可能会被淋湿的，我不走，让它下够，因此上六就是无为之等。

“需”字的甲骨文如图 5-1，有人翻译为“脾弱肾虚，严重盗汗”。汗有自汗、盗汗的区别，我们运动后大汗淋漓是正常地流汗，盗汗是晚上睡觉时出汗。盗汗是阴虚造成的，自汗是气虚造成的。所以我不明白把“需”的甲骨文翻译成“盗汗”的根据何在。也有将它比喻成洗澡，那就更加不对了。以前北方人洗澡是相当辛苦的，小朋友只有在农历六七月份的时候才可能去河里游泳、洗澡。所以“需”字的甲骨文表达的那个不是汗，是雨，雨顺着胳膊往下流，顺着腿也往下流。所以这个“需”字的甲骨文应该是“落汤鸡”的意思，就是你该避雨不避雨，那么就会被雨淋湿，淋成落汤鸡。引申为一种尴尬、被动的状态。这种尴尬是因为不识时务，明知道有挫折、有坎、有陷阱，还继续往前走造成的。

甲骨文

京津 2069　　林 2·158

图 5-1

从乾卦到需卦，我们简单回顾一下。乾代表阳，坤代表阴，阴阳交才会有新事物出来。初生是充满磨难的，有很多困难，有很多蒙昧，所以屯卦告诉大家要囤积、要学习、要经纶。怎么去掉蒙昧呢？那就要启蒙养正，要学习。需是养，饮食之道。但需卦没有出现饮食，也许有人说九五有酒食，但这是具体的酒食。需卦说的饮食不是具体的饮食，而是屯、蒙、需这三卦里都有的“坎”。坎代表难、困难。我们的人生道路上会遇到很多磨难、坎坷，要学会等待，研究研究，把问题解决了，再往前跑。这个需讲到的“养”就是困难、磨难，所有的困难、磨难都是营养。水是生命之源，万物的生长既要靠阳光照耀，也要靠雨露的滋润，只有阳光没有雨露是无法生长的。

无能是屯卦的状态，无知是蒙卦的状态，挫折和失败就是需卦的状态。当你遇到挫折和失败，心里很不舒服，但是如果你明白了，就会知道那是你走向成熟、走向成功的必需营养。一个人活到六十岁从没遇到过挫折，非常顺畅，这是很危险的。如果说你年轻遇到很多磨难，那好啊！这些磨难你都过了，今天还活得挺好，以后你将会在这些磨难中更上一个台阶，所以这些磨难是人生由无能无知走向成熟的一种又一种营养。需卦里讲的“养”就是这种困难、挫折给人带来的营养，这种营养是必需的。如果明白了需卦的本意、需卦的智慧，再面对生活的苦难就会坦然很多了。因为你知道老天爷是有孚的，雨是会下也会停的，困难终究也是会过去的，人是不会一辈子都那么倒霉的。所以守得云开，就会见太阳。困难是暂时的，遇到困难，要心中有阳光、中正，相信困难迟早是会过去的。还有我们要正视困难，遇到困难时，要等，要研究对策，看清楚陷阱然后绕过去，不要傻傻地直过，否则会出现大问题的。经历风雨越多，见的彩虹就越多。若不见风雨又何以见彩虹呢？同理，如果你没有见过挫折，又何以见得了成功？

下面对需卦做结构分析。初九，出门天变了，等等再走。九二，走到一半了，天变了，等等再走，不要抱怨。九三，快走到家了，天变了，还是要等。六四，雨开始下了，那就更要等。九五，雨下得很大了，该吃吃，该喝喝，为将来的前行积蓄能量。上六，雨快下完了，都已经等了那么久，还差那么一点吗？还是等雨过天晴了，再走。

最后给大家讲一个郭橐驼种树的故事。别人种树，种一棵就死一棵，而他种树，种一百棵，能活九十九棵。所以一些达官贵人都会找他种树，因为他种下去的树都会成活。因此就有人问他种树的绝招，他说没有什么绝招，种完就走。春天种下，秋天再回去看。相信大家都听过柳宗元说的这个故事，那为什么一般人种的树成活率如此低呢？那是因为我们太爱护这棵树了，今天刚种下，就马上浇水，明天再回来看看，好像水又干了，于是又浇，后天看看又觉得水差不多干了，于是又浇。有时还这里摸一摸，那里晃一晃。这就是太过于溺爱、宠爱了，太等不及了，所以是我们把树给害死了。树还是那些树，人却不是相同的人，所以种树的方法也不同，导致种树的结局也不一样。有人种活了，有人种死了，把树种死是因为太急了，太溺爱所致。

我们人生中也会遇到很多困难、挫折。因此过马路的时候，要注意安全，不要再边走边玩手机了。有人一边走路，一边打电话，根本就没看车，也不管红绿灯。我们要意识到，在前行的道路上，会有很多苦难、很多危险。走路就好好走路，看到红灯就停下来，多等一分钟又怎样？抢先一分钟又能得到什么？有时这一分钟的代价，可能是生命的代价。这里不仅是在说等红灯的问题，还有我们的人生、我们的事业。郭橐驼，就那么一招，就可以让那么多土豪贵族去请他。说破了，别以为他没什么本事，又不识字，但事实上他很有本事，他最大的本事就在他的心上。所以读经明理，修身养性。

需卦，和需求无关，和等待有关，和困难挫折有关。困难挫折我们是一定会遇到的，但我们不要骂它，它不是寇，真正的寇是我们自己，这种挫折是我们成长、成功所必需的营养。

需卦讲的是等待的智慧，下面要讲的是讼卦，请大家预习。

第六卦　讼

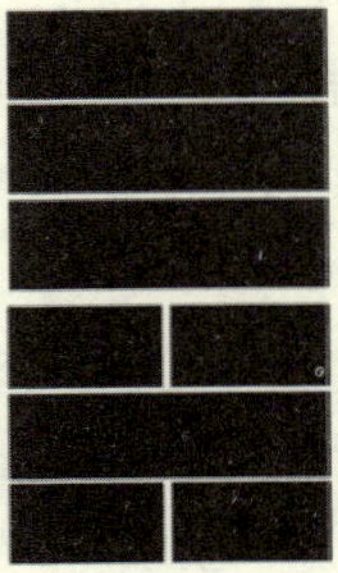

讼：有孚，窒惕。中吉，终凶；利见大人，不利涉大川。

象曰：讼，上刚下险，险而健，讼。讼，有孚，窒惕。中吉，刚来而得中也。终凶，讼不可成也。利见大人，尚中正也。不利涉大川，入于渊也。

象曰：天与水违行，讼。君子以作事谋始。

初六：不永所事，小有言，终吉。象曰：不永所事，讼不可长也。虽有小言，其辨明也。

九二：不克讼，归而逋，其邑人三百户，无眚。象曰：不克讼，归而逋也。自下讼上，患至掇也。

六三：食旧德，贞厉，终吉。或从王事，无成。象曰：食旧德，从上吉也。

九四：不克讼，复自命，渝安贞吉。象曰：复即命，渝安贞，不失也。

九五：讼元吉。象曰：讼元吉，以中正也。

上九：或锡之鞶带，终朝三褫之。象曰：以讼受服，亦不足敬也。

上次需卦讲的是等待的智慧，面对挫折坎坷要学会等待。其实困难就像饮食一样，饮食即吃饭。讲到吃饭就会争食，争饭碗，就如养鸡，当向鸡群撒下饲料时，它们就会为了争食而打架。因争而起讼，因此《序卦传》说："饮食必有讼，故授之于讼。"一般人看到"讼"就会以为是打官司、诉讼。这样的解释没错，但太窄了，打官司只是"讼"的一种解释。讼卦的"讼"讲的不仅是打官司，而是争讼、纷争、争辩。

象曰：天与水违行，讼。君子以作事谋始。

讼卦的下卦为坎，为水，上卦为刚健的天。为什么天水合在一起就是"讼"了呢？因为水往下流，它的性质是向下的；而天是纯阳，它的性质是向上的。一个向下，一个向上，天水相违，背道而去，因此天水违行就成了"讼"。所以当两个不同的主体，一个要向下，一个要向上，就难以避免地会发生争吵。"君子以做事谋始。"始：开始。谋：谋变，谋划。意思是：君子看到讼卦后，应明白在做一件事之开始就应考虑可能会出现的争执。如果一开始就考虑可能出现的纠纷，你就会非常小心谨慎，尽量防止纠纷出现。早做谋划、做好准备，即使将来纠纷真的出现了，也没什么好怕，因为早就谋划好应对的措施了，一定不会让它爆发，可将它们扼杀于萌芽中。很多人会说这里没说到"争"，也没出现过一个"争"字，但这个卦是讼卦，因此要联系讼卦的本意来解释。

图 6-1

讼的甲骨文（见图 6-1），是两个口。这两个口不是上下关系，而是平行关系。所以一看甲骨文就知道，只要有两张嘴就具备了争吵的基础，这就是很形象的“两口成讼”。一般说我们自己不跟自己吵架，但有时还是会吵的，因为自己的舌头有时会被牙齿咬到。如果是两个人就更加容易发生争执，所以兄弟姐妹小的时候在家里会发生争吵；大了之后，父母和子女会吵起来；夫妻之间也会吵架；同事之间也会争吵。在这个世界上，只要有人的地方，只要有两个人存在，就有了争吵的先天基础。大家在某些问题上意见不合，一个要向东一个要向西，一个上一个下，就会出现相违而行、两口争讼。所以在和别人共事的时候，要小心谨慎，要避免争讼，避免纠纷。所有的吵架都是因为争，如果大家都不争，那就没什么可吵的了。如果一个人争，另一个人不争，那也是吵不起来的。

讼：有孚，窒惕。中吉，终凶；利见大人，不利涉大川。

有孚：讲诚信，即争吵要讲诚信。我国法律上的一个大的原则就是诚实信用原则，在《民法通则》《合同法》等都有相关的规定。处理争讼必须讲诚信，有诚信才可以解决问题。窒惕：“窒”即窒息，是一种不通的状态；“惕”即警惕。如果一个人有怨气，不管是不是被冤枉，都需要一种诉求的通道。只有将心中的怨气释放出来，讲出来，有人倾听，有人为他伸张正义，这样才不会压抑，才不会出现大问题。如果一直被打压，怨气一直压在心中，没有渠道去诉说，那是非常危险的。就像我们煮开水一样，假如锅盖是可以松开的，则锅不会爆炸，如果将锅盖压得很紧，开水化成蒸汽而出不去，那就很容易发生爆炸。所以说，有争吵、纷争是没问题的，但不可以窒。如果出现这种状态，则会很危险。中吉：有纠纷，但能中正地处理好，则是吉祥的。终凶：“终”即终结，一般发生争吵都是不好的，但如果能中正地处理掉了，最后就会把“凶”给终结了，也就是化凶为吉。讼卦本来是很凶的，为什么结果是吉呢？因为如果按照整个卦的六爻里面的策略去做，就会逢凶化吉。“利见大人，不利涉大川”，这里的大人还是像乾卦里所说的那两种意思，一个是大人本身，一个是万民、民众。如果一般的民众发生了争执，然后解决了，那么对大家都是好的。然而在化解纠纷的过程中，有一个人很重要，那就是九五，也就是君王，一般在比较大的纠纷化解过程中，君王就显得更加重要了。因为如果君王能将民怨给化解了，君王的声誉就会因此提高，就会大得民心，这样既会让万民得到好处，君王也可以得到好处。如果无法化解民怨，就会产生很多危险的问题。“不利涉大川”，讼是天水相违，两口相争，两口一旦相争，心中就会有怨气。如果你在这个时候去旅游，则看什么都不顺眼，什么景都不美。所以说心中有怨气的人不适合去旅游，不适合出远门办事。从心理学的角度来说，心里有怨气，则吃饭不香，看景不美，而且心有所挂，可能还会出现其他事情。天是向上的，而“涉大川”涉的就是水，水是向下的，天水本相违，你再“涉大川”就进入深渊了。水越来越往下，则会变成深渊，深渊是深不见底的。

彖曰：讼，上刚下险，险而健，讼。讼，有孚，窒惕。中吉，刚来而得中也。终凶，讼不可成也。利见大人，尚中正也。不利涉大川，入于渊也。

上卦乾是刚健的，下卦坎是水，是柔软的。越是坎险越往前冲，很容易就吵起来了。当然争讼的时候要讲原则，要讲诚信。不管他人对与错，他们一旦有怨气，就要让他们讲出来，让他们的怨气释放出来。还有在讼的过程中，要秉持公正。如果一个人很阳刚并且在处理讼时很公正，那么他就是讼卦之主，也就是九五。本身阳刚，并且又主持公正，将很凶的争讼终结了，化凶为吉，那么讼就不存在了。所以，要是发生争讼时，如果能遇上一个阳刚并主持公正的人或者法官，那么对你和这位法官都是有利的。人身处讼中，心中有怨气是不利于远行的，因为再往前走就是深渊了。所以一般情况下不要争吵，吵太多不好；如果对方非要吵，就让他吵出来。讼卦卦象也告诉我们遇坎直攻，极易成讼。所以遇到讼，不要直攻，要等，遇到坎要等待，否则就会形成争讼。这让我们想到了李白的一句诗：“抽刀断水水更流。”这个刀就像乾卦，用刀砍水，水是砍不断的，无论怎么砍，它照样是往前流的。因此我们要正确看待这个讼，不要让它窒了。

初六：不永所事，小有言，终吉。

象曰：不永所事，讼不可长也。虽有小言，其辨明也。

小有言：即发生言语上面的争执。初六是整个卦的第一个爻，它是最低级别的讼，换句话说就是言语之争、口舌之争。就像两个小孩因小事而发生的争吵。永：永远，一直坚持，固执于。事：指所争执的事。就是说对于口舌之争，不要老是放在心里，过一段时间就会忘记了。其实不仅是小孩会发生口舌之争，大人平时也会因口误或者一些小误会、小矛盾，而发生口舌之争。因此对于这些口舌之争，只要不记挂在心里，只要不固执己见，很快就会过去了，没有了，所以“讼不可长也”。“虽小有言，其辨明也”，辨即是辨别、辨明。即我们把口舌之间发生的矛盾讲开了、讲明白了，彼此间也就没有问题了。因此最低级别的讼——口舌之争，处理的办法就是彼此之间讲明白，别老记挂在心里，记一辈子，这样对自己是不利的。有些人会因别人的一句话而耿耿于怀几年，而说这句话的人也许说完不到一个小时就忘了，你却因他人一句无心之话伤心痛苦了几年。也有一些人因为和别人有些小误会，而心绪不安，其实这也是小事，不要过于计较，误会说明白就行了，别挂在心上，否则会很伤身体的。这些口舌之争，虽是小事，但在我们的生活中却是最常见的，一年到头都不知道会遇到多少这类口舌之争。所以一定别放在心上，只要讲开了，就会化解了。

九二：不克讼，归而逋，其邑人三百户，无眚。

象曰：不克讼，归而逋也。自下讼上，患至掇也。

克：不是克服的意思，在古代是为了免除天灾而杀人剔肉祭天，以求消天灾，即天大的事、天大的灾。因此“不克讼”就是说：不要把讼当成一件天大的事情。从事法律职业的人都知道有些人将打官司当作天大的事，觉得摊上了官司，自己就倒霉得很，由于不得解脱，一些人因此而家破人亡。逋：逃跑。眚：眼睛出了毛病，即有过错，有灾难，在北方方言中还有灾、灾星的意思。邑人：指自己势力范围内的人，也就是自己的一亩三分地里的人。掇：拾取，即自己弄过来的，自己找的。

自下讼上，自己处于下位却去找上位的麻烦，即自己找灾。九二爻与九五是相应的，同是阳爻，同性相斥，所以它们不是正应而是敌应。因此九二看九五不顺眼，则眼红起讼。平常生活中我们也会见到这样的人，有人自以为已经很厉害了，但出现个比自己更厉害的人，往往会非常不服气，会眼红，这就是眚，眼睛长翳。看别人不顺眼是很容易发生争执的；如果很顺眼，志同道合，则不会争吵。如果明知别人比自己厉害，但自己却看别人不顺眼，去讼告别人，那就是自己找灾。自己已很有本事，但别人比自己更有本事，因此自己不忿，这种争执就是因为自己眼红而造成的。所以不要总是去跟别人比高低，别人比你高也是很正常的。你本来已是亿万富翁了，但李嘉诚却比你还有钱，于是你会很不服。其实，如果有一天你当了李嘉诚，你就会发现，他也不是总当第一的，说不定有一天马云就超过了他，但马云也不要太高兴，也许某天刘云、黄云也会超过他。因此不要眼红他人比自己厉害，因不服气而起纠纷，就是以下讼上，这是不好的。

六三：食旧德，贞厉，终吉。或从王事，无成。

象曰：食旧德，从上吉也。

食旧德：就是老翻你的旧账。在我们的生活中有些人总是说别人的陈年旧事，老是惦记着自己有恩于他人，老是翻别人的旧账，这样会出问题的。比如总对一个人说："你爷爷要不是我早就饿死了"。一开始别人可能会很虔诚地表示感激、感谢，但你老讲，别人就会觉得你好讨厌，觉得："我爷爷的事与我有什么关系？"因此，即使有恩于他人也不要老是挂在嘴边。既然说是贞厉，为什么还说终吉呢？其实你老是翻别人的旧账，别人会讨厌，但反过来讲，你总是念别人的旧恩、旧德，你就不会跟他们吵，这最终是吉祥的。"或从王事，无成。"就是换个方面来说的，算了，你有恩于我，我要报恩，叫我干吗就干吗。我只是报恩，所以是无成。"食旧德，从上吉也。"你念别人的恩德，你敬别人为上而从之，则是吉祥；反过来，你老是挂记你对别人的恩，自己高高在上，那是很凶的。很多同学在毕业二十年后的聚会过程中往往很容易聚出一些问题来，就是聊天聊着就说出一些陈年旧事，然后就发生争执了。所以，念人旧恶，必思复仇；念人旧德，方思报恩。

九四：不克讼，复自命，渝安贞吉。

象曰：复即命，渝安贞，不失也。

四爻是庙堂大臣，君王身边的大臣。这一爻说的是：你是庙堂大臣，朝廷命官，你不可以将讼当作天大的事。复自命：要正确认识自己，知道自己是谁。渝：改变。改变就会知道自己是谁，同时自己才会心安，心安即吉祥。明白自己是谁，你就不会去争，讼也就不再有了，“将相合”即是例子。负荆请罪的故事大家都知道，这里不再重复了。所以官员要认清自己，反省自己，如果明白争讼的原因在于自己，而不是别人，那就没有什么可吵的了。老子在《道德经》上说：“复命曰常，归根复命！”常就是天道。认识了天理、常理，那就没有什么可吵的了，这就是将相能和的原因。

九五：讼元吉。

象曰：讼元吉，以中正也。

元就是最大，元吉就是最大的吉祥。为什么说是元吉呢？因为中正。如果你身陷纠纷，此时遇到了一个阳刚中正之人，他会将讼连根拔起。他不仅主持公正，还把争吵的缘由找出来，矛盾曝光在大众面前，让大家认清争讼的根源，然后再中正地处理。越辩越明，大家都得到提高了，那还会不吉吗？一旦将讼的根源去掉了，以后就不会争吵了，最终矛盾就会得以根本性的化解。所以我觉得这个“元”一语双关，不仅有元吉，最大的意思，还有从源头解决争讼的意思。解决讼，连根拔起很重要。否则，将来条件成熟还是会复发的；只有将根拔了，以后才不会复发，所以连根拔起是解决讼的最好方法。我把这一爻的讼叫作中正理讼，这是最高境界的解决讼的方法。中正刚直的包青天就是这一爻最典型的例子。

上九：或锡之鞶带，终朝三褫之。

象曰：以讼受服，亦不足敬也。

鞶：古代的官员佩戴玉的鞶带、腰带，汉唐宋都佩戴腰带的。上九是圣贤之爻，就像一位圣贤的老人在说：你们争什么啊？即使你们都争了很多东西，官也做得很大，君王也给你们很多嘉奖，但到终朝的时候，你们争来的东西都会一件一件地被剥夺掉的，很多官员在朝代还没结束的时候就被杀掉了。所以你应该明白，不管你的官职有多大，争到的再多，一旦你的朝代终结了，你所有的东西都要失去。即使是皇帝也有一天会老去，没有任何东西是可以千秋万代的。

“以讼受服，亦不足敬也。”你打官司打赢了，但不见得别人会敬佩、会服你。因为有些人会说这个人赢了，是因为有后台，买通了法官，因此以外力、强力来解决的讼，难以让别人心服口服。我国法律有个独创，叫调解制度。这个调解就体现了讼卦一种不争的精神，大家各退一步，给和解掉了。所以你打官司打赢了又怎么样，人家不服，如果没有输赢，但大家都服了，矛盾也解决了，那么这就是最好的解决方法。所以打赢官司不是解决问题的唯一途径，关键是只要把问题解决就行了。其实不用打官司，而是通过调解将问题解决掉，这不是更好吗？我们常说：“生不带来，死不带走。”争来争去有什么意义呢？有些人喜欢钱，即使拥有金山银山也只不过是一日三餐而已；你的房间再大，再超级豪宅，不过只是一张床而已；位高权重、前呼后应也只不过是你的幻觉而已。这一爻是圣贤之爻，圣贤是不争的，不争不是说他富有天下，而是因为他知足了。争太多，死后也留不住，搬不走，留给儿孙，可能还会把儿孙给害了，所以他们不争。

讼卦的智慧就是不争，不要去跟别人争什么。这个智慧很有意思，两口起讼，讼卦本来就是争的。那为什么它的智慧是不争呢？因为一旦你不争，讼就不存在了。所以说解决讼的最好办法，就是不争。

讲到这，我想到唐朝的一个佛家典故——寒山拾得。寒山问他的好朋友拾得曰：“世间有人谤我、欺我、辱我、笑我、轻我、贱我、恶我、骗我，如何处治乎？”拾得曰：“只是忍他、让他、由他、避他、耐他、敬他、不要理他，再待几年你且看他。”佛经里这些禅语太有意思了，几句话就将很多意思包含在里面。其实别人骂你，你不理他，过几年，则会出现两种可能。第一种可能就是，他觉得你太有水平了，人太好了，很有境界，他会因你的好而变好，过几年他也会变好，这是一个皆大欢喜的结局。第二种可能就是，他以为你怕他，以为自己是最大，谁都怕他。将来他谁都不怕了，那用不着几年，他很有可能就进了监狱，甚至已经被就地正法了。

我曾有很深刻的体会，我不去争，顺势而为，结果我的收获很大，而有时候费了九牛二虎之力却毫无所获。其实这就是无为而治、不争的功用。如果你们不信，终生劳碌争来争去，最终一定是毫无所获的。这是根本不用算的，一个人从早到晚不停地劳碌，那他的命运一定是很苦的，即使赚到钱也是很苦的。老子说：“夫唯不争，故天下莫能与之争！”我不争，天底下没有人争得过我，这才是一种最高的境界。

讼卦的结构分析如下：初六是言语之争，最低级别的争。九二是眼红起讼，以下犯上。六三是因为翻旧账而发生争端的，很不值得。九四告诉我们在争讼的过程中，要正确认识自己，若能明白原因在自己身上，就不会再争讼下去了。九五是说在争讼的过程中，如果能遇到一个秉持公正的人，这对于诉讼争执的处理是非常有利的。上九圣贤告诉大家，人生如白驹过隙，没有什么好争的，你不争，就没人能争得过你，不争才是最高的境界。

讼卦讲的是遇讼不争的智慧，下面要讲的是师卦，请大家预习。

第七卦　师

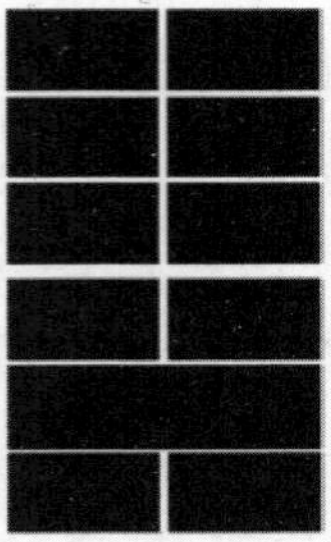

师：贞丈人吉，无咎。

彖曰：师，众也，贞正也。能以众正，可以王矣。刚中而应，行险而顺，以此毒天下，而民从之，吉又何咎矣。

象曰：地中有水，师。君子以容民畜众。

初六：师出以律，否臧凶。象曰：师出以律，失律凶也。

九二：在师中，吉，无咎，王三锡命。象曰：在师中，吉，承天宠也。王三锡命，怀万邦也。

六三：师或舆尸，凶。象曰：师或舆尸，大无功也。

六四：师左次，无咎。象曰：左次无咎，未失常也。

六五：田有禽，利执言，无咎。长子帅师，弟子舆尸，贞凶。象曰：长子帅师，以中行也。弟子舆师，使不当也。

上六：大君有命，开国承家，小人勿用。象曰：大君有命，以正功也。小人勿用，必乱邦也。

“师”在这里不是老师的意思，那么“师”讲的是什么呢？前面讼卦讲的是纠纷、争吵、吵架，吵群架一般是一帮人来吵的，这就是众。如果两帮人吵架，就容易打群架，打群架就是出兵打仗了。所以讼后讲师，师就是聚众，三人成众，即兴师动众的意思，实际也是行兵打仗。《序卦传》上说：“讼必有众起，故受之以师。师者，众也。”师的意思是很特别，相当于兵，主要是讲怎样去兴师动众，怎样去打仗。讼是争，打官司诉讼是争的一种，两方开战也是争的一种，而且这还是更高级别、更激烈的一种争。

象曰：地中有水，师。君子以容民畜众。

师卦的下卦是坎，是水，上卦是坤，是地，水在地下，即地中有水。大地的特性是包容，是厚德载物，它本身就代表众多的意思。把水放在大地之中，就是藏兵于民。“君子以容民畜众。”容：包容。畜：同“蓄”，积蓄。作为君子要效法师卦，应该“容民畜众”，包容、容纳民众。只有这样才可以形成一个庞大的团队，才会拥有千军万马，否则你连一个兵都没有。这个千军万马平时就是民，打起仗来就是兵。这就是藏兵于民，容民蓄众。土有一个功能，就是可以蓄水，而蓄水的目的是防旱。

“师”的甲骨文如图 7-1，就像兵符，师本来就是兵。土地是老百姓的根本，老百姓是军队的兵源；没有老百姓去当兵，就不会有军队的出现。因此这种递进的关系是很明显的。打仗的时候是兵，不打仗的时候就是民。三国的时候出现了一个新概念——屯兵，今天我们依然有建设兵团，当然还有一个就是民兵。毛泽东在《论持久战》中说：“兵民是胜利之本”。

甲骨文

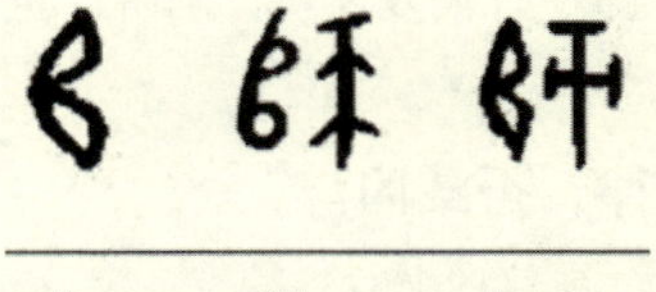

卜89　　探46　　合331

图 7-1

师：贞丈人吉，无咎。

率兵打仗，兴师动众，是那些德高望重的人的事情。这个丈人不仅仅是老人，还要是德高望重的。老成持重的人才可以为师中之主，也就是帅。打仗是他们的事情，而不是黄毛小子的事情。如果由德高望重的人来统兵挂帅，像姜子牙这样的人，才会是吉或无咎的结局。《孙子兵法》中说："兵者，国之大事也。死生之地，存亡之道，不可不察也。"就是说打仗是国家之大事，事关国家的命运，不是个人的事情，不可以用愤青的方式来处理，一定要老成持重的人来处理。

彖曰：师，众也，贞正也。能以众正，可以王矣。刚中而应，行险而顺，以此毒天下，而民从之，吉又何咎矣。

贞正：以正、正义为取向。兴师动众应该向正，如果能让大家跟着你，并做正事，那么你就可以为王了。我们中国人都知道两个字——"中正"，其实是两个概念，"正"是向好、向善；但"中"是一种最高的境界，它不左不右，不上不下，不善不恶，刚刚好。人生中能做到正已经不易，要做到中则更难；一般是至高的人，圣贤之人才可以做得到。"刚中而应，行险而顺，以此毒天下，而民从之，吉又何咎矣。"师卦本是凶相之卦，但这里不谈凶而谈吉。"毒"一般人理解为毒害，我们仔细看一下这个字的构造，下面是一个"母"字，上面是一个出头的"王"字。意思是你本来是王，我现在把你这个王给去掉，这实际就是后面的人把前面的统治者给推翻。刚中是指九二居中位，但它不正，对应的是六五，所以是正应，因此六五君王会支持它。整个师卦只有九二是阳爻，它是卦主是统帅，其他都是阴爻，这些阴爻都会支持九二。九二自己很刚，但它身居险中，因为下卦是坎卦，身处险境。因为大家都拥护支持它，所以它会很顺。往前走，即使有很多危险、陷阱，也会顺利的。

初六：师出以律，否臧凶。

象曰：师出以律，失律凶也。

臧就是藏的意思，否就是否定、否则。师卦讲的是聚众，初六爻就是老百姓聚在一起。这让我想到陈胜吴广起义，他们的起义曾经也很辉煌，但结局却很惨。人多聚在一起，很容易出乱；如果没有纪律，人越多就越乱。所以一定要组织好，要有严明的纪律。因为底层百姓文化水平比较低，受教育不足，揭竿而起往往容易失控的。聚在一起本来就凶，所以一定要有严明纪律。不仅要师出有名，还要师出有律。

九二：在师中，吉，无咎，王三锡命。

象曰：在师中，吉，承天宠也。王三锡命，怀万邦也。

九二是师卦的卦主，军中的大元帅。它对应的爻是六五君王，九二和六五是正应的，所以六五是支持、信任九二的。这个九二要在师的中间才是无咎的，所以大元帅是不可以冲锋陷阵的。切不可以意气用事，不可以愤青，只有这样，作为王才会放心，所以王三锡命，才会多次委以重任，派你出征。这个元帅，君王非常放心，非常信任他，什么事情都交给他，真正做到用人不疑。这让我想到两个人，一个是姜子牙深受文王、武王信任，一个是诸葛亮深受刘备信任。有一句话说："千军易得，一将难求。"所以在用人时要做到用人不疑，疑人不用，因为他们是天生的栋梁。你要用他，就要信任他，不要疑他，用他又疑他，那是最笨的，是自拆墙脚。要是不用他，那就另当别论。例如商鞅，曾在魏国谋生，有人对魏王说："你要用他，不用就要将他给杀了。"结果，魏王既不用也不杀他，最后商鞅跑到秦国去变法，使秦国强大了，最后将魏国给灭了。所以在生活中，对于那些敏锐性很高、才华很高、心中的德行也很高的人，你用他就要深信不疑地用他。不用他，他跑到你的对手那里去，那也是很危险的。对于一个国家，如果君王英明，那么这个国家就会繁荣昌盛；对于一个军队，如果主帅英明，那么这个军队就会很强大。

六三：师或舆尸，凶。

象曰：师或舆尸，大无功也。

师：兵，出兵打仗。或：疑惑。舆：车。尸：尸体。出征打仗，一车一车地将尸体拉回来，当然是很凶了。为什么会这样呢？因为这是第三爻，易急躁冒进。打仗时对敌人不清楚，还急躁冒进，所以就会导致这样的结果了。“大无功也”，打仗时贪功冒进，那么结果一定是载尸而归。因此打仗时，不可以急躁出征，贸然开战。要做到知己知彼，才可以百战不殆，否则只会凶上加凶。

六四：师左次，无咎。

象曰：左次无咎，未失常也。

古人是吉事贵左，凶事贵右。即吉祥之事以左、前为贵。比如结婚，被授予封号。凶险之事贵右，即凶事以右、后为贵。例如出殡，把棺柩放在后面，前面是送葬的队伍。比如行军打仗，由于打仗是很凶的，所以元帅要在稍后一些的位置，否则冲在前面易被攻击，但太靠后也是不合适的，所以要居左次。守关是很凶险的，少数士兵守着就行了，大部队在关口的附近驻扎即可。守关，是士兵分内的事，但绝不可以让自己的部队置身于危险之地；枕戈待旦是好的，但以身犯险，则是兵家大忌。

六五：田有禽，利执言，无咎。长子帅师，弟子舆尸，贞凶。

象曰：长子帅师，以中行也。弟子舆师，使不当也。

六五是君王之爻。田：田地，我自己的领地。禽：飞鸟，即入侵者。有人来入侵我的领地了，我该怎么办呢？先用言语警示，警告入侵者：这是我的领土，请离开。如稻草人，农民用它们来吓跑那些飞鸟。作为一名君王，不要动不动就发动战争。虽然人家冒犯你，侵犯你的领海领空，但也要先礼后兵，先用言语警戒、抗议，抗议并不代表软弱，只有这样才是无咎的。出兵打仗时如果是一个德高望重的长者统帅军队，那么是没有问题的，因为他考虑问题会很全面、很冷静，不会心浮气躁。弟子是指年轻没有经验的人，这些人容易冒进，容易愤青，容易感情用事，容易贪大喜功，这样的人率师会很危险，到时只会一车一车地将尸体载回来。有些书上将“弟子”翻译为监军，说派监军去监督，就不利于行兵打仗，这种解释是值得商榷的。如秦国和赵国之间的长平之战，赵国刚开始派廉颇领兵，守了三年，秦国都攻不破。后来秦国使用离间计，散播谣言说廉颇老了，怕死不敢出征。结果赵国换上纸上谈兵的毛头小子——赵括出征，将廉颇撤下来。于是秦国三年没有攻破的城池，在毛头小子来了没多久就失陷了，赵军全军覆没，秦国足足坑杀了赵国四十万军队。长平之战对本爻是一个非常具体的诠释。

上六：大君有命，开国承家，小人勿用。

象曰：大君有命，以正功也。小人勿用，必乱邦也。

上六爻是对全卦的一个总结，也是圣人对后人的一种告诫。告诫后人兴师动众是大君的事，一般的小老百姓不要去做。因为大君承担着开国承家、开天辟地、开创新局面的使命，只有他可以建立正功。如果你是小人，是个贪小便宜的人，那只会祸乱天下，所以上六爻不是论功行赏，而是对世人的一个告诫。楚霸王打到咸阳，放火烧城；刘邦进了咸阳，先把百姓的户籍接收下来。一个人只会烧杀抢掠，那就会给国家、给社会造成混乱。

师卦讲的是兴师动众的智慧。兴师动众一定要从正，只有从正才可以吉。在行兵打仗时要用德高望重的人来统帅，不要任用意气用事的毛头小子。在驻扎军队的时候，要守险而不可处险，虽一字之差，但后果的差别却很大，所以要居左次。对于国家大事，大君背负着历史使命，一般人不要去乱搞。

本卦从结构上看，初六讲的是普通人的兴师动众，兴师动众一定要严明纪律，否则就成了乌合之众，乌合之众是很凶的。九二是主帅，是军中的擎天柱，所以君王要做到用人不疑，疑人不用。六三说用兵的时候不可以好大喜功，冒进地出征，否则会更凶。六四说要守险关，枕戈待旦，但不可以身处险境。六五君王选帅要以稳重慎重为第一考量，千万不能重用纸上谈兵的人。上六是对整卦的总结，只有身负开国使命的大君，才可以兴师动众；一般人的兴师动众只会带来战乱。

师卦讲的是兴师动众的智慧，下面要讲的是比卦，请大家预习。

第八卦　比

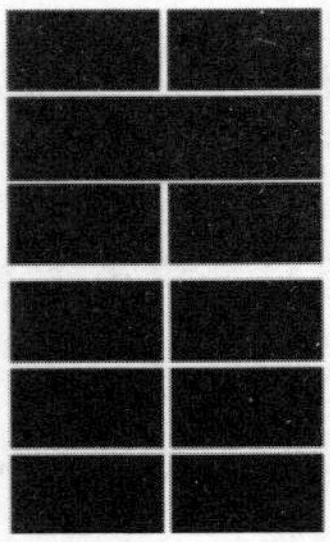

比：吉。原筮元永贞，无咎。不宁方来，后夫凶。

象曰：比，吉也，比，辅也，下顺从也。原筮元永贞，无咎，以刚中也。不宁方来，上应也。后夫凶，其道穷也。

象曰：地上有水，比。先王以建万国，亲诸侯。

初六：有孚比之，无咎。有孚盈缶，终来有他，吉。象曰：比之初六，有他吉也。

六二：比自内，贞吉。象曰：比之自内，不自失也。

六三：比之匪人。象曰：比之匪人，不亦伤乎！

六四：外比之，贞吉。象曰：外比于贤，以从上也。

九五：显比，王用三驱，失前禽。邑人不诫，吉。象曰：显比之吉，位正中也。舍逆取顺，失前禽也。邑人不诫，上使中也。

上六：比之无首，凶。象曰：比之无首，无所终也。

前一卦师卦是兴师动众，下卦是水，上卦是地；比在师之后，下卦是地，上卦是水。所以称地水师，水地比。师是兴师动众，我们知道只要人一多就会形成小团体，叫拉帮结派、结盟。《序卦传》说：“众故有所比，故授之以比。比者，比也。”用今天的话来说：比就是结盟、拉帮结派的意思。像有些单位可能只有二十多个人，它也会拉帮结派，有时分成两派、三派，当然还有不加入任何一派的，他也算是一派，不结盟的一派。

象曰：地上有水，比。先王以建万国，亲诸侯。

内卦是地，外卦是水，这是我们可以从卦象看到的一个景象，也就是水在地上行。那么水是如何在地上行的呢？比如说灌溉渠、水渠，是作为农业灌溉用的。地上有水，为何可以建万国、亲诸侯呢？我给大家讲个道理，大家就明白了。地上若无水，则草木不生；只有地上有水了，庄稼草木才可以生长，才可以五谷丰登。所以地和水的关系非常重要。土地是广阔的，水是很柔弱的，而水可以跟土地结盟，这一种结盟可以使万物得到灌溉、得到滋润；如果大地没有水的滋润，它将是一盘散沙。“水利是农业的命脉”，这句话是毛泽东在1934年说的。还有两个历史故事也很能说明这个道理，战国时大家都比较讨厌秦国，都想把秦国打败。当时韩国为阻止秦国东伐消灭各国，派遣郑国赴秦，游说秦王政（即后来的秦始皇），倡言凿渠溉田。秦采纳了郑国的建议，开凿引泾渠道。后来秦国察觉到韩国的用意，欲杀郑国。郑国坦诚相告：“始，臣为间，然渠成，变秦之利也。”秦王要杀郑国，郑国辩解，修此渠不过“为韩延数岁之命”，为秦却“建万世之功”，始皇于是让他继续主持这项工程。令韩国人始料不及的是，郑国渠的修建却使关中地区更加富饶，秦国更加强大。秦国当时的土地是非常干旱的，郑国渠的修建把水引进来，大片的土地变成了沃土。还有一个地方，李冰两父子修建的都江堰，两千多年来一直发挥着防洪灌溉的作用，使四川的成都平原成为水旱从人、沃野千里的“天府之国”。郑国渠和都江堰都告诉了我们一个道理：水对农业生产来说是非常重要的，实际上就是说水对大地是非常重要的。大地无水，寸草不生，一盘散沙；如果有了水滋润大地，就可以把大地的散沙凝聚起来，变成绿洲，万物生长，五谷丰登。这就是比卦的智慧！

比：吉。原筮元永贞，无咎。不宁方来，后夫凶。

“比”字的甲骨文好像两人并立而行、并肩而战，是同向的、相互帮助的意思（见图 8-1）。相互帮助，是吉祥的。原：原来，起源。筮：虔诚之意。元：源头，起源。永：永远。贞：……的征兆。与人家结盟，如果从一开始就怀着虔诚的心来结交，而不是基于某种利益需求，如发小之交、布衣之交，这种朋友关系才可以长久，这种结盟是无咎的。反过来说如果是半路与人结交，同时又是以利为目的，这种朋友关系一般是不长久的。不宁：是这样一种人，你叫他往东，他偏偏往西，与你唱对台戏的人，北方的广大农村地区至今仍在讲的“不宁侯”就是这种人。你看见没有，就连之前与我唱对台戏的人都来与我结盟了，你还不来，我的大门就要关上了。大门关上之后才来的，肯定是凶多吉少了。

甲 骨 文

京都 1822

图 8-1

象曰：比，吉也，比，辅也，下顺从也。原筮元永贞，无咎，以刚中也。不宁方来，上应也。后夫凶，其道穷也。

比是吉祥的，比就是上下互相帮助的，当然是下卦顺从上卦，地要顺从水，就如人类的生活要依水而居一样。如果从一开始就怀着虔诚的心态与人结交，是无咎的。“刚中”是指九五，作为盟主应该是刚健中正、阳光的。连之前与我对抗的人都来与我结盟了，是指六二和九五相正应。越是最后来的就越凶，说明你已经是穷途末路了。所以结盟的时候，越早加入越好。

初六：有孚比之，无咎。有孚盈缶，终来有他，吉。

象曰：比之初六，有他吉也。

缶可译为陶器、容器，此处也可译为酒缸。与人结盟要讲诚信，如同装满了酒的酒缸一样，酒满了，就会溢香，酒友就会闻香而至，酒香不怕巷子深。结盟交友讲诚信，你的美德就会口口相传，会把你的朋友引过来的。初六是草根之盟，结盟的第一要义是诚信，你的诚信传出去，朋友就会自来。正是：酒满溢香，酒友自来；盟比以诚，诚友自来。

六二：比自内，贞吉。

象曰：比之自内，不自失也。

结盟先要自己人内部结好，自己人内部结好了是贞吉的。如三国时期的桃园结义，刘、关、张就是先把内部结盟好。内部先结好盟，不能把自己的兄弟丢了，这是比盟的核心集团。如果自己兄弟都不入盟，何以与他人结盟？结盟的首要：兄弟之间要先处理好，要先团结好。林则徐写过一段话：兄弟不和，交友无益。值得大家品味其中的道理。正是：兄弟同心，其利断金；兄弟不合，交友无益。

六三：比之匪人。

象曰：比之匪人，不亦伤乎！

匪人，是结盟的时候结错对象的意思。与异类相互结盟，等于自杀。与人结盟时，要看清人，看是不是同道，不要结错对象了。当然，易为君子谋，不为小人谋，如果你是正人君子就千万不要与小人、恶人结盟，否则就等于自残了，自己会很受伤的。

六四：外比之，贞吉。

象曰：外比于贤，以从上也。

六四是外卦了，现在的结盟是走出去了，比是外比，结盟向外走出去，扩大统一战线，这是吉祥的。“外比于贤，以从上也”，指在外面结盟，要找比自己还要好的人结盟，比自己的德还要高的人结盟。向外结盟，一定要以贤为原则，与贤能的人结盟，才能顺从上也。本爻的智慧所在：第一，结盟一定要走出去；第二，一定要找比自己还要贤能的人结盟。

九五：显比，王用三驱，失前禽。邑人不诫，吉。

象曰：显比之吉，位正中也。舍逆取顺，失前禽也。邑人不诫，上使中也。

一个小故事可以讲明本爻中的道理：来自农村的朋友都知道老太太养鸡的情况，早上把鸡放养出去，下午鸡回来，老太太怕鸡吃不饱，拿饲料撒在庭院里的地上，自家的鸡都会从大门口飞奔回来，连邻居家的鸡也会跑来，这时老太太就会呵斥，是对着所有的鸡在呵斥，这时老太太的呵斥只会吓跑别人家的鸡，而自己家的鸡是不会走的，还是很认真地在吃饲料。就如老太太呵斥鸡一样，自己家的鸡不会恐惧，而别人家的鸡就会自动离开。这可以用来考验来结盟的人是否真心，使不是真心的人显现出来，把不真心的人排除出去。“王用三驱”，就是我把三个面围起来，留一个门，让不是真心结盟的人自己出去。在用人之道上，经常会用到“显比”这一招。很多时候，那些小风小浪就是来检验你的毅力的。不是真心的人，小风一吹，尘土飞扬；真心的人，如磐石，狂风任吹，磐石不动。所以有人做事稍有小小的挫折就自暴自弃，注意了，你可能就是那最先被淘汰出去的人，盟主正是用“显比”之策把不坚定的盟友排除出去。不是我的人走掉，是我的人留下，是吉祥的。

上六：比之无首，凶。

象曰：比之无首，无所终也。

上六爻是比卦发展到最后的一个阶段了，不是比卦的总结，也不是圣人爻。前一爻九五，盟主已经使招了，把虚心假意的盟友给去掉了，盟主开始赶人了，这就是“比”的高峰了，高峰之后就一定要走下坡路的。如大树一倒，猢狲四散，盟主衰败了，盟友会非常凄惨，因为盟友无所终啊，这是一种规律。如当年美苏争霸，苏联解体后，东欧的社会主义国家命运非常凄惨！

比卦是找友结盟的智慧。结盟要以诚信为首，要把内部先结盟好，同时要有向外结盟的胸怀，要以贤为原则，注意当这个盟的盟主发号施令不管用的时候，这个盟将会加速解体。子曰：“君子和而不同，周而不比。”意思是我们的朋友遍天下，但是我们不结盟，大家和睦相处，我们保留自己的特色、本质。结盟好还是不好呢？我们古圣人的建议就是：周而不比。

结构分析：初六是草根之盟，交之以诚；六二是核心集团，内部先结盟好；六三要避免与贼结盟；六四是向外结盟要以贤为原则；九五是盟主显比把假的盟友排除出去；上六是盟的终结，树倒猢狲散。

比卦讲的是如何结盟，下面要讲的是小畜卦，请大家预习。

第九卦　小畜

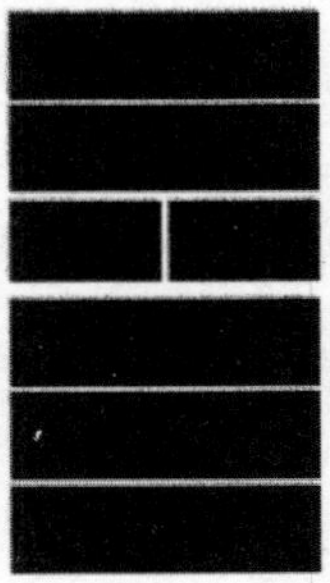

小畜：亨。密云不雨，自我西郊。

彖曰：小畜；柔得位，而上下应之，曰小畜。健而巽，刚中而志行，乃亨。密云不雨，尚往也。自我西郊，施未行也。

象曰：风行天上，小畜。君子以懿文德。

初九：复自道，何其咎，吉。象曰：复自道，其义吉也。

九二：牵复，吉。象曰：牵复在中，亦不自失也。

九三：舆说辐，夫妻反目。象曰：夫妻反目，不能正室也。

六四：有孚，血去惕出，无咎。象曰：有孚惕出，上合志也。

九五：有孚挛如，富以其邻。象曰：有孚挛如，不独富也。

上九：既雨既处，尚德载。妇贞厉，月几望，君子征凶。象曰：既雨既处，德积载也。君子征凶，有所疑也。

上一卦是比，比是结盟、拉帮结派，把很多人拉帮结派在一起，由少到多，这是一个蓄积的过程。《序卦传》上说：“比必有所蓄，故受之以小畜。”所以比卦之后是畜卦，这里的“畜”是小畜，相对于大畜来说，它是小畜。大畜是蓄天下英才，而小畜是自我由小到大一点一点积累，逐步积累的一个过程。

象曰：风行天上，小畜。君子以懿文德。

小畜的卦象，乾下巽上。乾为刚健；巽为风，柔顺，无孔不入，无形，无色无味。前面的卦都有坎卦，从这一卦开始才没有坎卦。懿，是美好，让……美好。风在天上行，就是小畜。就像风在天上吹一样，让自己的文饰像鸟的羽毛一样美丽、美好，在天上翱翔。文是外表文饰，德是内心美德。君子看到了风在天上吹，想到了自己要内外兼修，内修自己的德，外修自己的外表形象。“畜”字的甲骨文就像田里种的庄稼一样，是一点一滴地积累、逐渐成长起来的（见图 9-1）。风行天上，密云不雨。风在天上行，但它就是不下雨，因为它要继续往前走，要不断积累力量。就像鸟的羽毛一样，很漂亮很艳丽的羽毛，不是一天就长大的，是由小到大逐渐积累的。

甲 骨 文

图 9-1

小畜：亨。密云不雨，自我西郊。

卦辞说，能自我积累，是一件亨通的事。天上乌云密布，它就是不下雨，为什么不下呢？因为它认为乌云里面的水汽还不够，它还要继续积累，继续往前走，一边走一边吸收足够的水分。那什么是自我西郊？大家看后天八卦，巽在东南是长女，向西南走，即向西边走，西南这个地方是坤是母亲，是最潮湿的，那它越往西边走，就是越往潮湿的地方走，这样就可以积蓄更多的水分。自我西郊，它是指一个方向，往西南的方向继续前行。我现在的水分还不够，我还要一路前进，乾卦是要一直积蓄往前走的；巽，是风，也是要一直往前走的。所以它的意思就是指要一直往前走，积蓄雨水的力量。

象曰：小畜；柔得位，而上下应之，曰小畜。健而巽，刚中而志行，乃亨。密云不雨，尚往也。自我西郊，施未行也。

柔得位是指六四爻，六四爻是阴爻居阴位，得正而不中。刚中而志行是指九五，九五爻居中正之位，所以它的美好品行德行可以很好地发挥出来，因而是亨通的。尚往，是指还要继续往前走的意思；现在不下雨，因为前面还要积蓄，我还要继续往前走。现在还不是我广施云雨、施展抱负的时候，我还要继续积蓄能量。自己还没有什么本事，要柔顺、虚心地向别人学习，别人也就容易教，因此就能上下顺也。柔是积累、积蓄的一个要件，这个“柔”字有画龙点睛的作用。积蓄的过程，你就要柔和虚心地向别人学习，这样才能积蓄自己的能量。

初九：复自道，何其咎，吉。

象曰：复自道，其义吉也。

复，是回归的意思。自道，是初九的道，是潜龙之道。潜在那里就是积蓄，这是小畜的根基。居于初九这个阶段，明白了自己所处的阶段，懂得要潜，虚心积蓄，这是吉祥的。

九二：牵复，吉。

象曰：牵复在中，亦不自失也。

复，是潜的意思。牵复，是相互牵制、携手，是指共同积蓄、共同进步。一个人积蓄，只能积蓄一点；一群人一起积蓄，就会积蓄很多。一群人、一个团体共同地去积蓄，是吉祥的。“牵复在中，亦不自失也”，九二不正但得中位，大家一起积蓄，是中道之举。大家一起来积累，虽会出现部分效率不高的可能，但一个团体一起积蓄、一起进步，整体还是好的。

九三：舆说辐，夫妻反目。

象曰：夫妻反目，不能正室也。

舆就是车，辐就是车轮子，“说”在此处是责备。对于九三爻，我们不能脱离象来理解，不能因小失大。如果车不停地行走，但车厢是空空的，这是白跑。整天瞎跑，什么也没有，什么也没有积蓄到。好像在一个家庭，丈夫整天在外面忙活，一天到晚忙，但什么也没有赚到，什么也没有得到，妻子跟着他什么也没有，他甚至养不活妻子，喝西北风是无法过日子的，那么夫妻就会吵架反目。你忙，你忙活，但要学会蓄。真正赚钱的人是不忙的，瞎忙是赚不到钱的。不知道蓄，不知道学习，是赚不到钱的。我们需要的是积累赚钱的智慧，而不是一天到晚瞎忙。九三爻是急躁冒进的，莽撞行事，不知道蓄，只知道一直忙忙忙，不知道学习，不知道蓄。像现在很多的大学生在学校常常很忙，逃课去做各种各样的兼职，一天到晚地忙，主次颠倒了，因小失大，不懂先积蓄力量，积蓄知识。瞎忙，不能养活妻子，夫妻就会反目，九三是阳爻，六四在九三之上，阴爻在阳爻之上，丈夫赚不到钱，妻子看不起他。所以要思考学会积蓄，怎样去赚钱，而不是瞎忙活。在现代社会，男同胞一定要有自己的实力，要会赚钱，如果瞎忙，老婆看不起你，那是正常的啊，同时女人也要经济独立。

六四：有孚，血去惕出，无咎。

象曰：有孚惕出，上合志也。

六四是上卦了，靠近九五君王。六四快靠近君王了，六四还在不断地积累，它的力量在不断地增加。它的能量越来越大，九五君王就开始担心了，心中充满警惕，而且是充满敌意性的警惕，然后就会想办法控制六四的积蓄发展。这个时候六四有危险了，要学会先丢一点小利出去，让九五放松警惕，这样才能无咎。如果别人对你怀有敌意的警惕，处处找你的麻烦，那么让点小利给他，去掉他的敌意，给自己赢得宝贵的时间，自己又可以继续积蓄能量，可以接着修养自己的德行，将来时间到了，就可以成大事。

九五：有孚挛如，富以其邻。

象曰：有孚挛如，不独富也。

挛，就是手指紧握的样子。解释九五爻，不能脱离本卦，本卦是讲小畜。九五是君王之爻，是指它通过慢慢积蓄，已经强大了。自己通过积蓄，已达到了君王的地位，这时要帮助那些还没有强大的人积蓄。要先富帮助后富，要帮助别人一起去积累、积蓄。如古代通过丝绸之路，把盛唐的物资带到他国，帮助别国繁荣富裕起来；帮助别国富起来的时候，也把中华文明传播出去了。帮助别人积累的同时又能帮助自己进一步地积累、积蓄和发展。自己富了，要帮助邻居富，不能独富，更不可以炫富，要以自己富的经验帮助别人富起来。当今的社会有一种心理：仇富心理。仇富的根本原因不在穷人，在于个别富人。仇富，不能指责穷人，根源在于个别富人为富不仁而且炫富，所以导致了穷人仇富。因此，富人要做出改变，第一，不要炫富，第二，要帮助穷人富起来。这样穷人不会仇富，富人又可以进一步地发展。

上九：既雨既处，尚德载。妇贞厉，月几望，君子征凶。

象曰：既雨既处，德积载也。君子征凶，有所疑也。

疑是怀疑的意思，上九开始怀疑自己是否还需要继续积累？为什么会怀疑，因为自己觉得自己已经满了。这一怀疑，它就开始下雨了，不再蓄了，既雨既处，处是暂停，一边走一边停，一边停一边下。尚德载，这个时候也还是希望能载到更多的德。实际上，这个地方有个人特别危险。妇贞厉，这个妇是指阴爻六四，厉是危险，六四爻是危险的。六四本来是要进贡的，可是上九这个时候不需要你进贡了，不在乎你们这些进贡了，他觉得他自己已经足够了，这个时候还进贡的人是危险的。月几望，月亮接近满月之时，即他觉得自己都快满了，他就开始自满了，他就没办法积蓄了，没办法学习了，停滞不前。没办法积蓄，就无法发展了，会倒退，是危险的。

“畜”就是积蓄的意思，写《易》的人告诉我们：你现在处于积蓄之中，要蓄而不发。不发，是因为自己还没有满。所以在积蓄的过程中第一要学会潜，潜伏；第二要拉别人一起潜，一起积蓄；第三是积蓄到一定程度，要帮助别人一起积蓄。

小畜，是蓄而不发的智慧。初九爻蓄始于潜，旭日初升，潜而勿用。九二爻共同积蓄，众人拾柴，携手共进。九三爻无蓄无家，两手空空，何以养家？六四爻除惕之蓄，孝敬对手，使其不惕。九五爻反哺之蓄，要先富带动后富。上九爻蓄戒自满，自满自大则无法积蓄。

小畜卦讲的是如何积蓄、积累，下面要讲的是履卦，请大家预习。

第十卦　履

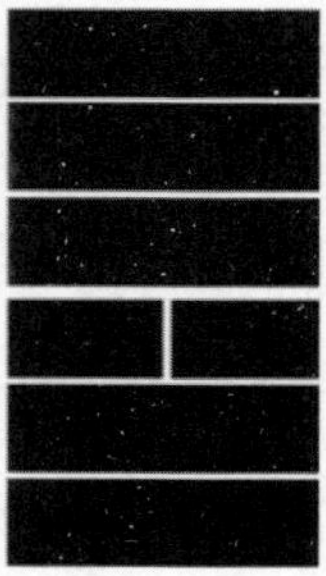

履：履虎尾，不咥人。亨。

象曰：履，柔履刚也。说而应乎乾，是以履虎尾，不咥人，亨。刚中正，履帝位而不疚，光明也。

象曰：上天下泽，履。君子以辨上下，定民志。

初九：素履往，无咎。象曰：素履之往，独行愿也。

九二：履道坦坦，幽人贞吉。象曰：幽人贞吉，中不自乱也。

六三：眇能视，跛能履，履虎尾，咥人，凶。武人为于大君。象曰：眇能视，不足以有明也。跛能履，不足以与行也。咥人之凶，位不当也。武人为于大君，志刚也。

九四：履虎尾，愬愬，终吉。象曰：愬愬终吉，志行也。

九五：夬履，贞厉。象曰：夬履贞厉，位正当也。

上九：视履考祥，其旋元吉。象曰：元吉在上，大有庆也。

小畜是积蓄积累，我们知道积蓄积累好了，就要去做去实践，去践行去履行。《序卦传》说："物蓄然后有礼，故受之以履。"这个"履"就是履行的意思。如我们读书学习是小畜，通过读书学习提高自我修养，然后就要去践行、去实践，这就是履。

象曰：上天下泽，履。君子以辨上下，定民志。

先从卦象来说，履卦的下卦是兑卦，为泽；在后天八卦代表金秋（金色的秋天），是正西方位的一个卦；在家庭里面，是指小女儿，性格比较天真，一天到晚笑口常开的状态，兑泽说悦。上卦是乾，乾天刚健，在家庭代表父亲。从卦象来看，我给履一个解释：做事情要有好的履行力，第一要内心愉悦，第二要坚定向前。

天在上面，泽水在下面，是履卦。君子要效仿履卦，要能分出上下来，天应该在上，泽应该在下。天在上，下面的湖面才能是安定的。因为晴天向上，这样的湖面才能平静，人民才能安定。你看如果老天爷乱发威风，这湖面还能平静吗？“君子以辨上下”，换句话来说，你到底是居上还是处下，就是你要做天还是要做湖，你该做天，你就要做天，你该做泽，你就要做好泽。上下各司其职，民心则安定。举个例子：你做父亲要有父亲的样子，你做儿女要有儿女的样子。如果一个家庭，本来是儿女其行为却像父母，本来是父母其行为却像儿女一样。儿女在家对父母呵斥，这样的家庭是不行的，乱套了。而有些家庭的父母对儿女不尽父母的责任，自己整天做坏事，这样的家庭对孩子也会有不好的影响。这个履啊，相对家庭来说，上面做父母的要像天、乾，刚健向上，儿女才是平定的，上下各安本分，家庭才会好的。对于国家来说，作为君王是刚健向上的，民心就会安定，这个国家就是安定的。

履：履虎尾，不咥人。亨。

咥，咬的意思。字面上看，就是你踩到老虎的尾巴，老虎也不吃你，这是亨通的。老虎不吃你，因为你为人和悦。所以我说啊，做什么事，都要展示给别人阳光刚健的态度，要和颜悦色，内心愉悦。不要见到谁，都以为别人欠你几百个铜钱一样，好像全世界都欠你的。如果你感觉到全世界都欠你的，你这段时间基本上就会诸事不顺，你就不要再继续往前走了。我们做事要学会笑，要学会笑面相迎、为人和悦，虎也喜欢笑脸人；阳光刚健，谁都喜欢，和颜悦色，诸事顺利。

象曰：履，柔履刚也。说而应乎乾，是以履虎尾，不咥人，亨。刚中正，履帝位而不疚，光明也。

踩到老虎的尾巴，老虎不咬你，因为你是很柔和地踩。上卦是乾，其性刚健，下卦是兑，其性柔悦，兑卦和乾卦是上下相应的。因为你柔，所以踩到老虎的尾巴，老虎也不会咬你。“刚中正”是指九五，得中位又刚正，这是帝王的位子，是履最好的状态；不疚是没有瑕疵的意思，光明是指天下皆知，天下有目共睹的。

初九：素履往，无咎。

象曰：素履之往，独行愿也。

素：没有颜色的意思。履：履行，实践。素履：白手起家的意思。我白手起家，往前走，是没有问题的。我之所以一个人白手起家，是因为要实现自己的梦想，这是我自己的梦想。要想让自己的梦想真正实现，一定要履，从素履开始，白手起家。本爻的要义：第一要白手起家，第二不要靠别人，要靠自己去艰苦奋斗，要靠自己来圆自己的人生梦想。梦想是美好的，但不能让自己仅仅停留在发梦的状态。履卦后面是泰卦，你没有履，哪有泰？所以，所有的泰都是来自履，要靠自己去完成自己的梦想，才能泰。有些人有很多梦想，但一直停滞不前，不去履行、践行，梦想则永远也实现不了，最后成为空想。要想实现自己的梦想，就放手去干吧，假如一直在想，梦想就永远只能是梦想。一穷二白，白手起家；奋斗人生，素履可嘉；脚踏实地，实干才成；人生梦想，不能光想。

九二：履道坦坦，幽人贞吉。

象曰：幽人贞吉，中不自乱也。

幽人：是指做事不张扬的人，是脚踏实地、埋头苦干的人。坦坦：道路平坦。在实现梦想的过程中道路是曲折的，当然也会有平坦的道路。假如你在前行的过程中遇到了曲折，遇到了苦难，你就整天发牢骚抱怨，说自己如何如何苦，但你想想你抱怨又有什么用。你还是要继续前行，继续往前走的。有时候，如果你做事一路很平坦，很顺利，你就天天在那里说我很顺，很开心，很成功，你这样高歌也是没有用的，因为你要知道前进的路上一定是充满曲折坎坷的，这样太过张扬也是不行的。所以在实现自己梦想的过程中，不管道路平坦还是坎坷，做事踏实、不张扬、不抱怨的人，才是吉祥的。在圆梦的过程中，酸甜苦辣都会有的，只有那些遇到困难不唉声叹气、定力好、埋头苦干的人才是吉祥的。奋斗之路，埋头苦干；实干之人，其梦必圆。

六三：眇能视，跛能履，履虎尾，咥人，凶。武人为于大君。

象曰：眇能视，不足以有明也。跛能履，不足以与行也。咥人之凶，位不当也。武人为于大君，志刚也。

眇，眼睛瞎了的意思。眇能视，是指一只眼睛瞎了，但还有另一只看得见。跛能履，是指一条腿跛了，但还能走路。眇能视、跛能履，说明你是身体有缺陷的人，这个时候走路不小心，不看路，踩到了老虎的尾巴，老虎就会咬你，是凶的。为什么会有这样的问题呢？武人为大君，就是二百五的人想当皇帝，没有这么大的头想要戴那么大的帽子，自不量力而又标新立异的人。眇能视，你只能看见一点点，已经不能看清全部了，看得不太清楚了。瘸了还可以走路，但已不能够跟上别人的步伐了。没有那么大的脑袋，就不要想做那么大的事。咥人之凶，是因为你身有缺陷，本来就是位不当，你没有正视自己的不足，太冒进了，自以为是，结果肯定是凶的。志刚，就是太自以为是了。六三爻的智慧是我们在履行圆梦的过程中，要正视自己的不足，谁都有缺点。我们要实事求是，正视不足；履非演戏，浮夸无益。脑袋多大，帽子多大；脚小鞋大，难以履行。

九四：履虎尾，愬愬，终吉。

象曰：愬愬终吉，志行也。

愬愬：恐惧的样子。九四踩到虎尾巴了，踩到老虎尾巴，一般人会很害怕，往往会恐惧，会对老虎表示抱歉。能跟老虎道歉，这种情况下老虎是不会去咬他的，这个时候没问题，是吉祥的。这句话表达的意思就是：如果你踩到老虎的尾巴，你要表示出内疚、不好意思，要道歉，这种情况，老虎是不会去咬你的，是吉祥的。这是有原因的：我的目标不是过来打老虎的，我踩到老虎不是故意的，我是在前进的道路不小心踩到老虎的，我是无意的，这时要道歉，示弱易和，不用纠缠，才能继续前行。有些人在前行道路上，踩到了老虎，他依旧旁若无虎、旁若无人，以为自己最大，自以为是，这样是走不远的，成本也特别高。以为自己比老虎厉害是危险的，要知道比自己还要厉害的人多着呢。示弱的好处，可以让前行的成本、前行的阻力最低。如年轻人在创业过程中，肯定会遇到竞争对手，要和悦示弱，化解纠缠，有利于保存自己，让自己不用浪费那么多时间在这里，可以继续前行。有些竞争对手，双方都示强，结果两败俱伤双方都是输的。九四本身是惧的，但是示弱不示强，以柔和的方式行走，示弱和强，不纠缠。保持谨慎，示弱是正道，这是年轻人创业道路上应记取的智慧，来自《易经》的智慧。

九五：夬履，贞厉。

象曰：夬履贞厉，位正当也。

夬：同“决”，决断。夬履：就是做出决定。在前行的过程中，你可以自己做出决定。九五相当于你的事业达到了一定高峰的时候，春风得意，要风得风，要雨得雨，飞龙在天，这个时候容易独断专行。人在非常顺利的时候，往往会独断专行，因为觉得自己什么都是对的，要什么有什么，要不然不可能这么顺，所以会独断专行。为什么会太顺呢？因为这个时候是九五，中正之位，君王之位。你飞龙在天的时候，什么事情都是自己一个人做决定，独断专行，这是危险的征兆，如秦始皇、汉武帝。因为做了前人没有做过的事，夬履，做什么事都是自己做决定。“夬履，是位正当也。”作为君王，任何事的确都可以自己做决定，但不能独断专行，兼听则明，偏信则暗，要兼听别人的意见。我们每个人在人生的征途中，都会有飞龙在天、夬履的阶段，当你的事业到一定的阶段，就会出现刚愎自用。举一个生活中的例子：我们如今的时代，有些人三十岁左右已经很成功了，有房有车还有属于自己的事业，在同龄人中的确是很成功的，但是大家应当注意到，这些年轻有为的成功人士之中，不少人脾气很暴躁，表现狂躁。大家现在应该明白其中的原因了：第一，他太成功了，他比别人成功得早，所以容易自以为是，所有人都不在他的眼皮之下，包括他的家人；第二，表面上很成功的人，如果只是为了名利去拼搏，就会压力太大，心火上去下不来，就会太暴躁。这种就是夬履，在人生奋斗的过程中都会出现的一个阶段。所以我们要懂得这些规律，遇到这种情况，自己要学会去调整自己。如果自己不明白，只想着去医院拿药是没有用的，要学会自己调节，这就是我们学习国学智慧的重要意义，越是成功人士越更要学习国学。

上九：视履考祥，其旋元吉。

象曰：元吉在上，大有庆也。

视：看见，引申为回首往事、总结过去。旋：是旋转的意思，指反复考虑，反复总结过去。总结我们过去的得失，失误比经验更宝贵，每一条失误都是经验的反面，反复总结、回顾过去是吉祥的。我们在学习、生活中一定要学会总结、学会反思。只有学会总结，才会有大有之庆。庆是一种境界，比元吉还要好、还要高级的境界，高级到要庆祝才行。勇于实践，更要提炼；勇于总结，其梦可圆。元吉、大有、庆都放在了履卦，可见古人对履行、圆梦的重视。所以我们要学会总结，不断反思，总结经验，只有不断地总结，才能不断前进。

履卦是奋斗圆梦的智慧，我们该如何圆梦的智慧。从结构上看，初九讲圆梦要白手起家，要自己去打拼，而不是靠别人。九二讲圆梦要脚踏实地，埋头苦干，不要浮夸，不要吹牛。六三讲圆梦途中不要回避自己的缺点、不足。九四告诉我们在圆梦的路上要示弱，才能更加有利于前行。九五告诉我们在诸事顺利之时，切忌独断专行。上九告诉我们圆梦途中要善于总结，总结经验教训，总结自己，每次的总结都是前行的一个阶梯，这样才有大有之庆。

履卦讲的是如何实践、践行，下面要讲的是泰卦，请大家预习。

第十一卦　泰

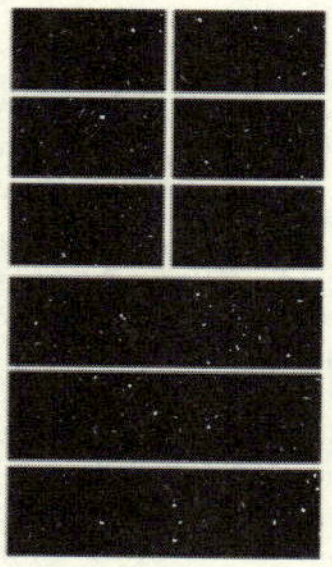

泰：小往大来，吉，亨。

象曰：泰，小往大来，吉，亨。则是天地交而万物通也，上下交而其志同也。内阳而外阴，内健而外顺，内君子而外小人，君子道长，小人道消也。

象曰：天地交，泰。后以财成天地之道，辅相天地之宜，以左右民。

初九：拔茅，茹以其汇，征吉。象曰：拔茅征吉，志在外也。

九二：包荒，用冯河，不遐遗，朋亡，得尚于中行。象曰：包荒，得尚于中行，以光大也。

九三：无平不陂，无往不复，艰贞无咎。勿恤其孚，于食有福。象曰：无往不复，天地际也。

六四：翩翩不富，以其邻，不戒以孚。象曰：翩翩不富，皆失实也。不戒以孚，中心愿也。

六五：帝乙归妹，以祉元吉。象曰：以祉元吉，中以行愿也。

上六：城复于隍，勿用师，自邑告命，贞吝。象曰：城复于隍，其命乱也。

履完成了，你的梦才会实现，所以履卦的上九有三个非常美好的词语同时出现：元吉、大有、庆。这种现象在六十四卦中只有履卦才有，所以履卦之后就是泰卦。《序卦传》上说："履而泰，然后安，故受之以泰。泰者，通也。"泰卦有两个意思：第一是安，安全；第二是通，通达的意思，阴阳和合。

象曰：天地交，泰。后以财成天地之道，辅相天地之宜，以左右民。

泰卦上卦是坤，下卦是乾。这里面的地天是指阴阳，下面是纯阳，上面是纯阴，天的特性是清阳上升而为天，地的特性是浊阴下沉而为地，阳慢慢往上升，阴慢慢往下沉，所以阴阳二气才能交合、和合。阳往上去，阴往下沉，阴阳交合称之为泰。后：指君主。财：裁，裁缝的意思。天地大道是要阴阳和合，阴阳和合才是符合天道的；阴阳不和合，是不符合天道的。讲到这里，我想提醒大家注意：由于语言的变化等各种原因，国人对古经文的误解曲解是比较普遍的。有时候古圣先贤们讲的是正确的，是好的，只是后人把它曲解了，而且曲解得相当大。如所谓的男女授受不亲、女校等，这种做法与人性自然的发展是不符合的。辅相天地之宜，是指把阴阳和合这个天道放在天地间的万事万物都是可以的，都是对的。分清楚阴阳，阴阳相通，可以用它来管理天下万民，所以阴阳和合太重要了。2016 年是羊年，过年的时候，人们就会说：三阳开泰。三阳开泰的意思，第一个层面是来自《易经》的泰卦，泰卦的下卦，初九、九二、九三，三爻为阳爻，是三阳开泰。第二层的意思就是——动生阳，善生阳，喜生阳，这也是三阳开泰的意思。

泰：小往大来，吉，亨。

这里的大小指阴阳。小，指阴气；大，指阳气。这里说的小、大都是中性的，没有褒贬之分，阴阳也没有褒贬之分。小的走了，大的来了，就是指阴气走了、阳气来了。泰卦在十二消息卦是指农历的正月，寒冷之气慢慢走了，温暖之气慢慢来了，万象开始复苏。阴去阳来，冬去春来，正月到了，万象更新，是吉祥的，亨通的。所以中国人一讲到泰，就是有吉祥的意思。正月来了，阴阳和合，万物生长。阴阳是在变动的，三阳开泰，吉祥亨通。

彖曰：泰，小往大来，吉，亨。则是天地交而万物通也，上下交而其志同也。内阳而外阴，内健而外顺，内君子而外小人，君子道长，小人道消也。

阴阳相交，万物才能通，这是天地的法则。以此为原则，一个单位中管理者与员工的目标才能一致，上级跟下级的目标才能一致。内卦是君子，外卦是小人，这是从卦象上可以直接看出来的第一层意思。注意这里还有隐藏的第二层意思：严于律己，宽以待人；对自己严格要求，对别人宽容包容。泰卦是下卦三爻属阳，上卦三爻属阴，阳气往上走，阴气往下来，阳气慢慢地增加，阴气慢慢地消失。讲的就是君子道长，小人道消之意。内心刚健，外示柔顺；严以律己，宽以待人。阴阳相交，万物繁育；上下沟通，目标乃同。

初九：拔茅，茹以其汇，征吉。

象曰：拔茅征吉，志在外也。

本来想拔茅根出来，结果却扯出来一堆。为什么拔茅就会征吉呢？你看，茅根是长在地下的，春天来了，茅草在生长了，根也在生长。你拔一根茅草，就会把其他正在生长的茅根拔出来，因为根是相互牵连的。拔一根茅草，看到它根部的变化就可以知道春天来了，万物开始复苏，这是吉祥的征兆。初九，是初阳开泰，一个新的生命在往上长，阳气渐渐往上升。《易经》常讲“见微知著”，用最小的成本，就可以把天地变化的趋势判断出来。当然，这里是有前提条件的，第一是你懂；第二是你要有心，要做个有心人，你才可能做到这一点。初九若指人，则是小男孩。

九二：包荒，用冯河，不遐遗，朋亡，得尚于中行。

象曰：包荒，得尚于中行，以光大也。

荒：荒芜、荒茫。包荒：宽广、荒茫的大地，普天之下。冯河：指过河不借助任何工具，即徒步涉水过河。有“冯河暴虎”一词，暴虎：空手搏虎，比喻这个人很勇敢。比如有个人过河不用工具，同时鞋和衣服不脱就下河了，这是表象的解释，那么它真正的意思是什么呢？第一，他非常有实力，因而非常自信。第二，他太鲁莽了，急于要过河就什么也不顾了，就是指他太急躁了，有勇无谋，鲁莽冒险。注意，本爻是第一个意思。九二与初九不一样，内卦的三阳爻，初九如旭日东升，九二如丽日当空，九三则是日落西山。九二爻是如日中天的一个境界，是很威风、很得意的时候。太阳在日当午的时候，天底下的万物都在我的普照之下，无有遗漏。日当午的太阳，是无所顾忌的，没有远近之分，阳光普照大地，无有遗漏。朋：朋党的意思，是有私心之意。朋亡，是指我这个阳光普照大地，是没有私心的，万物都是平等的。九二爻居下卦的中位，阳光普照大地，这个阳是盛阳，表示阳光的照耀无处不在。如日中天，光芒万丈；阳光普照，无处不在。九二若指人，则是中年男子。

九三：无平不陂，无往不复，艰贞无咎。勿恤其孚，于食有福。

象曰：无往不复，天地际也。

中午已过，太阳就要下来。无平不陂，就是不平的斜坡，初九到九二是上坡，九二到九三是下坡。如果没有平地，也就不存在斜坡了。九三爻是落日，太阳现在已经到了斜坡下面的平地。夕阳余晖，有点可怜的样子，任何事物都是有去有来的，这是很自然、很简单、很清楚的事情。夕阳余晖之时，阳光的能量虽然已经没有九二那么大了，但它坚持把余晖洒向大地，是无咎的。你不用去怀疑它的大公无私，斜阳依旧是伟大的，能量虽没有日当午那么大，斜阳把它的余晖撒向大地，这是万物的福，因为它依旧在为大地做贡献，万物得到阳光才能成长。夕阳余晖，像愿意帮助他人的老人，用自己的余热温暖他人，为社会做贡献，这是好的。反过来，有些老人，也许才六七十岁，就天天在念叨自己的后事、念叨着死，心中无阳，更无余晖普照大地。老人虽老，但他依旧用自己的余晖帮助他人，善生阳，老人则更应该积极向上。天地际也，是指九三、九四，就是天地（乾坤二卦）的中间了，上下卦的交际之处。

九三若指人，则是老头。

六四：翩翩不富，以其邻，不戒以孚。

象曰：翩翩不富，皆失实也。不戒以孚，中心愿也。

六四爻是上卦的第一爻，坤卦的第一爻。初九是小男孩，六四爻就是小女孩。小女孩，阴气刚上升，阴不富，如刚刚上升的月亮，蛾眉月。小女孩都爱美，而且都以自己的母亲为最美，所以她以母亲为榜样，向妈妈学习，希望将来像妈妈一样这么美，忠心于母亲，对母亲没有二心，也就是爻辞“不戒以孚，中心愿也”的意思。正是：蛾眉月翩，其阴不富；满月为母，蛾眉之邻；少女信母，有样学样；女不防母，以母为靓。

六五：帝乙归妹，以祉元吉。

象曰：以祉元吉，中以行愿也。

这里有个典故：帝乙归妹。商王文丁杀了周族首领季历以后，商周关系恶化。季历之子姬昌继位后，积极蓄聚兵力，准备为父报仇。此时，位于商王朝东南的夷方也先后同盂方、林方等部落叛乱，反对商朝。帝乙为了避免东西两方同时受敌，也为了修好因其父杀季历而紧张的商周间的臣服关系，采用和亲的办法来缓和商周矛盾，稳定全局，希望唇齿相依的商周两大国之间彼此不计前嫌，亲善相处。姬昌审时度势，认为灭商时机尚未成熟，为了稳住商王，同时争取充足时间，同意与商联姻。帝乙亲自择定婚期，置办嫁礼，并命姬昌继其父为西伯。成婚之日，西伯亲自去渭水相迎，以示其郑重之极。周人自称“小邦周”，称商为“大邑商”，而今能够与商王之妹联姻，觉得是“天作之合”。此事史称“帝乙归妹”，一时传为美谈，商周双方皆大欢喜，商周重归于好（整理自网络）。但是这里要表达的不单单是帝乙归妹的典故，而是在故事的背景之下另外一个上升的层面。九二相当于日当午，六五本是君王之爻，在本卦六五是盛阴，指待嫁之女，是女性一生中最美的时候。泰卦讲的是阴阳和合。女性这个年龄出嫁对男女双方都是最好的，是元吉的。中以行愿也，指女的也是愿意出嫁的。男大当婚，女大当嫁，这是最正常的天地之道。

上六：城复于隍，勿用师，自邑告命，贞吝。

象曰：城复于隍，其命乱也。

城：城墙。隍：护城河，古代保护城堡是要靠护城河的河水来保护的。城复于隍：是指河水干涸，城墙倒塌了，这样的都城不用去攻打了，城墙已经倒在护城河里了。这个现象已经告诉我们：这个城市已经衰败、破败了。水属于阴，水已经干涸了，阴虚了。上六就像老太太一样，她自己都照顾不了自己了，更照顾不了别人了。护城河的水没有了，城隍水干，都城是很危险的。它已经年老体衰了，自己已经无力照管自己了，但这是天道，谁也改变不了的，谁都会走向衰老的。城壕水干，其城危险；无阴滋养，城墙坍塌。年老体衰，何须动兵；枯阴老阳，其乐融融。

现在大家应该明白了，泰卦是阳分三个级别来讲，阴分三个级别来讲，总的就是讲阴阳和合。阴阳和合，天地才能安泰，龙凤才能呈祥。结构分析如下：初九，初阳开泰，春天来了，万象更新。九二，盛阳之泰，如日中天，无私无疆。九三，夕阳余晖，大爱无疆，洒向大地。六四，阴初之泰，少女仿母，以母为靓。六五，阴盛之泰，女大盼嫁，天地之吉。上六，阴虚之泰，枯阴老阳，其乐融融。

还有三个级别的泰，也即三个级别的阴阳和合：第一级别的阴阳和合——六四青梅，初九竹马；青梅竹马，两小无猜。第二级别的阴阳和合——六五九二，风华正茂；十六月亮，正午太阳。第三级别的阴阳和合：上六九三，百年好合；天地有际，酒香陈年。我们祝愿上六福如东海，九三寿比南山，这是泰卦的第三级别的阴阳和合，也是最高级别的阴阳和合。每个级别的泰都有不同的意义。

从十二消息卦上看，泰卦是每日寅时（3—5点），农历正月，二十四节气中的立春、雨水，经络中的肺经当令，十二生肖中的虎，人体的左髋关节。

泰卦讲的是阴阳和合的智慧，下面要讲的是否卦，请大家预习。

第十二卦　否

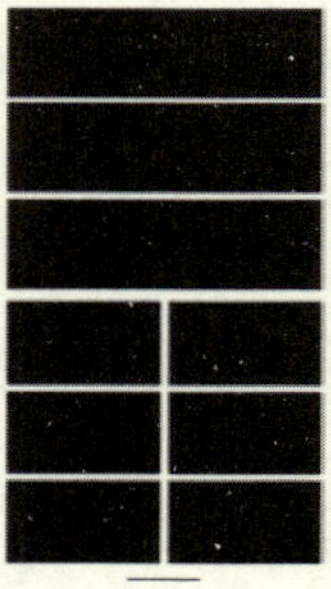

否：否之匪人，不利君子贞，大往小来。

彖曰：否之匪人，不利君子贞，大往小来。则是天地不交而万物不通也，上下不交而天下无邦也；内阴而外阳，内柔而外刚，内小人而外君子，小人道长，君子道消也。

象曰：天地不交，否。君子以俭德辟难，不可荣以禄。

初六：拔茅，茹以其汇。贞吉，亨。象曰：拔茅贞吉，志在君也。

六二：包承，小人吉，大人否，亨。象曰：大人否亨，不乱群也。

六三：包羞。象曰：包羞，位不当也。

九四：有命，无咎，畴离祉。象曰：有命无咎，志行也。

九五：休否，大人吉。其亡其亡，系于苞桑。象曰：大人之吉，位正当也。

上九：倾否，先否后喜。象曰：否终则倾，何可长也。

前面我们讲到了泰卦，泰卦讲的是阴阳合和，阴阳相通。泰卦之后是否卦，因为任何事情都不能够一直通下去，一直通下去是不行的，必须要给它否一下子。《序卦传》上说：“物不可以终通，故受之以否。”

这个否到底是什么意思呢？

象曰：天地不交，否。君子以俭德辟难，不可荣以禄。

我们至少可以从卦象里发现三个方面的含义：第一，阴阳二气不通，从六爻组合我们可以看到乾阳在上，坤阴在下，一个往上跑，一个往下跑，二者不通；不但不通而且相背而行，这是第二个意思；第三个意思是身处逆境，所以一般人讲到否都是讲到不好，我们有一个词叫否极泰来，等大家把否卦学完后可能会改变以前的看法。

从卦象上看，下卦是坤地，代表浊阴，是向下的，上卦是乾天，代表纯阳、清阳，是向上升的，所以居下者下降，而居上者上升，上下二者不交，天地不交就是否。上次我们讲到泰卦的天地，它不是一般意义上的天地，它象征着阴阳二气。阴阳二气不交、不通了，就像断路了，没办法往前走了，我们可以引申为绝交，断路不交都是不好的。社会上有一种现象——贫富悬殊，贫富悬殊差距越来越大。如果社会贫富差距不大，大家相处得很融洽，哪怕是大家都穷也没问题，都可以过得很好，而贫富差距太大了就麻烦了，特别是为富者欺负穷人，这个时候二气就分道扬镳了。这种现象就是否，贫富两个阶层没办法交合，话说不到一起去，见面就吹胡子瞪眼。在这种否的时候做人做事都要注意了，富人千万不可炫富，当权者千万不可炫势，应当崇尚俭朴，以俭朴为美德，不可以把高官厚禄当作荣耀。从否卦中我们可以看到，当社会贫富对立的时候就应当崇尚俭朴，权贵者切忌炫耀自己。

否：否之匪人，不利君子贞，大往小来。

卦辞中的这个“大往小来”在泰卦中已经说过了，“大、小”没有褒贬的意思，分别指阳阴。否卦在十二消息卦是农历七月，对应的节气是立秋和处暑，换句话来说，这时秋天已经来了，已经立秋了，天气将越来越凉，天地之间的阳气开始慢慢消退，寒凉之气开始慢慢增加。“否之匪人，不利君子贞”这句话是双关语，有多层意思：第一，你不要老是否定别人，这不是君子所为；第二，否有禁止的意思。生活中有时会遇到别人对你指手画脚，把你臭骂一顿，你会觉得很堵。所以不要轻易地否定别人，这不是君子的行为，你否定别人对你是不好的，即使自己正确也不要轻易地否定别人，你老是否定别人一开始他可能承认错误，可是说多了，慢慢地人家就会开始讨厌你这个人，觉得和你在一起很不舒服，老是说人家的错。实际上老是否定别人是小人之举，这个小人又可以分两种情况：第一个是指小孩子，小孩子看到什么就说什么，张口就说；第二个就是我们常说的世俗小人，像长舌妇一样常说人家的不足，很少说人家的优点，这就是小人之举。随便否定别人表面上是伤害了别人，后来大家都不和你交往了，最终受到伤害最大的反而是你自己。

彖曰：否之匪人，不利君子贞，大往小来。则是天地不交而万物不通也，上下不交而天下无邦也；内阴而外阳，内柔而外刚，内小人而外君子，小人道长，君子道消也。

天地不交就是阴阳不交，阴阳不交还能生出来什么呢？如果一个社会中的上层管理者和老百姓相互隔绝，那么邦国将形同虚设。所以作为统治者必须要注意和老百姓打成一片，关系融洽，上下通气，那么这样的国家才是顺畅的，否则上下隔阂太久了将没有家国，这是古代圣人说的。内卦是阴，外卦是阳，内卦是柔，外卦是刚，这是我们从卦象上就可以看出来的。此时是立秋时节，肃杀之气会来。学了否卦我们要注意自己的言行，不可轻易地否定别人，老是否定别人不是君子所为，老是否定别人将一生没有朋友。

初六：拔茅，茹以其汇。贞吉，亨。

象曰：拔茅贞吉，志在君也。

我们想到泰卦初九的拔茅，这里的拔茅根和泰卦里的拔茅根动作一样，表达的意思不同。泰卦初九拔出茅根看到根系开始膨胀了，预示着春天来了，否卦这里拔一根茅根发现它已经很粗壮了，“贞吉”，好啊！因为要秋收了。如果不能理解到这点就没办法理解下一句“志在君也”。为什么呢？因为这里边有很多话没有明说，我常说初爻为老百姓，秋收了，当老百姓看到这么粗壮的茅根就会想到今年上交的税赋有着落了，这对于老百姓来说是件很开心的事。拔一根茅草就知道要秋收了，这正是在坤卦初六中“见微知著”的体现。我们常说六十四卦是相互联系的，我们从这里可以看到见微知著的影子，这就是一叶知秋、见根知否。有人会说这里是讲否、讲难的，老百姓上缴税赋与否难有关系吗？大家仔细想想，天下的百姓心地是多么淳朴善良，即使身处否下之境还在想着国家、想着怎样交税赋的事情，这里的“志在君也”实在太让人感动了。

六二：包承，小人吉，大人否，亨。

象曰：大人否亨，不乱群也。

这个“包承”让我们又联想到蒙卦里的包蒙，再想一想坤卦六二的“厚德载物”，厚德载物就是包容，所以包承就是人处否时得承受一切。为什么会“小人吉，大人否”？否卦就是秋天来了，相信大家都看过《卖炭翁》这篇文章，里面有句“心忧炭贱愿天寒”，卖炭翁自己冻得瑟瑟发抖，却希望天气能更加寒冷，以求把炭卖个好价钱。我们知道秋天过后就是冬天了，请问在严寒的冬天富人与穷人相比谁更怕冷呢？答案是富人比穷人更怕冷，穷人比富人更耐寒。在严寒的季节穷人往往比富人更耐寒，更能经受着冬天，那穷人怕不怕寒冷呢？也怕！如果一个人已经经历过千难万险，对于眼前的坎坷曲折、背时运就会看得坦然些，反过来一路顺利的人在这时候往往就过不去了。我们再倒回来看“包承”就明白了：秋天来了，后面冬天也会来的，不管你是穷人还是富人都是要接受的，谁也跑不掉，你不能说富人就可以不过冬天了，他们一样要过的。有些人家里很有金钱、权势就期望自己一辈子能一帆风顺，这是做不到的。权势越高、钱财越多越要注意，因为高处不胜寒。总之，这种否的到来是谁都躲不掉的，不论你是穷是富。小人觉得自己受苦过日子，否时也不算是什么苦，所以小人吉。因为他容易合于否，合于否道。大人否，不是你君子的时代你就要用“否”的原则来处世，你能以“否时”来对待，依然是亨的。我给大家举个不太恰当的例子：秋天来了，后面就是冬天，你是富人，如果能顺应否时，穷人穿棉袄，富人穿件貂皮大衣，也是亨通的。

“不乱群也”，不要站错队了，大人、君子比较喜欢泰，而现在是否时，所以大人、君子不要乱动，否则就容易出问题，容易站错队。

六三：包羞。

象曰：包羞，位不当也。

“羞”是羞辱的意思。人处否时，叫天天不应，呼地地不灵，没人来帮助你，太惨了。身处否时，最惨的一种状况是，不仅别人看不起你，不帮助你，还要侮辱你，辱骂你。这时你千万不要说什么，你一定要容忍，因为你身处否时，位不当啊。处在否时，人家看不起你是很正常的，没有办法，谁让自己身处否时呢！不管多么风光的人，他一辈子总会有否的时候，你的寿命像树木的年轮一样，越长寿关于否的记录也就会越多，若能这样想则“否”也不见得是坏事。

九四：有命，无咎，畴离祉。

象曰：有命无咎，志行也。

九四已是上卦第一爻了，这个“畴”指的是田地、领域；“离”是三画卦离卦的意思，是夏季万物最美丽的时候，鲜花盛开之时万物把最美好最亮丽的状态给展现出来了；“祉”是福祉。把这三个字合起来理解：九四初阳虽然弱小，但是它有使命在身——终否，不过一阳初生，现在还做不到，这是一个征兆，这个苗头已经出来了，它将来会有自己的一番事业的，这就是“畴”字的意思；它将来会取得辉煌成绩的，这是“离”的意思；它将来会福祉绵延的。三个字写了三层意思，是递进的三个阶段。初阳虽小，无咎，为什么会无咎？因为你身负使命，好好培养，将来一定会很厉害的。这是九四，它身负天命，它将来会有自己的事业，会成功，而且会绵延下去的。

九五：休否，大人吉。其亡其亡，系于苞桑。

象曰：大人之吉，位正当也。

孔子在《系辞》里面专门提出“其亡，其亡，系于苞桑”来，这爻是比较难翻译的，各种翻译都有。我们先看“桑”，桑是桑树，中国是一个蚕桑文明历史悠久的国家。桑树有一些特性，它喜欢温暖、潮湿，耐寒又耐热，耐旱又耐涝，生存能力很强，对土壤的适应性也很强，根系发达，生长力很强，但桑树又长不了多高，且很容易折断。桑一定是指桑树，不过真正要说的不是桑树，而是指桑骂槐。“其亡，其亡，系于苞桑”是一个多义句！第一，九五中正阳刚，是终否的主要力量，但在结束“否”的过程中不能盲目乐观，而要告诫自己“否”是根深蒂固的，就像桑树根一样，很难除净，不可大意；第二，刨树时在树干合适的位置上系根绳子，不需要把土全部刨掉，轻轻一拉，树就倒了。意思是“终否”须抓住关键，抓住了关键部分，一拉就倒了。就像把绳子系在桑树上，桑树是很容易被拉断的，因为桑树很脆。第三，“其亡，其亡”是象声词，意即倒了，倒了，赶快跑！所以终结否的时代要抓住关键，像我们常说的打蛇打七寸，找准关键。还有一层含义：树倒容易，要想把底下错综复杂的根系拔掉，把小人的根拔掉还是不那么容易的。但不管怎么样，该出手时就要出手，该终结否的时候就要终结否。是时候终否了，“大人之吉，位正当也”。

上九：倾否，先否后喜。

象曰：否终则倾，何可长也。

这一爻有两层含义：第一，这是否卦的极端，否卦的最后一爻了，这也是否卦的终结了；第二，所有的否，所有的背时运，都必定有一个终结的时候。而且我们还可以发现一个规律：有的时候否可以自己否自己，你不要自己觉得苦。如苦瓜，吃了以后先苦后甜。又如树大招风，风把树给刮倒了，树倒了风也就停了。负负得正，苦也是可以变甜的，这就是“先否后喜”，我们常说的先苦后甜。从短期来说很多人喜欢先甜后苦，从长期来说还是先苦后甜较好。

否是必需的，要正确地看待它。人处否时，要能忍耐，要尚俭，处否的时候要耐得住。另外一个就是要坚信一点，否是有时候的，它也是人生的一个亮点，不要觉得否很难受，否是很正常的，就像正月和七月，都是圆环中的一节，要顺天时、顺天道而行。我们知道否来了，顺天道而行就行了。

我们对否卦结构做个分析：初六，一叶知秋，否来须收；秋天来了，寒气增加，我们提前做好准备就行了。六二，寒气加大，后面就是冬天，冬天来了不只是你冷，大家都冷。六三，背运的时候，别人说你几句也没关系。九四，否终将会过去的，在过去以前有一个征兆，这个征兆就是终否的九四初阳出来了，这是个转折点，脱离否时要能自觉。九五，最后要把否终结掉，必须抓住关键。上九，否是圆环中的一个亮点，一个片段，否终将会过去的。大家都说否极泰来，不过今天大家应该明白了：六十四卦泰卦后面为否，否极泰来了吗？泰没来，要泰来还得再转一圈，要想泰来，必须履，你必须去做，你想等否极泰来是要很久的。否极泰来这个词只是要告诉我们：否一定会终结，泰一定会到来，前途是光明的，道路是曲折的。离“泰”最近的是“履”，“履”之前又要先做“小畜”，其中的智慧实在是太高了！

否卦是十二消息卦的其中之一，在一天中为申时下午三点到五点，一年中的农历七月，二十四节气中的立秋和处暑，经络中为膀胱经当令，在十二生肖中属猴，身体为右手肘关节。

否卦是讲身处逆境的智慧，下面要讲的是同人卦，请大家预习。

第十三卦　同人

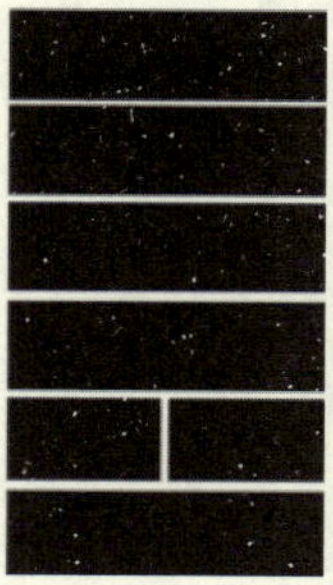

同人：同人于野，亨。利涉大川，利君子贞。

彖曰：同人，柔得位得中，而应乎乾，曰同人。同人曰：同人于野，亨。利涉大川，乾行也。文明以健，中正而应，君子正也。唯君子为能通天下之志。

象曰：天与火，同人。君子以类族辨物。

初九：同人于门，无咎。象曰：出门同人，又谁咎也。

六二：同人于宗，吝。象曰：同人于宗，吝道也。

九三：伏戎于莽，升其高陵，三岁不兴。象曰：伏戎于莽，敌刚也。三岁不兴，安行也。

九四：乘其墉，弗克攻，吉。象曰：乘其墉，义弗克也。其吉，则困而反则也。

九五：同人先号咷而后笑，大师克，相遇。象曰：同人之先，以中直也。大师相遇，言相克也。

上九：同人于郊，无悔。象曰：同人于郊，志未得也。

人处逆境，是要找出路的，要找解决的办法，这个办法就是——同人。《序卦传》上说："物不可以终否，故受之以同人。"同人，天火同人，它的本意是：求同存异，志同道合，天下大同。

象曰：天与火，同人。君子以类族辨物。

我们看它的卦象：下卦是离、是火；上卦是乾、是天。我们知道火有一个性：火性向上，火烧了以后都是向上的。天也是向上的，阳气是向上升的，所以天火都是向上的，在方向上他们都是相同的。天与火同向而行，它们是同人，君子效法同人卦的卦义，应该做到“类族辨物”，即物以类聚，人以群分。意思是说：你自己应该明白，你到底是和谁一类的，你就和谁站在一起，你不要站错队了，物要归类的，人要分群的，所以叫“类族辨物”。为了更好理解同人卦，有必要先来看一下“同”字的甲骨文（见图 13-1），像“夯”，打夯的时候大家喊着同一的号子一起劳动，大家是志同道合的同志。

甲 骨 文

京都 3016

图 13-1

同人：同人于野，亨。利涉大川，利君子贞。

“同人于野”是广交天下朋友的意思，同人于野是同人卦至高无上的境界。前面讲到的比卦是结盟，今天讲到的同人不是结盟，而是广交天下朋友的意思，如果你能朋友遍天下，还有什么不亨通的呢！你如果能做到这点，走到哪里都是“利涉大川，利君子贞”。这样一讲，大家对同人卦的理解就变得简单多了：不管前面的路有多么遥远，多么的艰难险阻，你只要在前行的路上有很多志同道合者，都没问题。这就是同人卦最高的境界，一定要注意这个“野”字，“同人于野”大家一定要好好体会它。这个“同人”用我们现在一个时髦的词叫“同志”，叫志同道合，真正的朋友应该是志同道合者，不论贫富贵贱，而不是酒肉朋友。

象曰：同人，柔得位得中，而应乎乾，曰同人。同人曰：同人于野，亨。利涉大川，乾行也。文明以健，中正而应，君子正也。唯君子为能通天下之志。

我们中国人一直在讲求同存异，共谋发展。“柔得位得中”是指六二爻，六爻里面只有一个阴爻六二，六二得中正之位，是卦主。其他五爻都是阳爻，只有六二是阴爻与众不同，与众不同即是“异”，把异存起来、藏起来，然后可得天下的朋友。所以，卦象已经告诉我们了：如果你想去外面交朋友，你不要总是显露自己，否则，太过于与众不同，你是得不到朋友的，你一定要“和其光，同其尘”，这样才能交到朋友。要柔和对外，身处中位，要把锋芒藏起来，不要处处显露与众不同，处处显露与众不同的人朋友是很少的，所以“柔得位得中”。“上应乎乾”不要仅仅理解为六二上应九五，在理解“乾”的时候，应该分几个层次：第一，九五跟六二肯定正应；第二，上卦是乾，下卦是离，上下正应；第三，其他五个阳爻都与六二相应，没有一个阳爻欺负它，它也不欺负任何一个阳爻，它不会“乘刚初九”，这就是求同存异的高，因为存异，所以道同，可得到天下大同。

初九：同人于门，无咎。

象曰：出门同人，又谁咎也。

这一爻看起来简单，却很绝很高，这里有两个“门”。“同人于门”，是无咎的：第一，到门口欢迎宾客，何咎之有？第二，就是把自己的家人当朋友。“出门同人”：第一，走出家门去“同人”，不能只跟家里人做朋友；第二，同时把家里人带出去。不单是静态地和自己家人“同人”，还要动态地“出门”同人，这代表了两个不同的境界、档次。

六二：同人于宗，吝。

象曰：同人于宗，吝道也。

“宗”就是宗亲的意思，如果找朋友只找同一个宗门、家族的，你的空间将是很狭窄的，因为宗派太小了。交朋友应该不局限于宗门，不限于自己所在的区域，而应该放眼天下，胸怀广阔，天下都是可结交之友。

九三：伏戎于莽，升其高陵，三岁不兴。

象曰：伏戎于莽，敌刚也。三岁不兴，安行也。

在密林里面埋下伏兵，在高处建起烽火台，这些都是防偷袭、警备的做法。“兴”就是动，埋伏的伏兵和建设的烽火台好多年都没有用。烽火台没有用，伏兵也没有出击，这样好啊！因为没有打起来，多年大家都相安无事。“伏戎于莽，敌刚也。”从字面上就可以知道，之所以埋伏伏兵是因为敌人太强大了。有人说这里不是同人卦吗，同人怎么会有敌人呢？这是同人之防，提防朋友。这很正常，因为别人觉得你强大，所以提防你；如果你弱小，别人就不会提防你了。在结交朋友的路上并不都是那么顺利的，有时候你把别人当志同道合的朋友他反而会提防你，你要想明白了，这是很正常的。你不应该和他计较，有人提防你也是很正常的，因为你太强大了，或者是你太急于结交了。

九四：乘其墉，弗克攻，吉。

象曰：乘其墉，义弗克也。其吉，则困而反则也。

“墉”是高墙，“克”攻打，攻打就是抗拒。你去找别人当朋友，结果发现他站在高高的城墙上，把城门关上了，这个时候你也许很不爽。要注意了，这个时候不见得是坏事，为什么呢？因为他没有攻击你。你找他当朋友，他把门关上以示他不想和你做朋友，又不是想打你，想打你就不会把门关上了。把高墙筑起意味着我只是防，是守而不是攻。高墙是用于守而非攻的，结果是修城的人自己把自己困在里面了。读到这一爻的时候我有三个联想：一是秦始皇若是读明白这一爻就绝对不会去修长城了，因为用处不大，自己还会把自己困在里面；二是钱锺书和他的《围城》，《围城》就是讲了一个“则困而反则也”的故事，钱老对这一爻应该是很有研究的；三是住房，最好的房子不一定是别墅，高墙大院很容易把自己困在里边，天当房地当床的人其实更潇洒，因为天地为家，这也是“同人于野”最高的境界。

九五：同人先号咷而后笑，大师克，相遇。

象曰：同人之先，以中直也。大师相遇，言相克也。

为了大家更好地理解这一爻，我先讲一个故事：历史上的某个朝代，有一天皇帝召集了众大臣议政，一个大臣死掉了，要去吊唁，另一个大臣添丁，要去贺喜，这个时候就有问题了，该先去谁家呢？一帮朝臣就在争议，有人说：应先去奔丧，再去办喜事的大臣家。理由是：圣人早就说了，要“先号咷而后笑”。我引用这个故事就是要告诉大家，我们有时候学《易经》太失败了，望文生义而不知圣人真正要说的意思。圣人讲“先号咷而后笑”不是讲奔丧的意思，而是讲同人很高的境界——真正的同人是可以又哭又笑的，真正的好朋友见面一定毫不客气，不但不握手反而会先给对方两拳，这才是真正的好朋友，我这么一讲大家对这一爻就都明白了。“大师”是指军队，我找你同人，开始你不愿意与我同人，还埋有伏兵，还把烽火台搞起来了与我对抗，现在咱们真的是握手言和了，两个军队合二为一了，谁克谁呢？“言”是语言、嘴上说说而已，到底谁克谁呢？谁也没克谁，因为已经同人了，九五背后的境界是相当高深的。像多年以后战友重逢，一见面不是笑，而是哭。两个不同的军队合二为一，与你的对手化干戈为玉帛，这个境界是相当高的。化敌为友的境界，真正挑战人生智慧的在九五——你能化敌为友，在人生圆梦的路途上则会有更多的同人帮助你。

上九：同人于郊，无悔。

象曰：同人于郊，志未得也。

九五化敌为友，两军汇合，合二为一了，现在再次“同人于郊”，入城之后又从城里出来了，不是闹矛盾了，而是他们有更高的目标、更广的视野，出城再去找其他朋友，而不是局限于刚刚的这个城，要去更广阔的城，“志未得也”，还有天下的朋友等着我们去结交。这样来讲大家就明白了，同人卦有没有结尾？同人卦没有结尾，它没有极限的意思，一直到第六爻依然是开放的，古人的文采和智慧就是这么高，这是一个无尽的事业。一个城没有多大的空间，走出去，到郊外到野外，天高地阔，找你志同道合的朋友一起完成理想的事业吧。

同人卦讲的是求同存异的智慧，至于怎样求同存异刚才已经说了。要想得到朋友，你一定不要强出头，否则你是没有朋友的。不要老是挑别人的毛病，前面讲否后面讲同人，否就是不要老挑别人的毛病，纠正别人的错误要在合适的时间合适的状态下，时间不对，位置不对，纠正不了的，越纠越错，所以要求同存异。不用自建围城，极易围城自闭。孔子在《系辞》里专门对九五爻或者同人卦做了点评，他说真正的同人一定是“先号咷而后笑”的，子曰：“君子之道，或出或处，或默或语，二人同心，其利断金，同心之言，其臭如兰。”

前面讲到了比卦，很多人比卦和同人卦分不清，学完这两卦希望大家多动脑筋，仔细对比一下这两卦，去体会一下这两卦的智慧。两卦都好，不过我更推崇同人，“君子周而不比，天下大同”。

结构上看，初九告诉大家，出门找朋友应该把家里人带上，家人都不能做朋友，到外面也没有朋友。六二告诉大家，交朋友不能太狭隘。九三告诉大家，出去外面交朋友有时别人提防你，很正常，不要觉得很不舒服，要给别人时间，一个人了解另一个人是要时间的。九四告诉大家，你去交朋友，别人有可能把你当作敌人，不过你也不用担心，路还长着呢，说不定将来人家大开城门来迎接你。九五讲的是相交于心，才能化敌为友。上九告诉大家，交朋友永无止境。

同人卦是讲求同存异的智慧，下面要讲的是大有卦，请大家预习。

第十四卦　大有

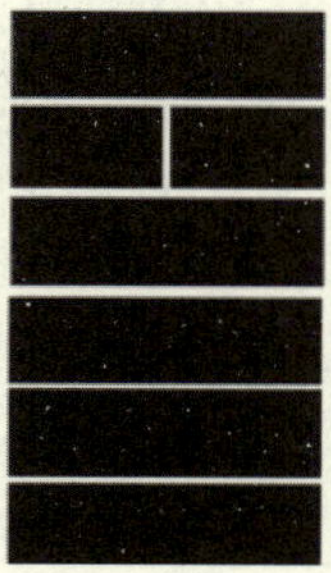

大有：元亨。

象曰：大有，柔得尊位大中，而上下应之，曰大有。其德刚健而文明，应乎天而时行，是以元亨。

象曰：火在天上，大有。君子以遏恶扬善，顺天休命。

初九：无交害，匪咎。艰则无咎。象曰：大有初九，无交害也。

九二：大车以载，有攸往，无咎。象曰：大车以载，积中不败也。

九三：公用亨于天子，小人弗克。象曰：公用亨于天子，小人害也。

九四：匪其彭，无咎。象曰：匪其彭，无咎。明辨晳也。

六五：厥孚交如威如，吉。象曰：厥孚交如，信以发志也。威如之吉，易而无备也。

上九：自天祐之，吉，无不利。象曰：大有上吉，自天祐也。

同人之后是大有，大有是“物归我有，无所不有”，这个气势是很大的，即我想有什么就有什么，因为它接于同人，同人是因为求同存异所以天下大同。《序卦传》上说：“与人同者物必归焉，故受之以大有。”

大家关系搞好了，都愿意助你，你将会有非常的成就。

象曰：火在天上，大有。君子以遏恶扬善，顺天休命。

同人卦的卦象是天火同人，天在上火在下；大有的卦象是火天大有，是火在天上烧，都是天和火，但是位置变了。火在天上烧，天是火烧的平台，火已经烧到天上了，连天都帮助火熊熊燃烧，这火岂能不大？“火天大有”怎么和“遏恶扬善”有关系呢？先给大家讲一个故事：有一个很有影响力的明星，有一天去拜访高僧，请求出家，高僧对他说：“你现在先不要出家，很多人在崇拜你，把你当作榜样，你现在应该利用你的影响力去做好事、扬善。”你现在是如日中天、光芒万丈的时候，一定要阳光普照大地啊，这就是顺天来修养自己的命。

三画离卦代表火，又代表太阳。讲到这里给大家提个醒：离卦代表太阳，和乾卦代表天是有区别的，在古人看来，太阳只不过是天上的一个星体，不要把乾卦和离卦混淆了，太阳光芒万丈，所以它有明察秋毫的特性。

大有：元亨。

意思是说：这么富有，没有什么是不亨通的。就好像说，你们家都这么富了，还有什么搞不掂呢！

彖曰：大有，柔得尊位大中，而上下应之，曰大有。其德刚健而文明，应乎天而时行，是以元亨。

“柔得尊位大中，而上下应之”说的是六五爻，这里五条爻是阳爻，只有一条爻是阴爻，而且这个阴爻在君王之位，如果是阳爻在这个位置的话是得中得正，阴爻在这个位虽不正但还是中，本卦中六五不但得中而且能得其他五阳爻的支持，以至于上下皆应，其他五个爻都助它，都与它相应，故而是“大中”。现实生活中我们会发现，真正富人的钱都是别人帮他赚的，五个阳爻供养他，而不是自己出苦力赚的。“其德刚健”是指内卦乾卦，乾性刚健，而“文明”是指离卦，离卦的德性就是光明于天下、文明天下。太阳在天上走着，如日中天天下都知道，丽日在上天下文明。“应乎天而时行，是以元亨”，想发财肯定要讲天时，要观天象知大势。

初九：无交害，匪咎。艰则无咎。

象曰：大有初九，无交害也。

这一卦叫大有卦，就是富有的意思。有人觉得有钱好，有人觉得有钱不好；有人说富不过三代，都是钱多惹的祸，又如很多富二代成了坑爹一族，因为他家太有钱了。其实在古代的《易经》里已经讲到了这个问题，有钱不一定会带来危害，故曰：无交害。有钱不是问题的根源，你有钱学会艰苦朴素，什么问题都没有。有钱却爱炫富，则一定会带来灾害，大有初九一开始就把富人该怎样生活告诉了我们。

九二：大车以载，有攸往，无咎。

象曰：大车以载，积中不败也。

“大车以载，积中不败”的意思是：装车的时候把货物装在中间，不偏不倚，保持平衡。“积”是堆积的意思。货物装车时装得平衡均衡，肯定是有利于远行的。坤卦六二爻为“厚德载物”，所以二爻就相当于车厢一样。我们知道一代商圣范蠡，帮助越王勾践复国后功成身退，化名“鸱夷子皮”，经商成巨富，广散家财，世人誉之“中以为国，智以保身，商以致富，名成天下”。司马迁评价：“范蠡三迁皆有荣名。”范蠡三聚三散的故事把“大车以载，积中不败”演绎到极致。

九三：公用亨于天子，小人弗克。

象曰：公用亨于天子，小人害也。

如果不了解卦体结构，本爻是不易翻译的。下卦三爻是江湖，二爻是民，第三爻依然是民，这个人发财了，把自己发的财捐献给国家，周济天下。鲍漱芳是晚清著名徽商，当时国库空虚，他带头募集军饷，赈灾，将赚的钱都捐给国家了，通过皇帝的手来周济天下。小人是不会这样做的，小人考虑的都是自己的私利，最害怕做这样的事情。

九四：匪其彭，无咎。

象曰：匪其彭，无咎。明辨晳也。

匪：不，不是。彭：膨胀。联系到卦体结构，这里已经不是下卦民位了，四爻是庙堂之臣，这里讲的是大有卦，很富有，又是个官员，这让我们想到了红顶商人，即官商。作为官商，发了财，如果不自我膨胀是没问题的，那你是明辨是非的“明辨晳也”。如果你做了官，又很富有，那你比一般的官员更危险。尤其是身为富可敌国的红顶商人是很危险的，如胡雪岩，最后还是被皇帝降罪；和珅就更不用说了，大家都知道他的结局。

六五：厥孚交如威如，吉。

象曰：厥孚交如，信以发志也。威如之吉，易而无备也。

六五是君王，九四是庙堂之官。“厥”是阴生的、基层的意思。六五虽贵为一国之君，富有天下，却和老百姓如贫贱之交那样，以心相交，打成一片。“孚”是以心坦诚相待的意思。如果君王能做到这样，你的威信自然而然就来了，吉。信：信心、信念。发：头发。志：志向。连头上的发丝都感受到了，大家没什么不信任的。我们知道文景之治的汉文帝，在位二十三年，他所穿的、坐的马车都没有改变，其他国家敬献的奇珍异宝他都不要，穿的都是粗布衣，他母亲死后为母亲造寝陵时为了节省民力将陵寝依山而建，从而节省了大量的劳力。不要以为他不孝敬母亲，他非常孝敬他的母亲，母亲病了，服侍汤药的时候他都要自己先尝药。不要以为国库没钱，其实当时国库充实，连串铜钱的绳子都断了。如此艰苦朴素的君王，大家又怎能不爱戴他呢！这样的君王出门总是轻车简从，因为他有天下百姓的爱戴啊！卫队是多余的，不用卫队一样威风八面！

上九：自天佑之，吉，无不利。

象曰：大有上吉，自天佑也。

上九是对大有卦的总结，也是大有卦的最高境界。孔子在《系辞》中说："自天佑之，吉无不利。""佑"就是帮助的意思，"天之所助者，顺也；人之所助者，信也。履信思乎顺，又以尚贤也。是以自天佑之，吉无不利也"。孔子在这里告诉我们：你要顺乎天时，顺乎天道，老天爷也会帮助你；大家只有信任你，才会来帮助你；天人相助，这样才能到达"大有"之境界。到这里大家应该明白了，做事情要想成功，第一要顺天时，第二要大家都愿意来帮你。他人怎样才会帮你？一定要信你，别人都不信你怎么会帮你呢？年轻人一定要做有诚信的人，诚信是最宝贵的，六十四卦中出现频率最高的就是"孚"。如果要想天都来助你，你要顺天时；如果要想人来助你，你就要取信于人。你不给别人信任，别人不会信你，别人不信你就不会帮你，这个逻辑关系大家要用心体会。

大有卦是讲钱财的，即使你是天下首富，也要艰苦朴素，也要坚守中道，要用心诚待贫穷的人。

看一下大有卦的结构：初九说，你很有钱但不可任性，要艰苦朴素。九二说，你想世代富下去，就一定要坚守中道。九三说，你有很多钱，当天下需要的时候一定要把钱拿出来周济天下。九四说，如果你是官商，这个时候你一定要谨慎；如果你比君王还要富，这个时候你是很危险的，这个危险可以用凶来形容。六五，假如你有权有势，你更加要诚待万民。上九说，顺天时者得天助，诚信于人者众人助。

大有卦是讲富有常驻的智慧，下面要讲的是谦卦，请大家预习。

第十五卦　谦

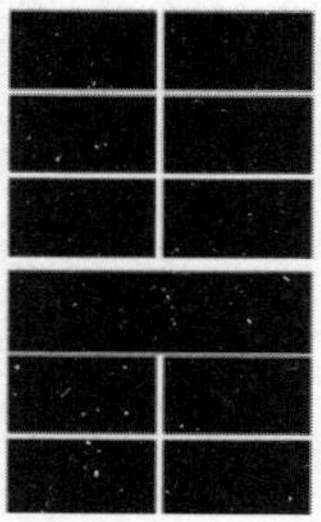

谦：亨。君子有终。

象曰：谦，亨。天道下济而光明，地道卑而上行。天道亏盈而益谦，地道变盈而流谦，鬼神害盈而福谦，人道恶盈而好谦。谦，尊而光，卑而不可逾，君子之终也。

象曰：地中有山，谦。君子以裒多益寡，称物平施。

初六：谦谦君子，用涉大川，吉。象曰：谦谦君子，卑以自牧也。

六二：鸣谦，贞吉。象曰：鸣谦贞吉，中心得也。

九三：劳谦君子，有终，吉。象曰：劳谦君子，万民服也。

六四：无不利，撝谦。象曰：无不利，撝谦，不违则也。

六五：不富以其邻，利用侵伐，无不利。象曰：利用侵伐，征不服也。

上六：鸣谦，利用行师征邑国。象曰：鸣谦，志未得也。可用行师，征邑国也。

从卦象上来看，谦卦和前面的两卦不太一样，前面两卦都是五个阳爻一个阴爻，谦卦是一个阳爻五个阴爻。前面讲了大有卦，天下首富，“物归我有，无所不有”的意思。但是所有的事情大到一定程度后都会减小，就像月盈则亏，故《序卦传》上说："有大者不可以盈，故受之以谦。"也就是干什么事都应该学会谦虚，谦是"有其德而不居"的意思，这是程颐给"谦"做的解释。

象曰：地中有山，谦。君子以裒多益寡，称物平施。

我们先看一下卦象，下卦是艮是山，天底下最高的就是山了，上卦是地，高山怎么跑到平地底下去了？不显山不露水，这就叫谦虚。"裒多益寡"：寡是少的意思，把多的去掉，补到少的地方去。"称物平施"：意思是就像用杆秤称物一样，把高的一边压下来，把低的一方抬上去。太多了就减少，少了就补上去，刚好使杆秤持平。你本身是高山，却甘愿居于地下，就像很重的重物愿意与秤砣持平一样，这是一种谦虚。你只有谦虚一下，才知道自己有多少斤两。有德而不居叫谦虚，如果你啥都没有那就不叫谦虚了，那叫心虚。

谦：亨。君子有终。

作为谦，是亨通的，其中道理不需要再说了。"君子有终"是说：只有君子才能做到一辈子都谦虚。有的人也很谦虚，但他只能谦虚一时，让他一辈子都谦虚是做不到的，只有真正的君子才能做到一辈子谦虚。孔子一辈子都很谦虚，他说：三人行，必有我师焉。

彖曰：谦，亨。天道下济而光明，地道卑而上行。天道亏盈而益谦，地道变盈而流谦，鬼神害盈而福谦，人道恶盈而好谦。谦，尊而光，卑而不可逾，君子之终也。

谦卦很特殊，它的文字相当少，而且非常华丽，在六十四卦里非常少见。"天道下济而光明"意思是说：天的光明向下普施，所以天地间万物才可以得到光明；如果天自私，它的光明不下来，地上永远是黑暗的。"地道卑而上行"：大地包容，厚德载物，自己很谦卑，反而到山上去了。大家想一下，大地很谦虚，厚德载物，不与人争，因为不与别人争，所以没人争得过你，你越谦卑，大家越抬举你。我们会在很高的高山上发现贝壳，不是人带上去的，因为这里原来就是海洋。“卑”就是把自己放得很低的意思，它已经“卑”到一定程度不能再“卑”下去了，之后就只能往上走了；因为它谦卑，把自己放得很低了，低到不能再低了，最后只能往上走了。“天道亏盈而益谦”：如果你自以为是，自己觉得自己很厉害，那老天就会惩罚你，这叫“亏盈”；如果你很谦虚，天道就会越来越“补”你，越来越给你点赞，这叫“益谦”。“地道变盈而流谦”：山很高，风吹雨打，把山给风化了，山上的泥土向下流，冲刷到山下的低谷里去了，这就是地之道——把高处剖去，益补低下之处。“鬼神害盈而福谦”，六十四卦中是很少讲鬼神的，这里是第一次讲鬼神。商是鬼文化盛行的朝代，在周之后讲到鬼是不奇怪的。那么鬼神是怎样对待自满和谦虚的呢？如果你是自满的人，则连鬼都加害于你；你若是谦虚的人，则鬼神都会施福护佑你。在古代，“鬼神”除了今天我们说的鬼神之义，古圣先贤讲鬼神还有另外一种意思，就是“神奇”的意思，即是很玄很神奇的意思，不见得都是我们今天讲的鬼神的意思。《易经》不是讲鬼神迷信的，请大家不要误解。“人道恶盈而好谦”，人们都喜欢谦虚的人，而讨厌高高在上、自以为是的人。“谦，尊而光”，谦虚、谦卑之人，其实是非常尊贵的人，而且他光芒万丈。“卑而不可逾”：他很谦卑，把自己放得很低，你能比他还低吗？你还能比他更低吗？你没办法做到比他更低，他只是守谦就可以做到让你无法超越，只有君子才能一生一世做到这样！在六十四卦里，每一爻都特别吉祥的，只有谦卦了，在谦卦里没有“凶、悔、吝”，处处皆吉。意思是说：你若是一个谦虚的人，则处处皆吉。所以，我们要学会谦虚。

初六：谦谦君子，用涉大川，吉。

象曰：谦谦君子，卑以自牧也。

我们把初六作为草民，在人的一生中则是指年轻人。年轻人如果很谦虚，一定前途无量，所以年轻人一定要学会谦虚。你是年轻人，如果取得一点成就就很高傲，那你还能往哪里走？做到“谦谦君子”的地步，前面无论有多少艰难险阻都不用担心，因为你谦虚，自己就可以过去了。“谦谦君子，卑以自牧”，“自牧”是自我管理的意思，为什么这么说呢？

因为谦不是人的本性，全靠自我管理，一般的人是不谦虚的，人性是张扬的；但有的人很谦虚，因为他自我约束的能力比较强。年轻人不要飞扬跋扈，要学会做一个谦虚的人，谦德应当是贯穿一生的。有时候我们之所以太任性，之所以跟别人起了矛盾，之所以相互不理睬，往往是不谦虚造成的，自己太不谦虚，把别人的尊严伤了，矛盾就出来了。

六二：鸣谦，贞吉。

象曰：鸣谦贞吉，中心得也。

鸣谦：鸣是讲出来的意思，讲的话都是谦虚的，吉祥之兆啊！这个谦虚不是假的，不是故作谦虚，而是真心谦虚。这是六二爻，是守中的中正之位。言下之意是说：我所说的都是谦虚的语言，而且我的谦虚发自内心，我的谦虚之言是很中正的。这里借一个西方的奇才——苏格拉底来讲六二的“鸣谦”，苏格拉底是古希腊三贤之一，可他常说：我唯一知道的就是我的无知。他很谦虚，他讲出来的话是发自内心的谦虚，因为他懂得越多，所以他发现自己不知道的就越多。当你是一个圆点的时候，你发现自己的周围都是黑暗的；当你是一个圆圈的时候，你会发现自己更大的周围都是黑暗的。因为接触面不一样了，一个圆圈的接触面要比一个圆点的接触面大很多！大家都明白这个道理。因为你站得高、看得多、知道得多，你才能知道原来自己还有更多的未知。所以，苏格拉底的这句话不是一句虚情假意的话，而是一句真心话。

九三：劳谦君子，有终，吉。

象曰：劳谦君子，万民服也。

在讲解这一爻之前，先给大家讲一个有关清明节的典故，就是介子推的故事。相传春秋战国时代，晋献公的妃子骊姬为了让自己的儿子奚齐继位，就设毒计谋害太子申生，申生被逼自杀。申生的弟弟重耳，为了躲避祸害，流亡出走。在流亡期间，重耳受尽了屈辱。原来跟着他一道出奔的臣子，大多陆陆续续地各奔出路去了。只剩下少数几个忠心耿耿的人，一直追随着他。其中一人叫介子推。有一次，重耳饿晕了过去。介子推为了救重耳，从自己大腿上割下了一块肉，用火烤熟了送给重耳吃。十九年后，重耳回国做了君主，就是著名春秋五霸之一的晋文公。晋文公执政后，对那些和他同甘共苦的臣子大加封赏，而此时介子推却偕母亲隐居起来了。有人在晋文公面前为介子推叫屈。晋文公猛然忆起旧事，心中有愧，马上差人去请介子推上朝受赏封官。可是，差人去了几趟，介子推不来。晋文公只好亲自去请。可是，当晋文公来到介子推家时，只见大门紧闭。介子推不愿见他，已经背着老母躲进了绵山（今山西介休市东南）。晋文公便让他的御林军上绵山搜索，没有找到。于是，有人出了个主意说，不如放火烧山，三面点火，留下一方，大火起时介子推会自己走出来的。晋文公乃下令举火烧山，孰料大火烧了三天三夜，大火熄灭后，终究不见介子推出来。上山一看，介子推母子俩抱着一棵烧焦的大柳树已经死了。晋文公望着介子推的尸体哭拜再三，然后安葬遗体，发现介子推脊梁堵着个柳树树洞，洞里好像有什么东西。掏出一看，原来是片衣襟，上面题了一首血诗：

割肉奉君尽丹心，但愿主公常清明。
柳下作鬼终不见，强似伴君作谏臣。
倘若主公心有我，忆我之时常自省。
臣在九泉心无愧，勤政清明复清明。

晋文公将血书藏入袖中，然后把介子推和他的母亲分别安葬在那棵烧焦的大柳树下。为了纪念介子推，晋文公下令把绵山改为“介山”，在山上建立祠堂，并把放火烧山的这一天定为寒食节，晓谕全国，每年这天禁忌烟火，只吃寒食。走时，他伐了一段烧焦的柳木，到宫中做了双木屐，每天望着它叹道“悲哉足下”。“足下”是古人下级对上级或同辈之间相互尊敬的称呼，据说就是来源于此。

第二年，晋文公领着群臣，素服徒步登山祭奠，表示哀悼。行至坟前，只见那棵老柳树死而复活，绿枝千条，随风飘舞。晋文公望着复活的老柳树，像看见了介子推一样。他敬重地走到跟前，珍爱地掐了一条枝，编了一个圈儿戴在头上。祭扫后，晋文公把复活的老柳树赐名为“清明柳”，又把这天定为清明节。

如果讲劳谦君子，我想天下第一当属介子推，他的功劳不是一般人能做到的。有功而不居，老百姓都很服他。三爻性情本来是很急的，爱冒进，但在九三是个阳爻，是个实爻，它真的有功，但它不居功。刚好介子推被烧在山上，艮就是山，艮卦的上爻，太巧了，不知道是巧合还是冥冥之中注定的，爻像已经告诉大家了，所以用介子推来讲九三是最合适不过了，他的功比天高，然而自藏于地，地为众、为万民，万民都敬仰他。

六四：无不利，撝谦。

象曰：无不利，撝谦，不违则也。

撝：是发挥的意思，与现在的“挥”是同一个意思，但是又不太一样。我先讲一个故事，大家就明白了。这个故事的主人翁是纪晓岚，他是清代雍正、乾隆、嘉庆年间的三朝元老，是一个非常厉害的人，他死了以后嘉庆皇帝封他谥号“文达”，这是对文人很高的评价了。从后世的记载我们可以看到他博学多才，他好像没什么不懂的，但他基本上什么都不说，啥都不写，而且他还装糊涂。比如他担任《四库全书》的总编辑，一生推崇古圣先贤的智慧，常说今人应该向古圣先贤们学习，所以纪晓岚一生没写太多的东西，只写了随笔日记一样的《阅微草堂笔记》，讲的都是狐狸鬼怪的事，他借狐狸鬼怪来表达自己的内心想法。这就是“撝谦”，表面上什么都不懂，实际上是什么都懂，叫作“揣着明白装糊涂”。因为他是庙堂之官，接近皇帝，如果表现得比皇帝还聪明，把皇帝比下去，那就惨了；但是他也不能表现得和猪一样蠢，否则，也会大祸临头的。因此，这撝谦是一个很高的智慧，要谦虚得恰到好处，不是简单的装傻。“不违则”是说，这样的谦虚是不违背天道、原则的。

六五：不富以其邻，利用侵伐，无不利。

象曰：利用侵伐，征不服也。

这里看到文字就要注意了，“不富”是阴，是虚、谦虚，凡是不富都是阴，不实的意思。“不富以其邻”：邻是邻居，不向邻居显示自己很强大。跟邻居打交道的时候，展示的是自己的谦虚，利用这个可以征伐别人，这里含有用兵之道，谦虚可以作为征伐别人的武器。利用谦德可以去征服那些心不服的人，大家所熟悉的诸葛亮七擒七纵孟获的故事就是这一爻的极好的说明。经过七擒七纵使得孟获心服口服，保证蜀国西南边境的安定。诸葛亮征服孟获靠的不是武力，而是谦德。

上六：鸣谦，利用行师征邑国。

象曰：鸣谦，志未得也。可用行师，征邑国也。

六二出来过“鸣谦”，这里又有一个“鸣谦”，这个“鸣谦”和六二的“鸣谦”不一样。为了让大家明白两个“鸣谦”不一样，再给大家讲一个故事：汉朝刚刚建立的时候，刘邦被困于白登山，差一点没命。当时韩王信背叛汉朝，勾结匈奴，刘邦派使者到匈奴刺探情报，看到的都是老弱病残，都是瘦弱的牛羊，派了十次使者看到的情况都是这样。匈奴故意显露自己的短处，把强壮的兵马都藏起来了，显示出柔弱，能而示之不能，这就是“鸣谦”，目的是诱敌深入。“利用行师征异国”，“志未得也”，就是说匈奴单于攻打汉朝的目的还未实现，等到单于达到目的时，他一定会露出真相的。“鸣谦”还有一个意思，两个国家处于敌对状态，这个时候往往要先礼后兵，示弱不示强，诱敌深入，而且还占据了道德的制高点。前面四爻讲的谦虚大家很容易理解，后面两爻突然变了，大家在这里再次体会一下“柔弱胜刚强，不战而屈人之兵”等真正的含义吧。

我们再看一下谦卦的结构：初六说，作为年轻人，要做一个自我管理好的“谦谦君子”，人的本性张扬，所以要自我约束。六二说谦虚应该是发自内心的，当你懂得越多，你会发现自己不知道的地方越多。九三说真正有功劳的人是不居功的，这种叫“劳谦君子”。六四说谦虚是个技术活，大智若愚，不要虚伪，如果你的谦虚搞得谁都知道，就有点虚伪了。六五说用谦虚可以去打仗，用谦德可以让对手口服心服。上六说如果你的对手老是向你示弱，这时你要注意了，千万不可轻敌，要不然你一定会掉进别人事先准备好的陷阱里。他之所以示弱，就是要让你往里面钻。

谦卦是讲谦逊永驻的智慧，下面要讲的是豫卦，请大家预习。

第十六卦　豫

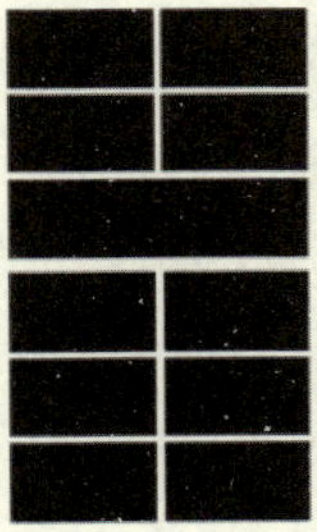

豫：利建侯行师。

彖曰：豫，刚应而志行，顺以动，豫。豫顺以动，故天地如之，而况建侯行师乎？天地以顺动，故日月不过，而四时不忒。圣人以顺动，则刑罚清而民服，豫之时义大矣哉！

象曰：雷出地奋，豫。先王以作乐崇德，殷荐之上帝，以配祖考。

初六：鸣豫，凶。象曰：初六鸣豫，志穷凶也。

六二：介于石，不终日，贞吉。象曰：不终日贞吉，以中正也。

六三：盱豫，悔，迟有悔。象曰：盱豫有悔，位不当也。

九四：由豫，大有得。勿疑朋盍簪。象曰：由豫大有得，志大行也。

六五：贞疾，恒不死。象曰：六五贞疾，乘刚也。恒不死，中未亡也。

上六：冥豫，成有渝，无咎。象曰：冥豫在上，何可长也？

《序卦传》上说："有大而能谦必豫，故受之以豫。"豫卦的上一卦是谦卦，谦卦讲的是谦虚、谦逊的智慧，从卦象上看是把山埋在地下，故而谦虚。谦卦的前一卦是大有卦，大有卦说的是富甲天下的智慧。能够富甲天下，又能够很谦虚的人一定会很安逸，所以"豫"有安逸的意思。

用我们中国人常说的一句话，你这个人又有钱，又很谦卑，你这辈子很有福。古人说你这个人很享福、很有福气，就是豫。故继大有卦和谦卦之后就有一个豫卦，豫卦就是这么来的。豫，现在很多人一看到“豫”字就想到河南省，其实这个字和河南没有任何关系。这个“豫”字象形于大象在陆地上走，大家看见过大象都知道，大象很笨重，走得很平稳，但有时候大象发起疯来咚咚咚地跑得也很快，所以“豫”字和大象有关系。有人说这个说法很牵强，认为南方才有大象，而北方没有大象。其实大家忽略了，在三千年以前，黄河中下游是有麋鹿、大象的。“豫”字，如刚才说的，就是很享福的意思，很安逸、和乐，同时也有预谋、预备的意思，这是一般书上的解释。但是在讲豫卦之前，要告诉大家的是，豫卦真正要讲的是五个字：谋定而后动。所以在学习豫卦的时候别把这最重要的一点忘记了。

象曰：雷出地奋，豫。先王以作乐崇德，殷荐之上帝，以配祖考。

豫卦，首先我们来看卦象，下卦是坤卦，主静主藏，坤卦代表大地，大地是很柔顺的，这是坤卦的本性；上卦是震卦，主动主疾，震卦代表雷。豫卦的雷和其他的雷不一样，豫卦的雷是第一声春雷。雷的本性是动，而且是天底下动得最快的，故其动也疾。这是对豫卦上下卦的解释。

这里大家要注意一下“殷”字，这个字是盛大的意思，古人称音乐场面盛大就是殷。这么一说大家就明白豫卦的卦象了。平地春雷起就是豫，豫卦的卦象是第一声春雷。“先王以作乐崇德”中的“乐”就是“音乐”，为什么“音乐”和“雷”有关系呢？大家要知道，讲到声响，天底下最响的就是雷。有一种乐器叫“鼓”，在古代鼓在乐器里敲起来是最振奋人心的、最有威慑力的。这个震在天为雷，在地为鼓，故先王效法这个雷以创作音乐。创作音乐用来干什么呢？就是崇德，即用音乐来修养品德。此外，先王创作盛大的音乐场面还用来敬献上帝，这个上帝不是耶稣，而是老百姓口中的老天爷，《易经》里所有的上帝都是指老天爷。“以配祖考”，就是用音乐来祭祖。现在我们清明的时候放音乐的很少，一般都是放鞭炮，而鞭炮的声音也很像雷。其象就是效仿天上打雷，锣鼓喧天，场面很喜庆的、很庄重的。比方说，祭孔的时候盛大的八佾舞的场面就显示出我们对孔圣人的崇敬之情。故在豫卦的卦象里豫是指音乐，通过音乐来修养品德，敬天敬祖。下面看卦辞。

豫，利建侯行师。

豫卦的下卦是坤卦，坤是众，众是师；上卦是震卦，是长子，是侯。所以卦辞“利建侯行师”是对卦象的一个简单说明，如果把上下卦颠倒过来，就不能称“利建侯行师”了，因为在豫卦里，雷是从地下奋出的，地下的阳潜藏得够久然后才有雷响，可知古人已经知道为什么会打雷了。而上下卦颠倒之后就是复卦，复卦是冬至的时候，是不会打雷的，所以一般冬天是听不到雷响的，因为冬天太冷了，地下的阳气还不够。而春天地下的阳气逐渐生成，然后“嘭”的一下从地下出来了，所以古人把卦象都放在六爻里了，这个时候雷已经出来了，喷薄而发，地上行雷，所以“利建侯行师”。地上行雷有几层意思，第一层意思：音乐聚众。锣鼓喧天，大家聚在一起，挺好的，某个地方在唱大戏，很热闹，大家就会聚拢围过去，所以音乐一响，有聚众的作用，很多人就会聚拢过来。第二层意思：振奋人心。就如一吹军号，士兵就会集合，一听到冲锋号士兵就会向前冲锋，这就是“利建侯行师”，所以军号是效仿地上行雷，振奋人心。第三层意思：接地气，做宣传。这是一个很时髦的说法，在豫卦里大家也看得到，比如搞文艺下乡，深入基层，这就是接地气。文艺下乡也好，深入基层也好，都是提振士气的一种做法。又比如，在总结红军二万五千里长征时就说到播种机、宣传队，这里要注意“宣传”一词，我们都知道，二万五千里长征是很辛苦的，为什么红军能够坚持下来，其中一个原因就是宣传做得好，鼓舞士气，就是豫，这个豫是能够提升人的士气的。故，豫，利建侯行师。

彖曰：豫，刚应而志行，顺以动，豫。豫顺以动，故天地如之，而况建侯行师乎？天地以顺动，故日月不过，而四时不忒。圣人以顺动，则刑罚清而民服，豫之时义大矣哉！

“忒”字，这个字常在六十四卦里出现，其意思是差错。“豫，刚应而志行”的“刚应”，既是指九四爻，又指上卦，震卦是阳卦，“志行”的“志”是指阳气向上的心志，因为九四是从下而上的。“顺以动，豫”，这句话注意，顺是下卦，坤卦，动是上卦，震卦，所以下卦为顺，上卦为动，这就是“豫”。“顺以动，豫。豫顺以动”这八个字不是重复，而是两个句子重叠以加重语气，告诉我们想要做到豫，先顺，再动。我们把卦象抛开说，顺着来动，你就可以安逸和乐了，故顺以动，就是豫。豫，顺以动，反过来说，踏着音乐的节奏做事你就可以做得很顺，可以往前推进。天地运转都是这样的，所以领兵打仗也要用“豫”这种办法。注意，“豫”的音乐、宣传、提升士气的效果出来了。“天地以顺动，故日月不过，而四时不忒”，天地该打雷的时候就打雷，不该打雷的时候就不打雷，雷不是乱打的，而是顺天时的，春天会打雷，夏天会打雷，秋天会打雷，到了冬天就基本上不打雷了。“天地以顺动”就是说春雷是时间到了才会打，所以“日月不过”，“四时不忒”，一年四季该什么季节就是什么季节。“圣人顺以动，则刑罚清而民服”，圣人效仿打雷的天象顺时而为，所以对待老百姓有问题了要惩罚他，雷有威慑的力量，很多人怕打雷，怕打雷是因为你自己做了很多坏事啊。“豫之时义大矣哉”，豫很讲究“时”，打雷是讲时间的，要顺天时才能豫。春雷都打了，老百姓该春耕了，再不春耕就耽误事了，秋天收获的时候就难以高兴地唱起来了，所以做事要顺时顺势而为。

初六：鸣豫，凶。

象曰：初六鸣豫，志穷凶也。

鸣豫，让我们想到谦卦初六的鸣谦，这个“鸣”是讲出来之义，这里叫自鸣得意。鸣豫是什么意思呢？我们现在常看到很多小朋友从小就喜欢攀比，小朋友甲说：“我爸爸给我买了一个 iPhone 呢。”小朋友乙就说：“我爸爸还给我买了一台 iPad 呢，比你的 iPhone 大得多呢！”小朋友这么爱攀比就是一种鸣豫，大家对于小朋友这么爱攀比可能不以为然，初六说这种攀比的象是很凶的。他们所比的东西都来自大有卦，他们享受的都是父祖辈的阴德，自己没有付出，坐享其成，不思进取，故“志穷”，将来是没有多大出息的。我们常说的富二代长大后成天花天酒地，奢侈成性，贪图享乐，坏的不用教都会了，好的就是不想学，除了吃喝玩乐，啥也不会做，只会向父母伸手要钱，这些“啃老族”终有一天会吃光祖辈父辈遗留下来的金山银山。这么一说，“鸣豫”就其义自现了。大家可以试着学习识人：那些一天到晚啥也不会干，只会炫富的人是没出息的，这种人的财都是过眼云烟，以不与这种人打交道为宜，这种人不用看他的生辰八字，一看其行为就知道了，准得很！

六二：介于石，不终日，贞吉。

象曰：不终日贞吉，以中正也。

大家看到爻辞，就明白蒋介石的名字源自本爻。你们看，蒋介石也好，毛泽东也好，他们的名字都是来自《易经》的。六二中的“介”字在甲骨文里是一个人旁边有四点，一般甲骨文的解释就是一个士兵穿着护甲，这样解释是对的，但是光这样解释是不够的，必须延伸为“介”，就是自己把自己保护起来。“介于石”实际上就是自己把自己保护起来：一是坐在石头上面，说明根基很稳，不是在两块石头之间；二是像石头一样不动。把自己保护起来之后就“不终日，贞吉”，很多同学就不明白了。我们要知道，这是豫卦，讲的是豫乐，豫乐就是犬马声色，有的人能够在犬马声色中像石头一样安然不动，坐怀不乱。有人就会问为何这样解释呢？从卦象来解释，六二爻居中正之位，而能在犬马声色中坐怀不乱的就是中正。跟大家说两个人。一是柳下惠，他就是典型的坐怀不乱的君子。关于“坐怀不乱”的典故最早出现在《荀子·大略》中：“柳下惠与后门者同衣，而不见疑，非一日之闻也。”这个故事自汉代以来已经广为传颂，可谓家喻户晓。相传在一个寒冷的夜晚，柳下惠夜宿于城门，遇到一无家女子，柳下惠恐她冻死，叫她坐在怀里，解开外衣把她裹紧，同坐了一夜，并没发生非礼行为。于是柳下惠被誉为“坐怀不乱”的正人君子。二是唐僧，不管什么妖精勾引他，他都坐怀不乱。六二说的就是在声色犬马之中安守中道，安守本分。年轻人压力大去唱唱 K 是没问题的，但是一天到晚都唱 K 是不行的，不要一天到晚都贪念安逸享乐，流连忘返于娱乐场所，这就是“不终日”。

六三：盱豫，悔，迟有悔。

象曰：盱豫有悔，位不当也。

六三中的“盱”是张目直视之义，眼巴巴傻傻地看着别人发呆。生活中有一个场面我们常看到，就是一个人在河边钓鱼，周围很多人站在那里观看别人钓鱼，围观的人看到别人钓到鱼也很开心。我们很容易理解钓鱼人的开心，因为他有收获，而围观的人其实是傻开心，一看就看一个上午甚至是一天，啥收获也没有。所以有句话说“临渊羡鱼，不如退而结网”。“盱豫”大意就是光看着别人的幸福、眼馋别人的幸福。六三爻大意就是傻傻地看着别人钓到鱼瞎高兴，自己啥也不干，将来你会后悔的。心动不如行动，赶紧去干点实事吧，不要光羡慕别人的幸福，这样一点意思也没有。“临渊羡鱼”一词，就把本爻的寓意给讲透了。

九四：由豫，大有得。勿疑朋盍簪。

象曰：由豫大有得，志大行也。

九四是上卦的第一爻，“由”字的甲骨文（见图 16-1）义为“源于”，其象形于“积水成渊”之象，故而是“源头之积”，由一滴水积聚成一瓢水是很长久的一个过程，有一句话叫“谋定而后动”，“由豫”是厚积薄发，深谋远虑之义。“盍簪”是古宋国语言，至今使用，意为人因受到惊吓发抖、颤抖、哆嗦。九四为平地一声惊雷，一鸣惊人。如何能做到一鸣惊人呢？早做准备，厚积薄发，谋定而后动，将来就会有“大有”的收获。九四爻辞义为：经过长期的谋划，厚积薄发，而后取得骄人的成绩，取得一鸣惊人的成就（大有卦），就连你最亲近的朋友都会感到震惊。

甲骨文

暂缺

图 16-1

打雷时，离雷越近的人越容易受到惊吓，太出乎意料了。“豫”有预备之义，早做准备，早做计划将来就不会手忙脚乱，有什么风吹草动都不怕，“大有”不是偶然，是因早有预备而得的，故须谋定而后动。

六五：贞疾，恒不死。

象曰：六五贞疾，乘刚也。恒不死，中未亡也。

六五爻义为：已经出现生病的征兆了，之所以还不死，是因为有所“乘刚”，有九四为其支撑，故不倒，且六五又守持中道。阿斗就是六五的一个典型例子。阿斗是扶不起来的，没什么本事，但其王国又维持了很久，全靠诸葛亮等的支撑。阿斗很听诸葛亮、关羽、张飞等的话，虽然他自己干不了什么事，但放手让诸葛亮他们去干，这是没问题的。一旦诸葛亮等不在了，阿斗也就没有支撑了，其结果可想而知。

上六：冥豫，成有渝，无咎。

象曰：冥豫在上，何可长也？

上六既是豫的终极又是对整卦的一个总结。“冥”是昏昏沉沉，终日沉溺之义。“渝”在古代是水道改变的意思，引申为改变之义。上六爻义为：如果一个人整天沉溺于安逸享乐之中，死不改悔，最后虽然有成就，但是事情终会发生改变、变化，这种改变是没有问题的。一个人终日安逸享乐，这种状况不会长久的。为什么整天沉溺于安逸之中会“无咎”呢？举两个例子大家就会明白了：一个是南唐后主李煜，在填词方面很有造诣；另外一个是北宋的宋徽宗，他的书法很厉害，自成一体。作为皇帝，一天到晚都在填词作赋或者练书法肯定是不合适的，不问朝政，玩物丧志，所以最后的结果都是亡国。李后主和宋徽宗的下场，就是“冥豫在上，何可长也”的鲜活例子。

以上是对豫卦的分析，豫有音乐、鼓舞士气的意思，故而利建侯行师。九四爻是豫卦的卦主，谋定而后动，故九四的一鸣惊人不是一蹴而就的，而是深谋远虑的结果。今天我们讲到“预谋”，往往带有一种贬义，似乎有阴谋的意思。其实任何事情都是要经过谋划的，不谋划怎么能成事呢？反过来，一个人一味贪图享乐，这个人是不会有大成就的，这就是豫卦的智慧。我们常说英雄难过美人关，这是英雄的错还是美人的错呢？这是英雄的错！讲到豫卦大家就会明白，美人是没错的，错的是英雄，错在贪图美色、贪图安逸，英雄的志就没有了。

下面对豫卦进行结构分析：初六说，年轻人依仗祖辈的成就享乐而且自鸣得意，是没有出息的。六二说，在声色犬马之中能坐怀不乱是中正之举。六三说，临渊羡鱼，眼馋别人的幸福是不当之举。九四说，要想取得一鸣惊人的成就，必须要谋定而后动。六五说，坐吃山空，等把山吃完了自然也就完蛋了。上六说，冥顽不化、沉迷逸豫者只有死路一条。

豫卦讲的是谋定而后动的智慧，下面要讲的是随卦，请大家预习。

第十七卦　随

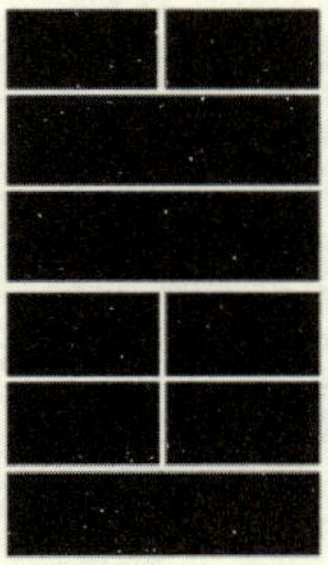

随：元亨，利贞，无咎。

象曰：随，刚来而下柔，动而说，随。大亨贞，无咎，而天下随时，随之时义大矣哉！

象曰：泽中有雷，随。君子以向晦入宴息。

初九：官有渝，贞吉，出门交有功。象曰：官有渝，从正吉也。出门交有功，不失也。

六二：系小子，失丈夫。象曰：系小子，弗兼与也。

六三：系丈夫，失小子，随有求得，利居贞。象曰：系丈夫，志舍下也。

九四：随有获，贞凶。有孚在道，以明何咎？象曰：随有获，其义凶也。有孚在道，明功也。

九五：孚于嘉，吉。象曰：孚于嘉吉，位正中也。

上六：拘系之，乃从维之，王用亨于西山。象曰：拘系之，上穷也。

上一卦豫卦讲的是天雷如鼓，音可聚众。人们一听到鼓声就围过来了，所以《序卦传》上说“豫必有随，故受之以随”，也就是说凡是有福气的人必有人追随左右。“随”就是指追随、随从。

象曰：泽中有雷，随。君子以向晦入宴息。

随卦的下卦是震卦，代表雷，主动主疾，是长子；上卦是兑卦，代表泽，说唱和愉悦之义，是少女。好像是描述雷电交加的时候，湖面必有波动。“晦”是指太阳下山无光，日暮之义。“向晦”指天色将暗。太阳下山了，人们应该回家吃饭休息。“泽中有雷”就如同夫唱妇随，其中震卦是长子是夫，兑卦是少女是妻，这是很好的一个卦象，例如黄梅戏里有“夫妻双双把家还”。夫唱妇随，泽随雷动，引申为随天时而动，该干什么就干什么。

随：元亨，利贞，无咎。

有人相随、相伴是很亨通顺利的，不会有什么问题。注意随卦只讲相随，包括同人相随，但相随者不一定是同人。若一个人心有所随，他的行为就有原则，就知道自己该往哪里走；人有所随，做事就会有同伴。若一个人心无所随，其心必乱；人无所随，形影只单。

彖曰：随，刚来而下柔，动而说，随。大亨贞，无咎，而天下随时，随之时义大矣哉！

震卦是阳卦，为刚为动；兑卦为阴卦，为柔，为说，说通悦，愉悦。随卦的卦象是阳刚谦卑地居于阴柔之下，动而愉悦，这就是随。随卦是很亨通的，不会有灾祸，天底下的事物都要随时机而动，随时机的意义太大了。我们白天要闻鸡起舞，晚上就要日落归家。很多人白天睡觉，晚上活跃，这样黑白颠倒的生活是违背天道的，长此以往违背天道是会折寿的，近年来，年轻人的亚健康、过劳死与未能“随时而动”大有关系。

初九：官有渝，贞吉，出门交有功。

象曰：官有渝，从正吉也。出门交有功，不失也。

“渝”为改变之义，官位有变化，不管升也好，降也罢，都是好兆头。一般而言，在一个卦里上卦是庙堂，下卦是江湖。而在六十四卦中初爻讲官员的就只有随卦了，其中的意义非同寻常，至于有何等重要的意义，请允许我把它作为一个课外思考题留给大家继续思考。作为一个官员走出去与人交往，有所追求都是有功、有所获的。不过做官须从正，圣人把“为官从正”摆在第一位，只要从正都是吉的，升官吉，贬官也可以是吉的，因为官位改变了就会有新的追求，有新的成就，取得新的功业，这都是吉祥的。我国古代的清官包公，他的官位也是有升有贬的，但他不管升贬，依然从正从善，一世清廉。林则徐在虎门销烟后被贬到新疆，仍旧为百姓服务，把新疆的坎儿井治理得有条不紊。韩愈、苏东坡、范仲淹等在被贬之后仍然为老百姓做好事，“先天下之忧而忧，后天下之乐而乐”。所以做官的一个重要原则就是从正从善，当官从正是不会错的，其结局至少是无咎的。

六二：系小子，失丈夫。

象曰：系小子，弗兼与也。

六二爻说的是为妻之道，“小子”就是孩子，孩子是初九，丈夫就是六三。在男女谈恋爱的过程中，女的经常会问一个问题：当女友和母亲同时落水，男的该先救谁？这个考题考的就是随卦中“随”谁的问题，即心随谁的问题。这一爻说的是年轻的母亲把心思放在幼小的孩子身上了，照顾不了丈夫，二者不能兼得。“系”为记挂之义，比“随”字的感情更强烈。年轻的母亲心系幼子，不得不把丈夫先晾在一边，慈母护子，这是天道，还望暂时坐冷板凳的丈夫能予以理解。

六三：系丈夫，失小子，随有求得，利居贞。

象曰：系丈夫，志舍下也。

六三爻说的仍是为妻之道，不过与六二爻相比，六三爻的孩子是六二，丈夫是九四。孩子已经长大了，丈夫离家闯荡事业，妻子就把心从“系小子”变为“系丈夫”。九四是庙堂里的近君之臣，“随有求得”是指丈夫小有成就，有一官半职，注意这里不是大成，九五才是大成。丈夫外出闯荡，而妻子就在家持家，愿夫有所成，盼君早日回家，这就是男主外，女主内，这是女方“系丈夫”的一个自我牺牲。如果一个家庭中，丈夫和妻子双双在外闯荡发展，都是事业强人，这种家庭往往是不稳定的、不和谐的。“志舍下也”是指放下孩子而心系丈夫，希望丈夫飞黄腾达、功成名就。南京莫愁湖的莫愁女就是六三爻的一个例子，其夫出兵远征，她就在家持家盼君归。

九四：随有获，贞凶。有孚在道，以明何咎？

象曰：随有获，其义凶也。有孚在道，明功也。

“孚”是诚信之义，“明”是光明之义。九四乃近君之臣，为了个人私利而追随君王，这是很凶的，“做官不发财，请我都不来”这是不好的。做事要讲诚信，做官要讲官道，要从善从正，正大光明，太阳底下没有黑暗，天下无私。给大家讲一个做官应天下无私的故事：汉文帝刘恒，是刘邦的第四个儿子，母亲是薄姬。刘恒在刘邦的八个儿子中是很幸运的。刘邦和吕后仅生了一个儿子，即惠帝刘盈。在惠帝去世后，吕后为了自己长期掌握政权，对刘邦的其他儿子大开杀戒，害死了四个。刘邦的大儿子刘肥最后未被陷害，得以善终。吕后死时，刘邦的八个儿子中只剩下了刘恒和刘长。在刘邦的八个儿子中，刘恒是最不引人注目的一个，这和他的母亲薄姬有关。在刘恒出生后，薄姬遭到了刘邦的冷落，地位一直是“姬”，没有升到“夫人”，薄姬崇尚黄老之学，懂得守道、守静，不与人争，其儿子刘恒也不与人争，从小做事小心，从不惹是生非，给大家留下了一个很好的印象。在刘恒七岁时，三十多位大臣共同保举他做了代王。虽然地位没有其他王子那样显赫，但是这恰好帮助文帝躲过了吕后的迫害，幸运地活了下来。刘邦的旧臣陈平和周勃在吕后死后，携手诛灭了吕氏势力，然后相中了宽厚仁慈名声较好的刘恒来继承皇位，于是派使者去接常年戍边的刘恒赴长安继承皇位。刘恒见到使者，开始并不是很高兴，这使他起了疑心，他的属臣们意见不同，有的认为是一个阴谋，有的则分析说不会有假。刘恒决定用占卜来定吉凶，结果为吉。为了以防万一，刘恒在向长安进发的过程中一步步小心行事，深怕又中了计，命丧黄泉，一是派舅舅薄昭先到长安城探听虚实，二是离长安五十里的时候，又派下属宋昌先进城探路。最后，小心的刘恒终于平安到达长安。陈平和周勃迎接刘恒，周勃本想凭借玉玺邀功，拉拢关系，众目睽睽下想对刘恒说悄悄话，刘恒的左膀右臂宋昌察觉出来，便拦着周勃说皇上没有私事，都是公事，天下无私，要求周勃把对刘恒说的话当着大家的面说出来。周勃便不敢说什么，只能把玉玺上交给皇上。由于周勃心中有私，最后周勃的命运很惨。这个历史故事告诉我们，无欲则刚，若私心太重，最后必因私而凶，不管是官还是平民。

九五：孚于嘉，吉。

象曰：孚于嘉吉，位正中也。

“嘉”是美德之义，九五为君王爻，君王应该追求美德，此为中正之道，既中又正。周武王灭纣后，遣南宫括散发巨桥仓的粮食，赈济灾民，史称“巨桥之粟”。周武王的这一举动在政治上大得民心，这也是周武王追求美德的具体表现。

上六：拘系之，乃从维之，王用亨于西山。

象曰：拘系之，上穷也。

上六为圣贤之爻，“拘”字从篆文看，意为抓，用手抓得紧。“维”字本义为用绳子或线绑住飞禽的双腿，“拘”和“维”字的意思是怕系不稳，引申为放心不下的心态。“王用亨于西山”中的王是指周文王，“亨”字意为祭祀，“王用亨于西山”就是凤鸣西山，西山是指岐山，“凤”字在唐代以前是指男性，“凤鸣西山”的故事就是周文王每年都在岐山聚集诸侯祭天。祭天的原因就是周文王忧虑天下，祈求上苍保佑天下万民。除了周文王是圣贤，姜子牙也是圣贤，姜子牙的德行极高，据说姜子牙活了一百二十八岁。姜子牙用直钩钓鱼，一般人解释为钓文王，我认为这样解释就太狭窄了。姜子牙直钩钓鱼，并不是钓文王这么简单，他是在以钓鱼为名、为幌子，实际上是在思考如何布局天下以救苍生于水火。姜子牙钓鱼和姬昌岐山祭天一样，都是心忧天下啊。姜子牙把商纣灭后，把有功之臣甚至商的后裔全都封神了，唯独自己没有封神。圣贤无私，唯心系天下苍生！

随卦讲的是心有所随、有所追求的智慧。心有所随：一要随时，随天时而动；二要随正随善；三要不随私，凡是随人以私、私心太重者必凶。孔子在《系辞》里说道："凡易之情，近而不相得，则凶；或害之，悔且吝。"志同道合而相伴相随是没有问题的，但是因私而随是凶的，所以要谨防小人。小人相得之后必定会离你而去，当其不相得的时候必定会反过来害你，故要远小人。

下面对随卦做总结以及结构分析：随卦讲的是心有所随的智慧，初九告诫官员，为官随正，升迁随缘。六二告诉大家，为妻之道当心随幼子，老牛护犊慈母系子皆是天道。六三告诉大家，为妻之道当心随丈夫，夫随天下，妻小守家。九四告诉大家，为臣不可谋私，为臣谋私，其命必凶。九五告诉大家，身为君王，应当追求美德。上六告诉大家，圣贤者心系天下，他们忧心君王，心系苍生。

随卦讲的是心有所随的智慧，下面要讲的是蛊卦，请大家预习。

第十八卦　蛊

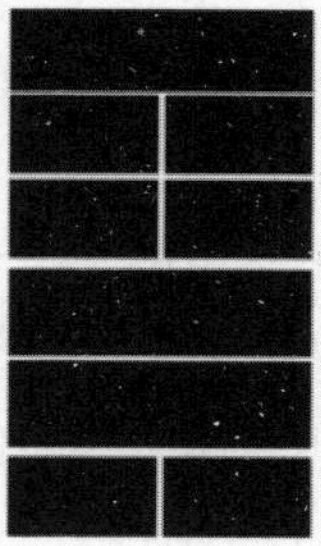

蛊：元亨，利涉大川。先甲三日，后甲三日。

象曰：蛊，刚上而柔下，巽而止，蛊。蛊，元亨，而天下治也。利涉大川，往有事也。先甲三日，后甲三日，终则有始，天行也。

象曰：山下有风，蛊。君子以振民育德。

初六：干父之蛊，有子，考无咎，厉，终吉。象曰：干父之蛊，意承考也。

九二：干母之蛊，不可贞。象曰：干母之蛊，得中道也。

九三：干父小有晦，无大咎。象曰：干父之蛊，终无咎也。

六四：裕父之蛊，往见吝。象曰：裕父之蛊，往未得也。

六五：干父之蛊，用誉。象曰：干父之蛊，承以德也。

上九：不事王侯，高尚其事。象曰：不事王侯，志可则也。

上一卦随卦说的是：心有所随。心无所随，没有追求的人的目光是散的、呆滞的，而心有所随的人眼睛是会发光的。《序卦传》上说：“以喜随人者必有事，故受之以蛊。”“喜”字义为说好听的，说好事。倘若一个人见了你尽说好话，则他的内心一定有蹊跷，心里一定有鬼。“事”

就是阴小之事。故随卦接下来就是蛊卦，“蛊”就是蛊惑之事，无事生非之事。

象曰：山下有风，蛊。君子以振民育德。

蛊卦的下卦是巽卦，为风，主柔主入；上卦是艮卦，为山，主止主静。“蛊”的甲骨文（见图 18-1）象形一个炖盅里放了一些虫子、蛇，故蛊义为治乱。从物象上来看，山脚是很容易兜风、藏风、生风、起风的。风起于山下，一开始称为妖风或阴风，即小风。小风后来慢慢积聚成大风，在山谷里旋转，空谷传响。从西伯利亚来的寒流，经过秦岭、南岭时不断被削弱，故山岭的南面比北面相对要暖和一些。有个名句叫“山雨欲来风满楼”，其中的“楼”本身也是艮。另外，“谣言止于智者”这句话也是源于蛊卦，谣言就如同山脚下的妖风，遇到高山就停下来了，智者如山。山有三层意思，山代表静，代表止，代表智者。高山把妖风止住了，这就是蛊卦的卦象。妖风就如谣言，就如蛊惑之事，而正人君子效仿山止妖风，用智慧把谣言止住了，这就起到了“振兴美德，教育民众”的作用。2003 年“非典”爆发的时候，不明就里的百姓听信醋能杀死 SARS 病毒这个谣言，便一窝蜂地把醋抢购一空，不良商贩趁机抬价，后来政府不得不出台相关措施来止住谣言。2003 年以后几年，禽流感多次光临，而老百姓再也没有出现争先恐后地买醋的现象了，这就是 2003 年“非典”时期“振民育德”的结果。

甲骨文

乙七二三

图 18-1

蛊：元亨，利涉大川。先甲三日，后甲三日。

“甲”是十天干中的开始，天干地支是我国独有的纪年法。天干与五行及五季有一定的关系，请看下表。

十天干	甲、乙	丙、丁	戊、己	庚、辛	壬、癸
五　行	木	火	土	金	水
五　季	春季	夏季	长夏（农历六月）	秋季	冬季

天干属阳，地支属阴。甲乙属木，有甲木乙木；丙丁属火，有丙火丁火；戊己属土，有戊土己土；庚辛属金，有庚金辛金；壬癸属水，有壬水癸水，甲乙丙丁戊己庚辛壬癸是一个天干循环。“先甲三日”是指倒数的癸壬辛，“后甲三日”是指顺数的甲乙丙。“甲”是十天干的开始，也是上一个天干循环的终结，故“先甲三日，后甲三日”意为前一个周期的结束和下一个周期的开始。三日是一个虚数，不一定是三天，而是一段时间。而这个时间段是最容易乱的，就如过年前人们都想着过年，没什么心思工作，期待快点过年，而过完年后人们还没从“假期综合征”中缓过神来，都不想上班，上班没什么精神，比较懒散，故“先甲三日，后甲三日”这个时间段里治蛊显得尤为重要。把“先甲三日，后甲三日”这个时间段的蛊乱治理好，就会元亨，有利于远涉山水、向前远行。

彖曰：蛊，刚上而柔下，巽而止，蛊。蛊，元亨，而天下治也。利涉大川，往有事也。先甲三日，后甲三日，终则有始，天行也。

上卦为艮卦，为刚，下卦为巽卦，为柔，风遇到山就停止了，这就是蛊卦的卦象。把蛊治理好了，故能元亨，继而天下大治，继而利涉大川。《易经》中的“事”有两层意思，第一是事情，第二是通“恃”，依仗、依靠之义。此处“往有事也”一语双关，一是往前走要治的乱有很多，二是按照治乱的法则——先柔后刚。治乱要先柔后刚，刚柔并济，对下要柔，对上要刚，这是治乱必须依靠的原则。当前一个周期要结束的时候有乱出现是正常的，有乱不是坏事而是好事，因为乱表明前一个时期的即将终结，新时期的即将开始，从而有乱而治，故而天下大治也，此乃天道。乱与治只是相对的两个面，是阴阳交替的一个过程，久乱必治，久治必乱。希望天下大治一万年，这是不可能的，因为盈不可久也。

初六：干父之蛊，有子，考无咎，厉，终吉。

象曰：干父之蛊，意承考也。

初六为最小的蛊，最小的乱。“干”为干预，整治之义；“考”原为父亲，后一般指死去的父亲；“承”为继承之义。整治父辈遗留的乱事，由其子来处理，父亲是没有问题的，这个事情虽然有危险，但是因为能够治，所以最终还是吉祥的。象辞说：整治父辈遗留的乱事，也是继承父亲的未竟之业。儿子在继承父亲的家业的同时，还要继承父亲遗留的烂摊子。清顺治皇帝铲除摄政王多尔衮的历史事件，可以作为蛊卦初六的案例来研究。顺治皇帝是清朝的第三位皇帝，是清太宗皇太极的第九子，母亲是孝庄皇后。

九二：干母之蛊，不可贞。

象曰：干母之蛊，得中道也。

九二爻得中位却不正。处理母亲遗留下来的乱，这是不可以做的。象辞说：处理母亲遗留下来的乱，要采用中道。此处“得中道也”一语双关，一是指母亲已经是得中道了，二是指治乱要用中道的方法。就如孝庄皇后一共辅助了三位皇帝，分别是清太宗、顺治皇帝、康熙皇帝，虽有“不正”之事，但得中道。康熙皇帝在位六十一年，其对孝庄太皇太后一直十分恭敬。康熙对于孝庄太皇太后的故事，可以作为蛊卦九二的案例来研究。

九三：干父小有晦，无大咎。

象曰：干父之蛊，终无咎也。

“晦”意为太阳无光，乌云遮盖。这说明父亲遗留的蛊乱是很明显的，谁都知道了。第一爻是小蛊，第二爻得中道，慢慢积累到第三爻就蛊乱彰显了。整治父亲遗留下来很明显的乱，这是没有问题的。象辞说：

整治父亲遗留下来的乱，最终还是无咎的、没有问题的。讲到这里，就不能不说嘉庆与和珅的故事了。嘉庆四年（1799 年）正月初三，乾隆驾崩，五日后，嘉庆下令革除和珅的职位。和珅是乾隆的左右手，当权二十多年，其家产有两三千万两白银，兼并了全国一千万顷土地，涉百户房产。总计其家产价值八亿至十亿两白银，加上古玩、珍宝，家产价值超过了清政府十五年的财政收入的总和。这对于清政府而言是很危险的，故乾隆死后嘉庆必须铲除和珅。“和珅跌倒，嘉庆吃饱”这一句话很有意思，验证了“把猪养肥了就是要宰了来吃的”这一铁律。历史很有意思，和珅这只“蛊”已经肥到可以只手遮天了，若再不治那就“大咎”了。嘉庆与和珅的故事，可以作为蛊卦九三的案例来研究。

六四：裕父之蛊，往见吝。

象曰：裕父之蛊，往未得也。

“裕”为宽裕、宽容之义；“见”通“现”；“吝”为麻烦之义。用宽容之心来治理父辈遗留的乱，继续下去会有麻烦的。象辞说：用宽容之心来治理父辈遗留的乱，再继续放任下去将来想治也治不得了。这里再讲一位清朝的皇帝，咸丰皇帝是清入关后的第七位皇帝，为道光帝的第四子，在位十一年。咸丰是一位跛脚皇帝，不争强好胜，很多事都不会亲力亲为。在道光时已经发生了白莲教和第一次鸦片战争，处于乱世的咸丰，软弱无能，结果发生了第二次鸦片战争和八国联军侵华，宏大的圆明园遭到疯狂的肆虐扫荡，而咸丰却带着后宫佳丽逃亡到承德避暑山庄继续饮酒作乐，最后溺死于纵欲中，留下了慈禧和不满六岁的同治。如果咸丰继位后能够大刀阔斧地治蛊，也许清朝的历史还能再长一点。咸丰的故事，可以作为蛊卦六四的案例来研究。

六五：干父之蛊，用誉。

象曰：干父之蛊，承以德也。

“誉”义为名誉、信誉，用今天的语言来说就是脸面。整治父辈遗留的乱，既要用自己的美德去处理，又要注意父辈的脸面。六五爻居中不正，故治乱时不能用硬的手段，不能全盘否定父辈的功业，而要注意父辈的名誉。这里要说一下光绪皇帝了，光绪是清朝第十帝，入关后的第九帝，四岁登基，在位三十四年，三十八岁时驾崩。光绪帝是一位想有所作为的皇帝，在进行戊戌变法时没有顾及慈禧太后的脸面，没有在慈禧太后能接受的范围内进行变法，故遭到慈禧太后的囚禁直到死亡。光绪的故事，可以作为蛊卦六五的案例来研究。

上九：不事王侯，高尚其事。

象曰：不事王侯，志可则也。

上九乃圣贤之爻。“不事王侯”的“事”通“侍”，服侍，侍候，侍奉；“高尚其事”的“事”是“事情”之义；“志”为心志；“则”为法则。圣贤看到天下大乱，不去侍奉皇帝侯爷，而是做自己的事。象辞说：圣贤不去侍奉君王侯爷，圣贤所思所虑的志向可以作为治乱的法则。姜子牙在天下大乱的时候不去侍奉王侯，而是去周地钓鱼，一边钓鱼一边思考治乱的方法。同样，在清末大乱的时候，袁世凯也学姜太公钓鱼去了，这里有一首袁世凯写的诗：“百年心事总悠悠，壮志当时苦未酬。野老胸中复兵甲，钓翁眼底小王侯。思量天下无磐石，叹息神州变缺瓯。散发天涯从此去，烟蓑雨笠一渔舟。”这首诗把袁世凯的心思全说破了，辛亥革命推翻了清王朝，但很快，革命的果实就被袁世凯窃取了。

下面对蛊卦做总结以及结构分析，蛊卦讲的是拨乱反正的智慧。乱有小乱也有大乱，但是不管是怎样级别的乱，在治理时都要讲时讲度、讲情讲节、讲德讲心。还要注意一个规律：乱不可怕，因为久乱必治；反之，久治也必乱。我们既不能太盼望治，也不能太害怕乱，这样人心就平了，人心平了自然就不会生病。所以就像阴晴圆缺一样皆为自然，乱和治只是历史过程不同的片段而已，我们需要客观认识乱和治。关于蛊卦，乱刚开始来的时候虽然都是“山雨欲来风满楼”，最后经过治乱终会“拨开云雾见晴天”。初六，面对旧乱，子承父业，也包括遗乱。九二，母中无乱，不可治乱；慈母中道，何乱之有？九三，遗乱已经蔽日，不治肯定麻烦。六四，治乱忌宽，除乱心软，再除必难。六五，以德治乱，要顾及父辈脸面；否则，其父丢脸，其子丢命。上九，天下大乱，圣贤治心，谋划新篇。

盅卦讲的是拨乱反正的智慧，下面要讲的是临卦，请大家预习。

第十九卦　临

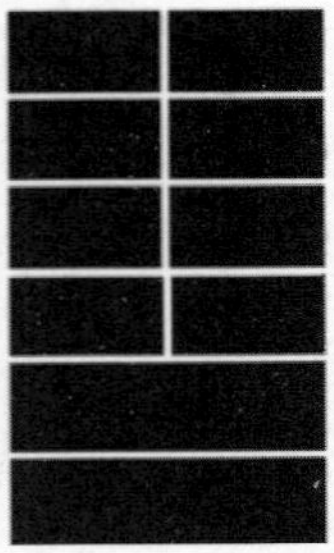

临：元亨，利贞。至于八月有凶。

彖曰：临，刚浸而长，说而顺，刚中而应。大亨以正，天之道也。至于八月有凶，消不久也。

象曰：泽上有地，临。君子以教思无穷，容保民无疆。

初九：咸临，贞吉。象曰：咸临贞吉，志行正也。

九二：咸临，吉，无不利。象曰：咸临，吉无不利，未顺命也。

六三：甘临，无攸利；既忧之，无咎。象曰：甘临，位不当也。既忧之，咎不长也。

六四：至临，无咎。象曰：至临无咎，位当也。

六五：知临，大君之宜，吉。象曰：大君之宜，行中之谓也。

上六：敦临，吉，无咎。象曰：敦临之吉，志在内也。

上一卦蛊卦的“蛊”是蛊惑之义，而临卦的“临”是盛大光临之义。《序卦传》上说：“蛊者事也，有事而后可大，故受之以临。”其中的“事”就是阴小之事，即蛊，即乱，当蛊很大的时候就要为官者亲临解决了，亲自去解决就是“临”。

象曰：泽上有地，临。君子以教思无穷，容保民无疆。

从卦象上看，临卦上卦是坤卦，是大地，主柔主顺；下卦是兑卦，是泽，主说主悦。大地居于泽之上，这就是临卦的卦象，象征亲临其境，立岸临泽。君子应该效法临卦，亲自去教化万民（下兑有说教的意思，临卦就要言传身教），最大限度地容纳、帮助、保护万民，让万民脱离苦海。临卦就是要求君子在万民处于水深火热时像庇护所一样容纳、保护万民。

临：元亨，利贞。至于八月有凶。

在十二消息卦里，临卦是腊月十二月，复卦是农历十一月，农历八月对应的是观卦，到了八月六爻只剩下最上两条是阳爻了，观卦上卦的第一个阴爻已经出来了。什么意思呢？“消不久矣”，这是对应临卦来说的，复卦是一阳复返，阳气开始增加，到了临卦就再次增加，但别高兴得太早，因为到了八月的时候，阳气已经消失得快没有了。现在临卦是阳气在增长，到了四月乾卦的时候就六条阳爻，接着阳爻就慢慢消失，阴爻就开始出来了。“有凶”不是今天所说的吉凶，而是揭示一个自然规律，“吉凶”对应的其实是得和失。腊月为临，阳刚重临；八月为观，上乾失阳。临卦虽然元亨利贞，但是在春风得意的时候要居安思危，看事物的时候不能只看到“得”而忽略了“失”，或者只看到“失”而忽略了“得”。

象曰：临，刚浸而长，说而顺，刚中而应。大亨以正，天之道也。至于八月有凶，消不久也。

“刚”指阳爻，阳爻像浸在水下一样，在水里不断生长。上卦是说，下卦是顺，九二阳刚占据了中位并得到六五的呼应，即正应。所有的正义之举都能得到别人的帮助，身在困难之中秉承阳刚，而居于中位，这样做是能够脱离苦难的。这个道理虽然没有直说，但是在象里已经显露出来了。

初九：咸临，贞吉。

象曰：咸临贞吉，志行正也。

初九是一阳复返，正如寒冷的冬天，太阳出来让人感到很温暖。大家都知道一个现象，当人处于灾难之中的时候，最盼望见到的是自己的亲人。就如汶川大地震的时候，人们见到解放军时，心里是很温暖的。“咸”通“感”，感动，感化。感重在心，所以要用心感谢感化，这是很好的。当别人深陷困难之中，你能亲临现场，真心地问寒问暖，这样做肯定是好的。

九二：咸临，吉，无不利。

象曰：咸临，吉无不利，未顺命也。

九二的“咸临”与初九不重复。“为顺命也”一语多关，一是九二百姓与六五君王是正应，九二身处苦难之中，君临其境救九二，故九二上应六五且未来顺于六五君王，是九二的天命，但暂时尚不能顺，因为九二当前还困难缠身；二是第二爻为地面、为阴，虽然下卦两个阳爻出来了，但其位不当，尚不是阳刚充分发挥作用的时位，即尚处于不顺的环境中；三是水来土挡，下卦是兑卦为水，上卦是为坤为地为土，水是要顺土的，被土吸收，故在五行里，土能蓄水。“未顺”是指时机未到，因为现在有麻烦，还不能顺从天命。一个人身处麻烦之中，即使能得到很多援助，很多支持，仍不是顺风顺水的时候，很多事情还不能做。就如初升的太阳，热能不够，尚未能晒被子，但将来是可以的，这就是对“未顺命也”的说明。

六三：甘临，无攸利；既忧之，无咎。

象曰：甘临，位不当也。既忧之，咎不长也。

“甘临”是指口惠不实，花言巧语。别人需要帮助的时候，自己只能光靠嘴巴支持，说明自知实力不济。光靠嘴巴说尽甜言蜜语，没什么实际好处的。但是已经开始担心自己实力不济，这是没有问题的。只会花言巧语，因为六三阴居阳位，故位不当。既然为自己的实力不济而担忧，说明自己将会有所调整，这样麻烦就不会持续很长时间了。大家可能已经发现，若把六三阴爻调整而化为阳爻，那就是泰卦了。所以说：知忧能变，咎去泰来。

六四：至临，无咎。

象曰：至临无咎，位当也。

我们都知道，下卦为江湖，上卦为庙堂，第四爻为近君之臣。故六四爻是针对官员说的。“至”义为最接近；“至临”是指六四爻最接近下卦兑卦，为泽，故临。作为官员领导，当老百姓有麻烦有灾难的时候亲临第一线，这是没有问题的。不管能否解决问题，官员领导都要亲临视察，这是对身为官员的职业道德的要求。能不能解决问题可能有条件局限性的问题，能不能亲临则是态度的问题。官员领导们只有亲临一线，才能给老百姓一种希望，才能给灾民一种同甘苦共患难的精神支持。六四阴爻居阴位，故位当。

六五：知临，大君之宜，吉。

象曰：大君之宜，行中之谓也。

“知”通“智”，智慧，明智。六五是以阴爻的形式来展示君临天下之象，君王不示刚强而示柔弱，这是一种智慧的体现。最高的领导人放下身段而与老百姓打成一片，这是一种智慧之举，也是一种中正之举。古代的皇帝乔装打扮微服私访，深入老百姓的生活之中，体察民情，这是一件好事。“行中之谓也”是指行为举止不偏不倚，不左不右，其行为中。

上六：敦临，吉，无咎。

象曰：敦临之吉，志在内也。

“敦”是指敦厚。上六是圣贤之临，真正的圣人都是大智若愚，不会嫌弃老百姓愚蠢，反而亲自教化老百姓，没有高高在上的架子。本焕长老曾经开了一个少年佛学班，他虽然当时已经一百多岁了，但还是与小朋友其乐融融，深受小朋友的喜爱。童心未泯，憨态可掬，和蔼可亲，这就是圣贤“敦临”之象。一般而言，圣贤是用艮卦来表示，但此处却用坤卦来表示，这是为什么呢？这是因为圣贤本来是艮的，但是其把艮卦的阳爻虚化为阴爻从而变为坤，成为土，“虚”是指有而不显，进而敦临大地，大智若愚。“志在内也”的“内”是指万民。圣贤心系万民，没有高高在上，这就是“敦临之吉”。此处没有用“上或下”，而用“内”，是因为圣贤与百姓之间没有上下之分，“内”不是“外”，指圣贤把百姓视为自己人，而不是外人，故用“内”以示圣贤亲民。此外，从卦的结构看，下卦为内卦，内卦代表平民。

下面对临卦做总结以及结构分析：临卦讲的是领导亲民的智慧，其实不仅是领导，家长在一家之中也要有这种智慧。不管是感临，还是甘临，不管是至临还是知临，都要带着心，带着心比带着钱重要，所谓“患难见真情，日久见人心”。当别人有麻烦了，就要带着心去亲临帮忙解决。初九告诉我们，人最苦难之时，最盼亲人光临。九二告诉我们，人处苦难之时，应当再次光临，予以帮助慰问。六三告诉我们，当别人困难需要帮助的时候，自己口惠不实，说明内心已虚，实力不济。六四告诉我们，百姓身处苦难，官员应当亲临一线，同甘共苦，是为臣的本分。六五告诉我们，作为智慧的君王，应当亲民，与百姓打成一片。上六告诉我们，圣贤亲民，大智若愚，憨态可掬，和蔼可亲。

临卦在十二消息卦中的位置，为一年中的农历十二月，二十四节气中的小寒、大寒，每日的丑时（1—3 点），经络中则为肝经当令，身体部位为左膝关节，十二生肖为牛。

临卦讲的是领导亲民的智慧，下面要讲的是观卦，请大家预习。

第二十卦　观

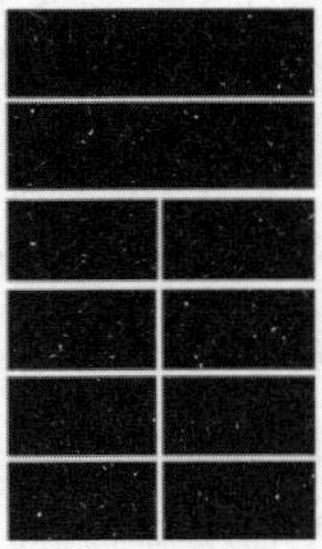

观：盥而不荐，有孚颙若。

象曰：大观在上，顺而巽，中正以观天下，观。盥而不荐，有孚颙若，下观而化也。观天之神道，而四时不忒，圣人以神道设教，而天下服矣。

象曰：风行地上，观。先王以省方观民设教。

初六：童观，小人无咎，君子吝。象曰：初六童观，小人道也。

六二：窥观，利女贞。象曰：窥观女贞，亦可丑也。

六三：观我生，进退。象曰：观我生，进退，未失道也。

六四：观国之光，利用宾于王。象曰：观国之光，尚宾也。

九五：观我生，君子无咎。象曰：观我生，观民也。

上九：观其生，君子无咎。象曰：观其生，志未平也 。

上一卦临卦，是大、盛大光临的意思。临卦的卦象是初爻和二爻两个阳爻连续到来，所以是盛大光临的意思。临卦在时间上是指农历的十二月，《序卦传》上说："临者大也，物大然后可观，故受之以观。"临就是盛大，一个东西大了之后，就容易被看见，这就是观。观的意思是看，可往上看，也可往下看，仰观俯察，在此基础上延伸就是“为观榜样”，这个榜样就是上九。

象曰：风行地上，观。先王以省方观民设教。

下卦是坤，是地，地的本性是柔顺，厚德载物；上卦是巽，是风，风的特点是柔顺，无孔不入。下卦是坤，上卦是巽，风在地上行，就是观。从十二消息卦上看，观卦对应的月份是农历的八月，对应的节气是白露、秋分。风行地上，风吹草低见牛羊，这是一幅非常美的景象，风一吹，草就低了，牛羊就可以被看到了。风在大地上吹，无孔不入，无所不至。把风当作一个人的话，就是人什么东西都可以看见，即观察事物无微不至，细致入微，观察事物能到达这种程度，也就是能观天地万物了，这是观的引申含义。后半句，“先王以省方观民设教”，“观”字在甲骨文中像猫头鹰，以猫头鹰为象。省，即是“反省”，在甲骨文中象形眼睛，即是冥想内视、观照本心的意思。自己两个眼睛闭上，坐在那里想，事情有哪些做错了吗？方，在现在的意思是方圆，姓方；在甲骨文像一个人在脖子上带了个枷锁，意思是人犯了罪被刑罚，甚至被流放。方是犯罪，在浅的层面上可以理解为过错、过失。先王（一般指文王）看到风行地上，自我反省，看自己有什么过错。观，察看民情，依照万民的状况给万民设教。观，有内观、外观、设观、为观的意思。内观，如《心经》所言：观自在菩萨。内观，就是反省。外观，向外看，看天地万物，观民情。设观施教，如道观，“观”作为名词，就有榜样、教化的意思。为观天下，就是为天下人之榜样的意思。正是：内观已过，外观民情，设观施教，为观天下。

观：盥而不荐，有孚颙若。

盥，在洗手盆里洗手。荐，推荐、荐举，在这里是做一个仪式，敬献。有孚，有诚信。若，像……的样子。颙若，像人头涌涌。这里是在讲述一个祭祀的场面，主祭人在洗手盆洗完手后，并没有马上敬献贡品，下面有很多人在看着他主持祭祀，人头涌涌。这个场面就是一个“观”

的象。古圣人想说明的是，在祭祀时心中要有诚敬，洗完手不要急着马上进献贡品，这样有利于让自己的心更诚敬、虔诚，以显示祭祀的庄重，而不是简单地走过场、走形式。在祭祀时，祭神如神在，讲究心诚则灵。古代君王在祭祀时，要在祭祀的地方住几天，要斋戒、沐浴、更衣等诸多程序。观卦告诉我们，干什么事情都要用心观察，不仅仅是用眼睛，眼睛只能观察到表象，用心才能感受到神的存在，这个神是真神，不是鬼神！

彖曰：大观在上，顺而巽，中正以观天下，观。盥而不荐，有孚颙若，下观而化也。观天之神道，而四时不忒，圣人以神道设教，而天下服矣。

忒，没有差别。神道，指天道，用“神道”一词来替代天道，也说明天道是很神的。这就是我们在《黄帝内经》中所看到的：“道无鬼神，独来独往。”中国人在文字上很讲究修辞，文章中有许多地方出现“观天”，为了避免文字的重叠，所以就不用天道，而是用神道。大观在上，大观指九五、上九。九五指君王，君王为天下之大观，我们知道有句话叫“上梁不正下梁歪”。上九为圣贤，圣贤是可以为天下楷模榜样的人，有一个词“万世师表”，即为天下、为万世之楷模榜样。顺而巽，下卦是坤，是顺，上卦是巽。中正以观天下，中正指九五，九五爻是中正的，所以作为君王应该仔细观察天下形势之变化。“盥而不荐，有孚颙若”，前面解释过了。“下观而化也”，主祭人洗完手不马上敬献祭品，下面的人在看着他。注意：在这个观看的过程中，万民就被教化了，这就是下观而被化。“观天之神道，而四时不忒”，观察天道，你会发现一年四季的变化、运行是没有什么差错的，都是有规律可循的。圣人以神道设教，而天下服矣。圣贤把天道作为教化天下百姓的规范，天下百姓又有谁会不服呢？《易经》讲的是天道，他是跨阶级、跨民族的，不仅仅是为统治阶级服务的，也是为天下的老百姓服务的。谁用就可以为谁服务，这就是《易经》的根本。

初六：童观，小人无咎，君子吝。

象曰：初六童观，小人道也。

童，就是小朋友。童观，就是像小朋友那样观察世界。小朋友看东西会非常专注、好奇、热情，很得意，看到什么说什么，但他是三分钟热度，看了不怎么会思考。这就是小朋友看事情、看万物的特点。童观，就是看事物的表象，不解其中的道理。充满好奇，希望探索，小朋友就是这样看问题的，这对于孩子而言是正常的，还是很不错的。如果老人这样看问题，这说明他童心未泯，还不老，也是不错的。但如果大人也这样看问题，那这个大人就真有点问题了。小朋友看问题，把喜怒哀乐表现出来是没有问题的，但大人、君子若是这样的话，就叫愤青了，这个人还不成熟，还太弱智。真正有智慧的君子，他是用心观物的。如果一个国家的君王像小朋友一样看问题，一样愤青，那这个国家一定完蛋了。正是：儿童观物，懵懵懂懂。只看表象，不解其里。少儿幼稚，充满好奇。童观无咎，天道如此！小人似童，观物以情。童观小人，幼稚愤青。上智君子，观物以心。君王童观，岂不麻烦？

六二：窥观，利女贞。

象曰：窥观女贞，亦可丑也。

窥观，从门缝里看人，对于女性来说是好的，对人设防，有防御之心，这是一种自我保护。女指阴性，不仅指女性，也包括小朋友。现在许多家庭，门上有猫眼，同样是隔着门缝看人。小朋友上幼儿园，有一首儿歌《小兔子乖乖》：“小兔子乖乖，把门儿开开。快点开开，我要进来。不开不开不能开，妈妈没回来，不能把门开。”大灰狼要骗小兔子开门，小兔子从门缝看到是大灰狼，所以不给他开门。“窥观，利女贞。”所以小孩子或女性隔着门缝看人，是有利的，是无咎的，有利于对坏人的防范。社会上有两类人特别好骗，一种是小朋友，一种是上了年纪的人。所以隔着门缝看人，对人设防，这就是好的。“窥观女贞，亦可丑也。”隔着门缝看人，对女性是好的，但大老爷们隔着门缝鬼鬼祟祟地偷看，这样就太没出息了，太丢人现眼了。

六三：观我生，进退。

象曰：观我生，进退，未失道也。

生，就是省，反省。观我生，内观自己，反省自己。这是下卦的第三爻，已经走到下卦的最上面了，他的爻所处的位置已经说明了这个问题。蓦然回首，回望过去，看自己位置怎么样，做个调整，当进则进，当退则退。在高中时，我们每过一两个月就会调整座位，根据大家的视力去调整位置，这样可以保护视力，这就是“观我生，进退”一个最简单的象。学会反省自己，知进知退，适时调整自己的位置，防止冒进。在乾卦的九三爻中，也讲到“君子终日乾乾，夕惕若厉，无咎”。根据自己的情况调整自己，进得太多就退一点，进得不够就要继续往前走。进退都可以，只要不偏离道、不失道就可以了，自己决断。正如《坛经》上所说：“如人饮水，冷暖自知。”你自己要明白，别人说再多也没有用，路还是要自己走，自己选择。

六四：观国之光，利用宾于王。

象曰：观国之光，尚宾也。

此处为六四之观，六四观九五，九五是君王。观国，观看国君，观看一国的国君就知道这个国家的情况，常言道：观一君而知国运。如果一国的国君一天到晚就只知道风雅，如李后主，那这个国家的命运也就不言而喻了。“观国之光”，看到国君的形象就知道这个国家的国运怎么样。看家庭也一样，看到家长是向上、向正的，那么这个家庭就会越来越好；如果家长是乱七八糟的，那这个家就会比较麻烦，家道就会衰落，也就是：观一人而知其家。所以观国之光和观家之光是同理的。观看国君就可以知道这个国家的国运，那我就可以决定，我要不要做这个国君的宾客。看到九五这个国君的光芒、光辉形象，我就决定为这个国君效劳，为这个国家出力。“尚宾也”，国君是礼贤下士的。科举制度在唐朝曾得到很大的发展，唐太宗李世民看到那么多的青年才俊鱼贯而入，天下英才皆为他所用，李世民很开心呀。为什么天下才俊愿意去服务唐朝的皇帝呢？因为他们看到了国君的英明，不再是官宦世家才能做官了，只要有才能，就可以通过科举制度做官。老百姓想，这是我往上升迁、实现我个人抱负的渠道。国君在使用人才时，不拘一格，唯才是举。这就是在封建王朝中，科举制度长期存在的原因。《论语》中有一句话，子曰："邦有道，则仕；邦无道，则可卷而怀之。"这个邦国做什么事都是顺应天道的，那我就出来做官；如果这个邦国做事无道，君主是无道昏君，那我就卷铺盖回家耕地。

九五：观我生，君子无咎。

象曰：观我生，观民也。

六三也是"观我生"，但九五这里不一样，九五是国君，君王自我观察自己，照镜子，检查自己，调整自己，自己是无咎的。"观民也"是一语双关。作为君王能够观察自己，调整自己，实际上是给下面的老百姓树立榜样，这就是上行下效。反过来，君王发现自己不对，就说明下面的老百姓比较乱了。上面喜欢穿军装，下面就跟着穿军装；上面喜欢穿蓝色的，下面也跟着穿这种颜色的。讲到九五之观，我们就想到照镜子，我们中国最早有铜镜。唐朝时的唐太宗在这方面就做得很好，他以民为镜，广开言路，善于纳谏，言者无罪，闻者足戒，开启了贞观之治。魏征去世后，唐太宗极为想念，说道："以铜为镜，可以正衣冠；以古为镜，可以知兴替；以人为镜，可以明得失。朕常保此三镜，以防己过，今魏征殂逝，遂亡一镜矣！"

上九：观其生，君子无咎。

象曰：观其生，志未平也。

其，就是圣贤。以圣贤为榜样，向圣贤学习，反省自己，能做到这样，君子这一辈子就没什么问题了。以圣贤为榜样进行反省，就会发现自己的不足还是有很多的。不管是孔子或其他古圣先贤，大家看看他们的生平事迹，就知道什么是正的，什么是恶的。所以这个"君子"可以是一般的万民，想从正的人，也可以是九五君王，君王也要往上观。孔子是圣贤，被后世称为万世师表。孔子的一生也是很不容易的，孔子早年丧父，家境衰落。孔子小时候，与他的母亲相依为命，漂泊在外，生活很艰辛。他曾说："吾少也贱，故多能鄙事。"长大了以后，孔子好学从正，开始传教，周游列国，漂泊在外。孔子希望能够通过教育来教化天下的老百姓，也希望统治者能够运用他的思想理论，来治理天下。孔子在周游列国时，遇到了很多情况。在有些国家，被人围起来了，又打又骂，还差点被饿死。因为很多人都不理解他，还以为他是骗子。在一些国家，也有被人招待得挺好的情况。孔子一生很艰辛，周游列国传道，晚年之后才安定下来，设私塾教徒弟。一生没做什么大官，以孔子的才华才能，做个大官完全是没问题的。他活了七十三岁，在那个年代是非常高寿的，说明他是很懂得养生，很懂得天道的，才可以这么长寿。孔子这么有智慧，他完全可以过得很好，但他一生奔波劳碌。为什么呢？因为他"志未平也"，他心系万民，希望天下的百姓更加有文化、有智慧，可以生活得更好，所以我们后世的人称孔子为万世师表。正是：上观圣贤，圣贤何咎？心忧苍生，其志难平。

观卦的总结，风行地上，瞬息万变；干什么事情，都要观察入微，用心观察，才能看到事情的本质；如果只是看到事物的表象，就乱发牢骚，这就叫弱智了；不仅要观察别人，也要内观自己。结构分析：初六，童小之观，小孩懵懵懂懂地观物，是没有问题的。六二，门缝之观，女孩在门缝看人是好的，有防人之心，应该点赞，但男人在门缝看人，就很猥琐了。六三，反观内照，注意调整自己的位置。六四，告诉我们学会观察国家，观察国家大势从国王那里观。九五，作为国王，有两个观：一个观是自己观，照镜子正衣冠，同时观察万民；还有一个观，就是君王要上观圣贤，以圣贤为榜样、楷模，这个国家就没什么问题了。上九，万世师表，之所以为万世师表，是因为他心忧苍生，心系万民，为天下万民所敬仰。他们的德行非常高，是我们天下万民的榜样。

观卦在十二消息卦中的位置：为一年中的农历八月，二十四节气中的白露、秋分，每日的酉时（17—19 点），经络中则为肾经当令，身体部位为腰，十二生肖为鸡。

观卦讲的是学会观察的智慧，下面要讲的是噬嗑卦，请大家预习。

第二十一卦　噬嗑

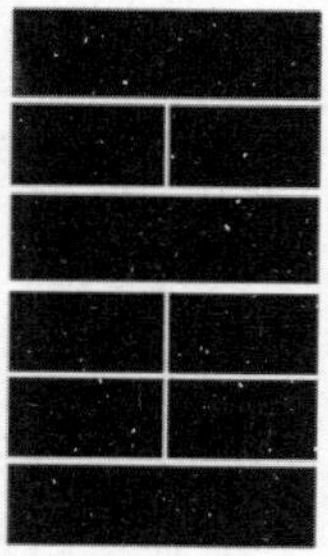

噬嗑：亨，利用狱。

彖曰：颐中有物曰噬嗑。噬嗑而亨，刚柔分，动而明，雷电合而章。柔得中而上行，虽不当位，利用狱也。

象曰：雷电，噬嗑。先王以明罚敕法。

初九：屦校灭趾，无咎。象曰：屦校灭趾，不行也。

六二：噬肤灭鼻，无咎。象曰：噬肤灭鼻，乘刚也。

六三：噬腊肉遇毒，小吝，无咎。象曰：遇毒，位不当也。

九四：噬干胏，得金矢。利艰，贞吉。象曰：利艰，贞吉，未光也。

六五：噬干肉，得黄金。贞厉，无咎。象曰：贞厉，无咎，得当也。

上九：何校灭耳，凶。象曰：何校灭耳，聪不明也。

上一卦是观卦，讲的是观察的智慧。观察别人，向别人学习，然后把别人的东西学会并消化掉，这就是噬嗑了。《序卦传》上说："可观而后有所合，故受之以噬嗑。"把观察到、看到的东西消化掉。比如这个东西难吃，这本书难啃，我把它吃下去了，并消化了。任何东西都不是一学就会的，要慢慢地咀嚼、磨合，最后才能把它消化掉。噬嗑，就是撕咬、吞噬、咬合的过程。

象曰：雷电，噬嗑。先王以明罚敕法。

下卦震是雷，威猛，特点是动得非常快；上卦离是火，光明，特点是光明普照、天下文明。一个是打雷很威猛，一个是离火光明。我们古代的衙门，都有自己的一套威仪，门口有鼓可以击鼓鸣冤，衙役持棍可以施刑，公堂上方还悬挂了一块匾，上书“正大光明”。在审讯犯人时，击鼓升堂，表示很威猛、威武；县太爷公正执法，像太阳一样，正大光明、公正无私。先王效法火雷噬嗑这种象，用这个套路组合就可以审狱断案。打雷代表执法威武，阳光普照代表执法光明，执法是公开公正的。这一卦跟法律联系密切，与执法、用法、刑罚有关。另外大家要注意，这个卦的六爻组合，整体像一个嘴巴的构造，初九和上九像嘴巴里的上下牙床，六二到六五之间是口腔，九四就像要吃掉的硬物，如排骨。广东人爱吃排骨，九四就像那根很硬的排骨，要用牙齿把它慢慢地撕咬掉。正是：雷鸣电闪，非常吓人。阳光普照，执法光明。

噬嗑：亨，利用狱。

噬嗑卦是亨通的，特别是用在审案断狱方面。雷性刚，火性柔，在断案时要刚柔相济。在古代审案时，一般先打你二十大板，给你个下马威，《水浒传》上又称杀威棒，目的是让你把实话说出来。当然按照今天的法律规定是不可以的，这是行刑逼供。抽去表象，我们知道它的实质就是一个先刚后柔、刚柔相济的审理判决过程。在爻象中，就是相互撕咬、磨合。在一个具体的案件中，就是原告与被告各自说出自己的主张、证据，在这相互辩解、质证（撕咬）的过程中就会真相大白，把其中的梗阻、症结给拿掉了，这样案件就解决了。正是：震雷威武，离火光明。刚柔相济，利于断狱。

彖曰：颐中有物曰噬嗑。噬嗑而亨，刚柔分，动而明，雷电合而章。柔得中而上行，虽不当位，利用狱也。

颐就是嘴巴，准备把嘴巴里的东西吃掉就是噬嗑的象。初九上九是上下牙床，中间是口腔，口中啃了一块骨头，能把骨头吃下去，就是亨通的。把难啃的骨头消化掉了，肯定是亨通的。刚柔分，有两个意思：一个是阳爻都被阴爻分开了；另外一个是下卦震是刚的，上卦离是柔的。震是雷是动的，离是火是光明的。雷电交加是一个很漂亮的景象。柔得中，是指六二得中正之位，六二上行到了六五，六五得中但不得正，不当位，但这时候要把社会的梗阻给拿掉。在处理案件时，要刚柔并济，才能把案件处理好，犯人才会服你。动而明，有另外一个意思，就是你如果有冤屈，就一定要说出来，不说出来，就没有人会知道。你只有把冤屈说出来、讲明白，他们才能帮你伸张正义，洗刷冤屈。

初九：屦校灭趾，无咎。

象曰：屦校灭趾，不行也。

屦是一种鞋，用麻葛编的鞋，是一种刑具，就是将人的脚套住，连脚趾也套起来，相当于我们现在的脚镣。趾，指人的脚趾。有人犯罪了，让他穿上这种鞋，限制他的行走，只是对他小的处罚，对他起到一个警示的作用，所以是无咎的。六十四卦还有一种卦爻分析法，初爻代表人的脚趾，然后按照人身体的顺序，不断地往上走。初九脚趾其实是脚的问题，脚动得太多了，做事情犯了一些错，用这种鞋把你限制住，警告你不能太多动。乾卦的初九是潜，就是不能多动的。我们口腔里的牙齿是有规律的，上齿是不动的，下齿动。用麻葛鞋把你的脚套住，警告你不可以这么动，这是不行的。小人犯错，被人警告，是小人的福气，若是没有人警告，一直错下去，滑向罪恶的深渊，后果就不堪设想了，这就是小惩大诫。正是：麻葛刑鞋，只是标识。此人作恶，予以公示。

六二：噬肤灭鼻，无咎。

象曰：噬肤灭鼻，乘刚也。

乘刚也，是指六二阴爻乘在初九阳爻之上，阴欺负阳就是乘刚。噬肤灭鼻，这个刑罚已经有切肤之痛了，但还没有伤及性命。在古代的刑罚中，就有在脸上刺字，割掉鼻子。在《水浒传》中，林冲、宋江就是在脸上刺字。古代有一个人叫公子虔，是战国时的秦公子，秦孝公的大哥，太子驷的师傅，他才华很高。在商鞅变法时，他纵容太子犯法，所以鼻子就被割掉了，但没有伤及性命，他还被打入天牢，禁闭了八年。但公子虔很厉害，在商鞅死后的几年，秦国有一难，他力挽狂澜渡过了难关，帮秦国重新振作起来。商鞅本是魏国的一个老百姓，跑到秦国去。公子虔是贵族瞧不起商鞅，秦孝公支持商鞅变法，公子虔反对，商鞅变法触及了贵族的利益，所以公子虔施压商鞅，结果被施以鼻刑。这个故事就很好地说明了这一爻的用意。在农村，一些地痞流氓老是欺负老百姓，又不能把这些人枪毙了，那太过了。所以要让他们尝到切肤之痛，给他们点颜色看看，噬肤灭鼻，属于中等惩罚，比初九的警告重多了。当初没有杀公子虔，也是对的，后来秦国一难，就靠他解决的。正是：仗势欺人，欺压草民。刺字割鼻，惩治地痞。刺字割鼻，生命无咎。算是中惩，以观后效！

六三：噬腊肉遇毒，小吝，无咎。

象曰：遇毒，位不当也。

腊肉，昔日之肉，古代日久风干之肉，味厚积久常有毒。有一个常识，十年鸡头胜砒霜。记得古代法医史上的巨著《洗冤录》中有一个故事：一对苏州的年轻夫妻非常恩爱，丈夫出去经商，五年之后才回来。五年之前，妻子养了一窝小鸡，五年后丈夫回来了，妻子很高兴，就杀了一只五年的老鸡给丈夫吃。自己没舍得吃，都给丈夫吃了，第二天早上发现丈夫死掉了。衙门把这个妇女抓起来审讯：“为什么要谋害亲夫，是不是有奸情？”妇女很冤枉。多亏遇到太守姚公堂上任，问清缘由，还年轻妇人一个清白。鸡养了五年，鸡本身有毒了。初爻代表一般的老百姓、最下层的人民；二爻代表地痞流氓；三爻代表士、师爷、有学问的人。有学问的人怎么会有毒呢？拿师爷为例，师爷是很有学问的，但他不是官。师爷要是从善，可以做太平绅士。师爷要是从恶，把懂的东西用在歪门邪道上，那就难对付了，审讯狡猾的师爷，县太爷要仔细考虑如何下手，师爷就像茅坑里的石头，又硬又臭。因为他懂的东西太多了，搞不好，县太爷就会栽在他手上。做一个假设性的类比，今天的法庭上法官如果要审判有律师经历的犯罪嫌疑人，肯定要比审判一般的犯罪嫌疑人大费周折。因为曾经的“律师”懂许多法律条文和法律应辩技巧，不像一般老百姓那么好对付。所以法官在处理问题时，要小心，不可以冒进。因为六三懂的东西太多了，六三向阴不向阳，法官若事情处理不好，方式不得当，就会给自己惹一身的麻烦！

九四：噬干胏，得金矢。利艰，贞吉。

象曰：利艰，贞吉，未光也。

噬，咬。干胏，带骨头的干肉。得金矢，得到重大、宝贵的线索。我们吃肉，咬到了骨头，这骨头像一个金色的箭头一样，这个箭头就是重大的线索、意外的收获，它暗示着后面有很多事情，不过这个事情很艰难。肉好吃，骨头难啃，古代的肉都是野生的，骨头很硬。利艰，要有艰苦作战的准备。贞吉，有重大线索是好事，但现在还不能曝光。为什么不能曝光？因为还没到时候。常言说，找到一个老鼠好呀，后面可以扯出一串老鼠，甚至后面可以扯出一串老虎。但抓老鼠和打老虎的方法不一样，打老虎是要讲究方法的，不然就会被老虎伤到。抓老虎不容易，要有长期作战的精神。抓到一个老鼠，不可以曝光，要慢慢跟进线索，艰苦作战，最后再一网打尽。噬嗑，就是要把社会的梗阻拿掉，社会最大的梗阻就是利益集团。正是：啃硬骨头，咬到箭头。意外收获，重大线索。

六五：噬干肉，得黄金。贞厉，无咎。

象曰：贞厉，无咎，得当也。

得黄金，说明是重大收获，把大老虎全部捉拿归案了。贞厉，捉大老虎的过程是很危险的，有大老虎存在也是很危险的。虽然是很危险的，但现在全部捉拿归案就没事了，有惊无险，就无咎了。有时不仅是皇亲国戚犯错，国王也会犯错。大家都知道汉武帝有个《轮台罪己诏》，《轮台罪己诏》是公元前 89 年（征和四年）汉武帝所下的诏书，公开向人民反省自己的罪过，使得汉朝的统治方针发生了急剧转变，重新回到了与民休息及重视发展经济的轨道，从而避免了像秦朝般迅速败亡的结局。汉武帝自己反省自己，危险过去了，后面就无咎了。正是：一网打尽，全部归案。根治顽疾，去除危险。王子犯法，与民同罪。武帝自省，轮台罪己。

上九：何校灭耳，凶。

象曰：何校灭耳，聪不明也。

初九是脚趾，上九是耳朵，从脚趾到耳朵，慢慢往上走。何，通“荷”，负荷、承担。校，是一种刑具。何校，头戴一种刑具。灭耳，枷锁带在肩上或脖子上，将耳朵都遮盖住了。上九有两层含义。其一，从初九到上九，已经到最顶端了，现在时机成熟了，要把所有的犯罪分子一网打尽，要对他们进行审判，罪行严重的话还要杀头。其二，我之前在初九时就一直劝导你，叫你不要这么干。聪不明也，难道你没听见吗，听见了难道没明白？你没有听进去，现在好了，披枷带锁，就要被就地正法了。早知如此，何必当初呢？当初小惩大诫时，没听劝，走到这一步，一切都为时已晚了。

噬嗑卦讲惩治犯罪的智慧。惩治犯罪要刑罚威明，宽严相济；小惩大诫，防微杜渐。学习这一卦我们应当明白：小孩犯错时，该打时就要打，打了以后还要让他明白，为什么要打他，不然他会觉得冤枉。要宽严相济，让他下次不要再犯了。在小的时候发现问题，就要赶快制止他，要防微杜渐，要不然将来发展下去就太晚了，就来不及了。所以孔子在《系辞》里面说：“小人不耻不仁，不畏不义，不见利不劝，不威不惩。小惩而大诫，此小人福也。易曰：屦校灭趾无咎，此之谓也。”翻译成现代的语言就是：小人不以不仁为耻辱，不畏惧不义。那要怎么说动他呢？要给他好处、利益才能说动他，以利为诱导；或者严惩之下让他知道厉害，知道威严。所以说《易经》不仅是世界观，还是方法论。对待小人，不威严是达不到惩戒的效果的，所以必须给他一个下马威。在小人犯小错时，给他惩治，一巴掌把他打醒了，他将来就不会犯大错了。这样的惩治，对小人来说，是他的福气呀。一开始犯小错，给他穿个麻葛鞋，没什么问题，不是让他丢丑，改过自新，一切都还来得及。

整卦的卦体结构分析如下：初九是警示小人的，作恶如是，禁止继续。人不可以作恶，如果你作恶了，就要给你惩罚警戒。六二是惩治地痞的，有恃无恐，欺压老百姓也是不可以的，也会给你惩治。六三是智惩恶士的，自恃才高，又臭又硬。你以为你懂得多，就可以作恶多端了吗，茅坑里的石头又臭又硬。如果他没有作恶多端，就不存在六三这种状况。九四发现了重大线索，这是意外收获，重大发现。在除恶的过程中，有意外的收获，有重大的线索，可能后面会牵扯出想象不到的利益集团。六五是全部归案，根除顽疾，去除危险。把真正的社会隐患根除，把社会的危险去掉。上九是罪犯伏法，小惩不听，罪大无命。一开始不听，现在知道了吧。我们把六个爻排列起来，发现是很有意思的。

噬嗑卦讲的是惩治犯罪的智慧，下面要讲的是贲卦，请大家预习。

第二十二卦　贲

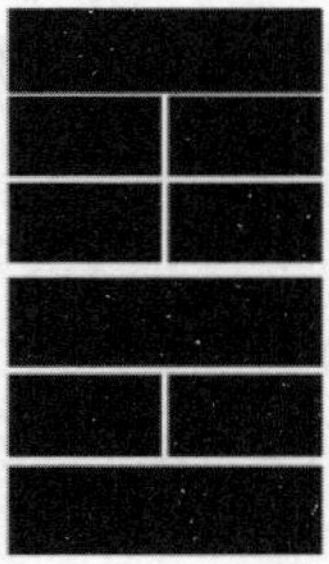

贲：亨，小利有攸往。

象曰：贲亨，柔来而文刚，故亨。分，刚上而文柔，故小利有攸往。刚柔交错，天文也。文明以止，人文也。观乎天文，以察时变；观乎人文，以化成天下。

象曰：山下有火，贲。君子以明庶政，无敢折狱。

初九：贲其趾，舍车而徒。象曰：舍车而徒，义弗乘也。

六二：贲其须。象曰：贲其须，与上兴也。

九三：贲如，濡如，永贞吉。象曰：永贞之吉，终莫之陵也。

六四：贲如皤如，白马翰如，匪寇婚媾。象曰：六四，当位，疑也。匪寇婚媾，终无尤也。

六五：贲于丘园，束帛戋戋，吝，终吉。象曰：六五之吉，有喜也。

上九：白贲，无咎。象曰：白贲无咎，上得志也。

贲，文饰，装饰。《序卦传》上说："嗑者合也，物不可苟合而已，故受之以贲。"物不可以苟合，所以需要给物进行装饰、文饰。

象曰：山下有火，贲。君子以明庶政，无敢折狱。

贲卦，下卦是离，是火；上卦是艮，是山。火从山底下喷发而出，让我们联想到自然界的火山喷发。火山是很漂亮的，无论是正在喷发的火山，还是喷发之后的火山。火代表光明，代表太阳，是光明正大的。所以君子在处理政务时，要正大光明，公开、公正、公平。无敢折狱，狱是案件。在解释文字时，不可以脱离本卦的核心。本卦是贲，装饰。所以这里解释为在处理狱案时，不可以太多装饰，忌文过饰非。也就是说在断案中，要实事求是，不可以粉饰太平，不可以弄虚作假。折，就是打折。在审案件中，不能有半点虚假。实事求是、本质、质就是贲的对立面，不装饰，就是还原事情的本质、实质。按法律的说法，就是要“以事实为依据”。山下之火，光明亮丽；文明以止，美饰相宜。离火光明，天下文明；艮山静止，令行禁止。文明以止，下卦是离，是火，天下光明。艮卦是止，令行禁止，不可以这样干下去。火是美丽的，山是静止的，美丽的火装饰山，即美饰相宜。动为静饰，丽为平饰；文为质饰，有为无饰。动和静是两个对立面，动是装饰，静是本质，动装饰静。丽是美丽，平是平庸，平庸是本质。美丽装饰平庸。文是装饰，质是实质。有无也是对立面，有是装饰，无是本质。所以在日常生活中，我们要学会抓住事情的本质，不要过于追求表面的东西。

贲：亨，小利有攸往。

学会装饰、打扮是亨通的。小，是指适可而止地打扮、修饰自己是有好处的。比如我们居住的环境，我们把环境卫生搞好，这是好事。看到有些小区，环境脏得不得了，垃圾乱扔，污水横流，住得也不开心。就算住在一个比较破旧的房子，把环境卫生搞好，舒适整洁，一样住得很开心。所以无论是搞卫生，还是适当地装扮自己，都是很有必要的，是亨通的，不修边幅是不行的。打扮整齐，是对别人的尊重，也是人际交往最起码的要求。不修边幅，蓬头垢面，没人愿意搭理你。但是如果过度打扮，就像七八十岁的老太太在日常生活中还浓妆艳抹，打扮得如古装戏中的媒婆一样，就有些滑稽了。所以这个“贲”是很有学问的，要做到适当适度，给人清新舒服的感觉。过分的“贲”，就让人倒胃口，就滑稽可笑了。正是：打扮整齐，亨通顺利。不修边幅，少人搭理。适度装扮，诸事顺利。过度装扮，可笑滑稽。

彖曰：贲亨，柔来而文刚，故亨。分，刚上而文柔，故小利有攸往。刚柔交错，天文也。文明以止，人文也。观乎天文，以察时变；观乎人文，以化成天下。

有所装饰是亨通的。离卦是火，性是柔的；艮是山，性是刚的。用火来装饰山，所以是亨通的。艮是上卦，性是刚的，来遏制火不要过度地装饰，所以适当地装饰是有好处的。阳刚阴柔相互交错，就构成了天文；阳是刚，阴是柔，天有阴晴的变换，每年三百六十五天，天气各异，如果每天都是晴天或每天都是雨天，都不行，都会让人厌烦。要四季变换，五彩缤纷，才是美丽的，这就是天的语言，天的变化规律。文明以止，离是文明，山是止，告诉老百姓，哪些是可以做的，哪些是禁止的，这样就有了行为规范、法律规定，这些就构成了人文。在有些地方，人们都是红灯停绿灯行，遵守交通法规，说明这个地方的人文素质很高。相反地，大家不顾红绿灯，乱穿马路，那这个地方的人文素质就一般了。观乎天文，以察时变；观察天的变化，就能知道四季是如何变换的。观乎人文，以化成天下；看到一个地方的人文现象，就知道这个地方的教化怎么样，之后也就懂得如何教化天下了。

初九：贲其趾，舍车而徒。

象曰：舍车而徒，义弗乘也。

装扮自己的脚趾，然后有车也不坐了，徒步前行。古代有车的人，都是有身份有地位的人，至少也要富有的人才能坐上车，跟我们现代车的意义有所不同。舍车而徒，有车不坐，自己要走路，是想把自己的美显现出来。第一爻代表的脚趾，代表的是平民，平民百姓也有爱美的权利，爱美之心，人皆有之。另外一个意思是，打扮自己要从足下开始，大家都知道一个词语：足下生辉。人穿鞋很有讲究，有些人光讲究穿衣服，忽略了鞋，搭配鞋比搭配衣服更重要。衣服的质量可以差一些，但鞋一定要穿得舒适、舒服。人的脚是很辛苦的，人只要站着，全身的重力都落在脚上，所以要爱护好我们的脚。人要养生，就要从脚下做起。正是：爱美之心，人皆有之。足下生辉，先饰足下。舍车徒步，不是犯傻。美丽趾甲，名扬天下。

六二：贲其须。

象曰：贲其须，与上兴也。

须，胡须，胡须代表人的面子。装饰自己的胡须，把自己的胡子弄得很整洁，给人一个很好的形象。从胡子就可以看出，这个人是否注意自己的形象。在《水浒传》一百零八将中，有个美髯公，他的胡子就装饰得很好看。我们可以把这个爻取名为面子工程、形象工程，就是一个人要注意自己的脸面、形象。我们在考古中发现的一些瓷俑，他们留长长的胡子，把胡子修得很漂亮。装饰胡子是爱美的一种象征，说明很注意自己的形象。“贲其须，与上兴也。”意思是装饰好自己的胡须，实际上是给脸上加分。胡子搞好了，人就精神焕发了。兴，兴致，精神面貌。反过来看，这一爻是阴爻，要务虚，不可以太过，不能花太多的时间和精力来大搞面子工程，适度注意形象就行了。正是：胡须饰脸，不可不察。胡须整齐，精神焕发。人要脸面，树木要皮。容光满面，过光为虚。

九三：贲如，濡如，永贞吉。

象曰：永贞之吉，终莫之陵也。

濡，湿润，黏黏糊糊的。就像在南方湿气很重，给人很黏糊的感觉。贲如，濡如，永贞吉；意思是不停地装扮自己，化的妆太浓了，就像要往下掉水一样，很黏糊，但这样是永远贞吉的。大家会发现，很爱美的人，性格一般都是外向的，性格开朗，不容易抑郁，一般都很长寿。所以爱美是件好事，永远在追求美好的事物，希望自己能永葆青春，就像乾卦所说的，她心中的阳就会永恒久远。爱打扮的人，一般没有肝郁；肝郁的人往往一肚子火，看到什么都想发脾气，是没有心思给自己化妆的。天天对着镜子化妆的人，心情是很愉快的，会化妆的人也是一种享受。所以别人爱美，我们要给人点赞，是好事。终生爱美是好事，谁都喜欢自己是最美的，谁都希望能永葆青春。有些人对爱美的理解有偏颇，看到上了年纪的人在扮靓，就说人家老不正经，这是对人性的一个曲解、一个误解。这里是下离卦的最后一爻了，太阳就要落山了。对于一天来说，太阳落山意味着一天将要过去；对于一个人来说，太阳落山意味着人到暮年。你爱美就爱美吧，但你要明白一个道理，无论你怎么爱美，人终将会走向死亡，就像太阳终将要落到山底下，这就是“终莫之陵也”，陵就是艮山。正是：涂脂抹粉，希望最美。不断装扮，盼美永驻。爱美之人，吉祥长久。太阳虽丽，终要落山。

六四：贲如皤如，白马翰如，匪寇婚媾。

象曰：六四，当位，疑也。匪寇婚媾，终无尤也。

皤，白色。翰，白色。白马翰如，白色的马还是用白色装饰，就好像没有装饰一样。六四，是代表庙堂之官，人做官，就要朴素，装饰了就像没装饰一样。做官的穿着很朴素，就像抢亲的贼寇一样，用我们现在的话来说，就是穿得像穷要饭的一样。做官的要当位，穿着要符合你的身份要求。疑也，是双关语。你如果不这样穿，就会引起别人的怀疑。如果你天天开着一辆法拉利去上班，看你能开多久。如果你骑着自行车去上班，这样是没问题的，就不会引起别人的怀疑。虽然穿得像叫花子似的，但是没有问题的。如果你表面朴素，内里是个贪官，这样的虚假装饰也是没用的，迟早会出问题的。焦裕禄就是个为官朴素的好模范。所以做官要学会装饰自己，要艰苦朴素。前几年出现的“表哥”官员落马事件，从反面也很能说明为官者“贲”的重要性。

六五：贲于丘园，束帛戋戋，吝，终吉。

象曰：六五之吉，有喜也。

丘，山丘。园，园林。上卦是艮，是山。六四是在山脚，上九是在山顶，六五就在半山腰，山丘就是在半山腰。六五是君王之位，君王住在半山腰的田园里，说明这个君王很艰苦朴素。君王放着宫殿不住，跑到半山腰住小屋，修炼自己。帛，以前指绸缎、丝织品。戋戋，少的意思。为什么呢？河里的水少了，戋变为浅；贝少了，戋变为贱；金子少了，戋变为钱，钱比金子贱；丝少了就是线。所以，戋，就是少和贱的意思。君王穿的丝织品很少，都是粗布衣。这看起来是吝的，好像遇到了麻烦，其实最终是贞吉的。因为君王严格要求自己艰苦朴素，为天下老百姓着想，这是好事。喜，高兴、喜悦。君王艰苦朴素是吉祥的，因为君王喜欢质朴，内心是喜悦的，所以是表里如一。汉文帝在位二十三年，他的宫殿、花园、马车、衣服，都没有什么增加。有个人要帮汉文帝建个小露台，汉文帝请个工匠算了一下费用，说要花费一百两黄金。汉文帝说，一百两黄金相当于十个中产阶级家庭的家产，不可以建。汉文帝自己穿的袍子，十几年不换，他老婆穿的裙子不能拖地，这样可以节省布料。汉文帝的母亲去世之后，建陵墓时依山而建，使用瓷瓦，以求节省下大量的人力物力。作为一个君王，能做到如此简朴，实属不易呀！之前南越王赵佗一直不肯归顺汉朝，后来归顺了，功劳在于汉文帝，汉文帝的所作所为，使南越王看到了汉文帝的智慧所在，就归顺于他。汉文帝的节俭堪称史上第一位，他也十分孝顺。他母亲生病了，他亲自端药，尝药的温度，然后再给母亲喝。这样的皇帝是相当难得的，还有什么好说的呢？这种简朴是发自内心的，所以是喜悦的；如果是装扮出来的简朴，内心则可能是很痛苦的。

上九：白贲，无咎。

象曰：白贲无咎，上得志也。

白，与上一爻的皤如不一样，这个白是无色，这不是一般的白。上爻是圣贤之爻，这里让我想到了济公和尚，有首歌是这样描写济公的衣着的：“帽儿破，鞋儿破，衣上的袈裟破……”你觉得济公穿得很糟糕吗？不会呀，这就是他的行头，要是他西装革履那就很别扭了。为什么他这么穿，我们还觉得很可爱呢？因为他的德行已经到了一个很高的境界，大白于天下，内心是无私的，所以他不需要任何的修饰了。他穿得朴素也好，穿得破烂也好，都没有人会计较。一般人不可以这么穿，只有圣贤才可以，一般人这样穿是很滑稽可笑的，所以装扮要适合自己的身份，要得体。

贲卦讲的是美化形象的智慧，形象装饰，要适可而止；过度装扮，会弄巧成拙。某个地方卫视前一段时间有一个新闻报道，说是一个新娘在新婚之日，戴了十斤首饰在身上！与其说这是扮靓，不如说这是炫富。新娘的体重一般也就是一百来斤，给自己增加百分之十的载重，这样会很辛苦的。之前落马的“表哥”，就是太过于装饰，太显露了，最后进监狱了，这就是装饰不得体引起的重大后果。

下面对整卦进行结构分析：初九为平民装饰，要知道爱美之心，人皆有之。六二为面子工程，要知道面子重要，里子更重要。九三为终生爱美，要知道爱美吉祥，日终落山。六四为官员之饰，要知道为官朴素，本分无忧。六五为君王之饰，要知道君王尚朴，自然喜吉。上九为圣贤之饰，要知道圣贤心同天地，无以为饰。

贲卦讲的是美化形象的智慧，下面要讲的是剥卦，请大家预习。

第二十三卦　剥

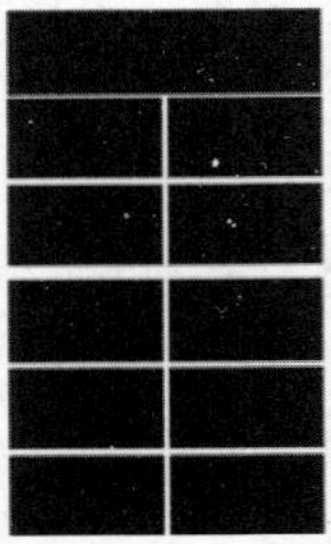

剥：不利有攸往。

象曰：剥，剥也。柔变刚也。不利有攸往，小人长也。顺而止之，观象也。君子尚消息盈虚，天行也。

象曰：山附于地，剥。上以厚下安宅。

初六：剥床以足，蔑贞凶。象曰：剥床以足，以灭下也。

六二：剥床以辨，蔑贞凶。象曰：剥床以辨，未有与也。

六三：剥之，无咎。象曰：剥之无咎，失上下也。

六四：剥床以肤，凶。象曰：剥床以肤，切近灾也。

六五：贯鱼，以宫人宠，无不利。象曰：以宫人宠，终无尤也。

上九：硕果不食，君子得舆，小人剥庐。象曰：君子得舆，民所载也。小人剥庐，终不可用也。

前面一卦是贲卦，是装饰。《序卦传》上说："贲者饰也，致饰然后亨则尽矣，故受之以剥。"贲到极点，装饰到极点，亨通就到尽头了，然后就开始剥落了。就像我们把房子装修好了，装修到极点了，无法再继续装修、装饰下去了，房子在以后就会慢慢老化，装饰物就会慢慢开始剥落。还有就如我们化妆化好了，美极了，不需要再化妆了；那好，这个“妆”的命运也就发生转折了：卸妆。卸妆，这也是剥。剥，就是剥落、衰落的意思。

象曰：山附于地，剥。上以厚下安宅。

下卦是坤，是地，是柔顺的；上卦是艮，是山，是静止的。山附于地，山在地表上，山怎么会在地表上呢？在自然现象中，山都是在地上的。自然界是一个循环往复的过程，高高的大山经过一段相当长的时间，被风化了，被剥落了，山石变成沙砾，就在地表上了，这就是沧海桑田自然界的力量。“上以厚下安宅”，建房子的时候，地基一定要深厚，房子才会牢固，高楼大厦更是如此。同样，君王要厚爱底下的老百姓，百姓才会拥护君王，君王的地位才会牢固，社稷才会安稳。

剥：不利有攸往。

为了大家更好地理解，先从十二消息卦中来看。从每日的时间，剥卦是戌时，19—21点；十二个月中属于农历的九月；二十四节气是寒露、霜降。剥卦，剥得还剩下最后一个阳爻，剥卦再往下走就是坤卦，坤卦是代表十月，天气已经逐渐转凉了。这个季节需要藏，不利于到处乱跑，那样是不利的，所以应该守静。怎么可以看到静呢？下卦是坤，是柔、顺、静，大地是静，山是静，上下都是要静的。这是守静的时代，阴爻代表小人，阳爻代表君子，这个是小人当道的年代，君子要守静，懂得保护自己，叫“识时务者为俊杰”，要顺势而为。君子该蛰伏时就得蛰伏，因为剥是暂时的，复卦很快就会来。要保存自己的实力，等待以后的复出。

彖曰：剥，剥也。柔变刚也。不利有攸往，小人长也。顺而止之，观象也。君子尚消息盈虚，天行也。

剥，就是众阴剥阳。阴爻是柔，阳爻是刚，阳爻都被变成阴爻了，即柔把“刚”给变化成“柔”了。这个时候不利于君子做事情，因为这是一个阳消阴长、小人当道的时代。君子应顺势而为，停止不动，观看小人的动向。作壁上观，隔山观虎斗，静观其变。消，消去，减少。息，在甲骨文中是胎儿呼吸的意思，胎儿在娘胎里是靠脐带呼吸，实际上就是休息、增加。盈，充盈；虚，减少。君子要明白无论是阴消阳长，还是阳消阴长，都是天道的自然规律。剥卦之后很快就是复卦，虽然现在这个剥是小人的时代，但你不用担心，君子的时代很快就会来的。

初六：剥床以足，蔑贞凶。

象曰：剥床以足，以灭下也。

床，指睡的床；足，床的脚。剥床的脚，就是蛀虫。蛀虫在剥床的脚，你不重视它、蔑视它，这是很危险的。蛀虫剥床脚，要把床脚给弄坏。我们知道有句话：千里之堤，毁于蚁穴。别小瞧蚂蚁，千里长的大堤，都被蚁穴给毁掉了。这个爻的意思就是：别小瞧小人，小人以阴柔的方式，一点一点地剥，把你的根基给摧毁掉，无论多么高的高楼大厦，都会倾倒。不能轻视小人，小人一样是很厉害的。

六二：剥床以辨，蔑贞凶。

象曰：剥床以辨，未有与也。

辨，一半，床腿的一半。刚开始，蛀虫剥的是床脚，现在是剥床腿，而且床腿已经剥了一半，你还不重视呀，很危险的。床腿已经被剥了一半，另外一半将失去相伴的。六二是中正之位，但不可以脱离本卦的核心。这一卦是剥，所以六二剥势是最为凶猛的，因为它得中正之位。就像我们患病感冒时一样，刚开始没什么太剧烈的征兆，但一旦发作起来，头痛、腹泻、发烧，一系列反应，来势凶猛，就是这个现象。

六三：剥之，无咎。

象曰：剥之无咎，失上下也。

之，是往前走，往上走的意思。六二已经剥到床腿了，再往上剥，剥到哪里了呢？六三是剥到床的榫了，已经剥到关键点了，因为上下部分的连接就靠榫。我们知道古人很厉害的，那时没有铁钉、钢筋，但古代建的房屋、桥梁很牢固，例如中国的天坛，都是靠木榫自然地连接起来的，狂风暴雨、地震，几百年来都没有事，这都是古人高超智慧的具体运用。剥已经剥到关键点了，为何会无咎呢？第一层，就是把榫都剥掉，床完全塌了，床板直接贴在地面，就更安全了。把榫给剥掉，床板与床腿就失去联系了，即“失上下也”。第二层，六三爻与上九是正相对应的，那六三要剥上九吗？六三要剥，不是真的剥，他是阳奉阴违地剥，他是假剥，他想上到庙堂之位，他不敢轻易冒犯上司。所以这不仅仅是蛀虫剥床那么简单的问题，这里包含着大的智慧。六三剥，是假剥，对六三和上九都是无咎的，他只是把床腿和床板分离，也是无咎的，所以这个“无咎”是一语多关。

六四：剥床以肤，凶。

象曰：剥床以肤，切近灾也。

蛀虫已经爬到床板上去了，接近人的皮肤了，人的皮肤随时有危险，已经有切肤之痛了。有句话：“卧榻之侧，岂容他人鼾睡。”六四小人已经到庙堂之上了，他离君王越来越近，小人要剥君王已经很容易了，所以君王就比较危险，要注意安全了。

六五：贯鱼，以宫人宠，无不利。

象曰：以宫人宠，终无尤也。

贯鱼，指鱼贯而入，小人就像鱼那样一个一个地进来了。众阴逼宫，君王就把这群小人当作宫人宠养着。先把他养起来，给他好吃、好喝、好住，侍候好，让他得意自在。他进了宫就不能胡作非为了，这没什么不好的。就像古代皇帝养了很多太监、宦官，这没有什么问题。“以宫人宠，终无尤也”，对小人宠养，他就不会乱来了，这是无尤的。小人，也可以是小朋友，父母就要厚养小朋友，给他吃穿；不给小朋友吃，他就会哭闹。同样道理，阴小之人也要厚养，才会无咎。群阴入宫，阴盛阳衰。剥卦有五个阴爻、一个阳爻，典型的阴盛阳衰。君王恩宠小人，这也是无奈的，处于这种环境，就必须用这种办法，不可以“宁为玉碎，不为瓦全”，那样就麻烦了；玉石俱焚，又有什么意义呢？

上九：硕果不食，君子得舆，小人剥庐。

象曰：君子得舆，民所载也。小人剥庐，终不可用也。

庐，是房顶，一语多关。硕果不吃，君子留着做种子，来年才有丰收，用车来载这些丰收的硕果。面对硕果，小人一定会把它吃完，一个不剩。例如你把一个苹果给小孩子吃，他吃完了还会跟你要，你跟他说没有了，他还不信，会把屋子翻个遍，不肯罢休。小人也是如此，他要把房顶给掀了，要斩草除根才罢休。小人当道之时，君子要留下种子，当君子的时代再度来临时，百姓就会拥护君子，民众用花车载着君子，君子就可以坐着车凯旋归来。

讲到剥卦上九爻硕果不食，我们自然会想到公元前 597 年发生的一个故事——赵氏孤儿。赵氏孤儿指的是赵武，赵武的父亲是赵朔，他是个正人君子，是国君的妹夫。屠岸贾是个小人，屠岸贾使用了各种阴小之术，污蔑赵朔，把赵朔一家三百多人满门抄斩了。程婴的医术很高明，他是楚国人，程婴不是赵氏的门客，但他知道赵朔是个正人君子，屠岸贾是个小人，他对赵朔比较敬佩，他跟这两家人的关系都很好。很巧的是，赵朔、程婴、屠岸贾三个人的夫人同一天生孩子。屠岸贾把赵朔全家都杀了，程婴知道赵朔是国家栋梁，想帮他们赵家留一脉血统，他就把自己的孩子跟赵朔的孩子掉包了。自己的孩子就这样被杀掉了，含辛茹苦地把赵朔的儿子抚养大。若干年后，赵武把屠岸贾给杀了，把自己的门庭重新振作起来了。程婴帮赵朔抚养孩子，其实就在帮国家栋梁保留种子，这个过程异常艰辛，但程婴还是做到了，这就是剥卦最后保留种子的最好说明。

剥卦讲的是君子处剥自守的智慧，君子处剥，内心守静，宽厚柔顺，岿然不动。就整卦的结构来看，初六告诉我们，一切剥都是从最底下开始的，不要小瞧一些微不足道的阴小，那些阴小聚集起来就可以把千里之堤给毁掉。六二剥势凶猛，你要重视呀，不过现在重视有点晚了，因为现在剥势凶猛，阴小势力在快速发展，它得中正之位。六三已经剥到关键部位，关键的时候到了。六四已经剥到身边，有切肤之痛了，灾已经靠近你身了。六五众阴逼宫，周围已经有一群小人了，怎么办呢？你就宠养他们，给他们好吃好喝的，给他们高官厚禄，千万不要跟小人对着干。上九剥到最后，君子一定要把种子留下来。君子懂得留种，具有长远的目光。

剥卦在十二消息卦中的位置：为一年中的农历九月，二十四节气中的寒露、霜降，每日的戌时（19—21点），经络中则为心包经当令，身体部位为右髋关节，十二生肖为狗。

剥卦讲的是君子处剥自守的智慧，下面要讲的是复卦，请大家预习。

第二十四卦　复

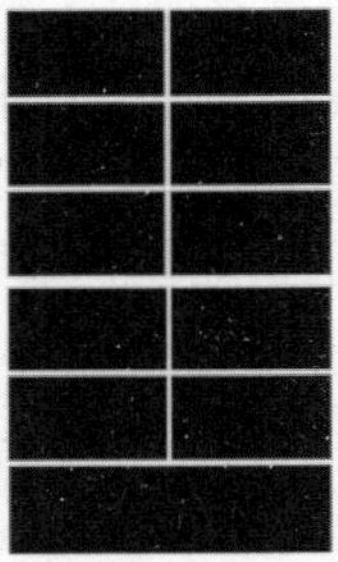

复：亨。出入无疾，朋来无咎。反复其道，七日来复，利有攸往。

彖曰：复，亨。刚反，动而以顺行。是以出入无疾，朋来无咎。反复其道，七日来复，天行也。利有攸往，刚长也。复，其见天地之心乎。

象曰：雷在地中，复。先王以至日闭关，商旅不行，后不省方。

初九：不远复，无祇悔，元吉。象曰：不远之复，以修身也。

六二：休复，吉。象曰：休复之吉，以下仁也。

六三：频复，厉，无咎。象曰：频复之厉，义无咎也。

六四：中行独复。象曰：中行独复，以从道也。

六五：敦复，无悔。象曰：敦复无悔，中以自考也。

上六：迷复，凶，有灾眚。用行师，终有大败，以其国君凶，至于十年不克征。象曰：迷复之凶，反君道也。

上次我们谈到了剥卦，剥卦就是众阴剥阳，最后只剩下一个硕果，这个最后剩下的硕果是要做种子的，但能不能做成种子还要看它到底在谁手里，是在君子还是小人手里。君子是把它作为最后的种子，小人则是把这最后的阳也给剥掉，这是君子与小人的本质区别。《序卦传》上说：

“物不可以终尽，剥穷上反下，故受之以复。”剥到尽头了，上面的阳剥完了，下面的阳就会出来了。在剥卦的上面还有最后一个阳，你把上面的阳也给剥完了，那么剥尽了，下面的一阳就会长出来了。这是一阳往复，是复卦。复，就是一阳复返，或者是一阳来复。

象曰：雷在地中，复。先王以至日闭关，商旅不行，后不省方。

从卦象来看，内卦是震，震雷为动；外卦是地，坤地柔顺。雷在地中，上面是地，下面是雷。这个雷已经来了，但它还潜在地下。我看了很多书上解说这是冬雷，但是一般情况下在冬天我们是很少听到雷的。你想一下，现在是春天，我们经常听到雷，雷之所以能够有雷鸣，是因为阴阳交合。春天来，阳气潜藏到一定程度，潜藏不了了，就会往上升，跟上面的阴气相交合，才产生雷鸣。若有冬雷产生，那一定是因为冬天的温度异常得上升了，地内的阳就潜藏不住，往上升，与阴气交合，才产生了雷鸣，才形成冬雷，但冬雷的情况是比较少的，一般情况下是没有冬雷的，除了特殊情况。这里讲了雷在地中，这里是不是冬雷，我们值得商榷。雷在地下，这个雷在地下潜藏了，这个阳气在地下潜藏了，它就是复。一阳来复了，还在那潜藏着。那在复卦之前有没有阳复返？在十二消息卦中，我们可以知道以前是没有阳复返的，复卦前面是坤卦，后面是临卦、泰卦、大壮卦、夬卦、乾卦，所以复卦是一阳复返、雷在地中。先王以至日闭关，这个“至日”是指冬至日，如果不按冬至日来理解，就会出现很大程度的理解错误。先王就说冬至的时候要闭关，闭关就是要把城门给关上；“商旅不行”，做生意的人要关门、要打烊，要放假了，放假了也不可以出去旅游，在外面旅游的人要回来，不能出去旅游了，要回来休息，不要在外折腾了，就是冬至日那天要在家里休息。这里我们要知道一个背景，我们中国人现代把春节作为一年的开始，而古代没有春节，冬至就等于现代人的春节，相当于一年的第一天，冬至就是他们古人的春节。所以一年的第一天，全国的老百姓不要做生意了，也不要出去旅游了，在家里好好休息。“后不省方”，省是反省，方是犯罪。冬至这一天，一定要休息好，不要乱动哦，免得以后后悔。复卦的本质是一阳复返，不要乱动，所以你要呵护好你的这个初阳，你要是乱动，这初阳没有呵护好，以后你就会后悔的，因为你没有休息好，你的身体就会受到极大的伤害。所以在冬至日那天一定要休息好，以后才不后悔。说到这里，我们感受到中国古人的智慧真是太高了，古人在四季里面有一个描述：春生夏长，秋收冬藏。现在我们常看到很多人在冬天去拼命地运动，这是逆天道的，是不行的，冬天是藏的季节，不是拼命去做运动的季节啊。有些同学会问：那冬天能不能运动？冬天是可以运动的，以不出汗为原则就行。是绝对不可以出汗的，如果出汗了，那阳就藏不住了，就会伤害初阳。我们就要理解这个“至”是冬至的意思，现在还流传下来一个说法，是“冬至大过年”，冬至其实本身就是大过年，它是中国古时候传统上的一个年。所以冬至就是一阳来复，不要乱动，要呵护好初阳，把自己的身体调理好。

复：亨。出入无疾，朋来无咎。反复其道，七日来复，利有攸往。

七日来复，复卦是从哪里来的？剥完了之后才有复，剥卦的最后一阳还在那里吊着，差不多给剥完了，那剥完了之后就有了复。在十二消息卦中，剥卦是九月，之后是十月，十月就是坤卦，坤卦之后就是复卦，从剥卦的最后一爻到复卦的一阳复返，中间刚好经历了爻的七次变化，假如一爻代表一日，从剥卦终结到坤卦再到复卦一阳复返，刚好七次爻变化，七日为一个周期，所以七日来复，就是七日七变，七变就会走到复卦，这个日实际上就是指爻，根据十二消息卦可以看出来。一阳复返之后，已经是君子的时代了，所以出入无疾，朋来无咎。

彖曰：复，亨。刚反，动而以顺行。是以出入无疾，朋来无咎。反复其道，七日来复，天行也。利有攸往，刚长也。复，其见天地之心乎。

复，是亨通的，一阳来复，因为阳已经归来了。这个时候出入无疾，出去回来都是没有多大问题的。“朋来无咎”是双关语，第一，一阳复返，第一个阳爻出来了，将来还会有第二个阳爻出来，是临卦，还会有第三个阳爻出来，是泰卦，还会有第四个阳爻这样继续出来。一阳复返，阳和阳爻是朋友，所以将来还会有更多的朋友出来。有更多的朋友来有没有问题？是没有问题的，是无咎的，这是第一个意思的表达。第二，一阳复返，代表是君子之道的开始，前面说到剥卦，是小人当道的时候，众阴剥阳；那从复卦开始，说明这个时运开始转变了，君子之道开始慢慢地由弱走强，我们知道易是为君子谋，不为小人谋，这个时候，你是君子，出来走走，相互串串门是没有问题的了。正如我们现在坐在这里一起谈谈《易经》是没有问题的了，如果我们在十年以前谈《易经》，人家就会说你是神经病。不说十年前，就是在三年以前，我在跟别人说《易经》如何如何好时，他们还说我是神经病，但现在出来讲，是没有问题的了，没有人说你是神经病了，因为中华传统文化的“一阳复返”来临了。虽然现在传统文化复兴来临，大家在学习上还是会有很多困难，但是无论如何你现在去学，就是比一般人走在了前面。当然前行之路并不是一帆风顺的，应清楚现在只是无咎，只是无疾，那有没有问题啊？也仍然有问题，所以下一卦是无妄卦。不用算的，事情发展的这个规律已经放在那里了。所以“朋来无咎”是一语多义，大家在理解的时候一定要把这个思路放宽一点。“反复其道”，一阳虽然复返了，它还会继续反复，为什么？因为这只是一阳复返，它还是弱阳，还是初阳，还是很弱的，不可能一下子太厉害的。正如我们今天坐在一起讨论国学，讨论《易经》，知道《易经》不是迷信了，但这也只是刚刚开始，它不可能那么快发展起来，但不管怎么样，最起码现在已经有人慢慢地意识到国学是重要的，个别人也慢慢意识到了中华传统优秀文化的复兴是国家、民族复兴的根基，这是一个很大的改变，所以慢慢来，不能急。“刚长也”，长是生长的长，是刚长也。“复，其见天地之心乎”，这一句话是整个复卦的核心，如果这句话不明白，那么复卦就很难明白了。邵康节有一首诗《冬至吟》：

冬至子之半，天心无改移。
一阳初动处，万物未生时。
玄酒味方淡，大音声正希。
此方如不信，更请问庖牺。

庖牺，就是伏羲。这首诗写得太好了，翻译出来的言语已不能真实地表达邵康节的意思，我就不翻译了，大家就一个字一个字地去体会，不懂就抄，慢慢体会这首诗的智慧。复，是亨通的，刚反动而以顺行，刚反，阳是刚，是一阳来返，动是下卦，震雷动，顺是上卦，坤地柔顺。利有攸往，是指将来越来越好，道路越来越宽广，因为阳在不断地生长。第一根阳来自何时？来自当下的这一刻，这一刻在冬至子之半，冬至是一天，冬至子之半，是告诉了你哪一天哪一时刻，就是准确到哪一小时哪一分哪一秒，知道这个阳出来了，就在这时候一阳复返了。我估计啊，外国人若不懂我们中国的传统文化，是很难听懂我们的这种语言的，因为我们今天的许多中国人也是不知其所云，而几千年前的有智慧的中国人早就已经明白了。“复，其见天地之心乎”，这里面的天地就是阴阳，天地大道之间阴阳的转换是在刹那间完成的，这里就是复。南怀瑾在《易经杂说》里用很多文字来翻译这首诗，解释这种状态，可见这首诗非常重要啊。关乎天地之心，可见冬至日的重要。

初九：不远复，无祇悔，元吉。

象曰：不远之复，以修身也。

初九，一阳来返，或者称一阳复返。一阳复返的时候不可以远复啊，这个远是离它太远，不远离“复”，不可以脱离复的根本，你不可以远离复的本义，否则你会后悔的。如果你不远离复的根本，你就不会后悔。不脱离复的根本，这是元吉的，一阳来复的时候，初阳刚来，你不可以乱动，不可以走太远，你要呵护好初阳，这样才可以养好身体，这个就是养生的问题了。冬至还是冬天哦，你不可以乱动，要呵护好初阳。前面我有讲过：冬天是不可以大量锻炼身体的，不可以拼命出汗的。晚上10点的时候，经常看见一大群年轻人在校道上跑步，这样也是不行的。因为就一天的时间来说，子时是什么时候？是十一点啊，睡觉之前是不宜大量运动的，让自己血液沸腾是不利于入睡的。有同学说，那我运动也有错啊？是啊，不按照正常的时间运动也是不行的，那样是逆天道的。现在的年轻人身体特别差，其中一个原因是他们在平常的生活中不注意，那样是在折自己的阳寿啊。冬天这个时候，一阳刚刚复返了，不能乱动，要呵护好它。你不能说，现在我一阳复返了，阳的时代回来了，我就可以随便乱动，我就可以不呵护初阳，大量运动，这样是不行的。这个时候的阳还是很弱的，它还是藏在地下的，没有多大的力量的，所以我们不能乱动，要好好呵护初阳。我举个例子：有的人刚刚大病一场，大病中，感觉到身体愈来愈差。在治疗的过程中，突然有一天感觉好了，觉得今天的身体比昨天好一点了，身上轻松很多了，这就是大病之中的一阳复返。但这个时候，你不能乱动哦，不远之复，以修身也，一阳刚刚来，不是说要进行大量的运动了，要呵护好初阳，才能让身体慢慢地好起来。

六二：休复，吉。

象曰：休复之吉，以下仁也。

休：暂停，休息一下。第一爻是一阳复返，现在不讲复返了，第二爻要暂停，要短暂休息一下。休复，是短暂的调整，是为了后面的阳能跟上。刚刚有讲到大病一场，然后慢慢好转了，要注意休息，才会好起来的。只有短暂休息一下，才会吉。我们知道有一个现象：春天来了，初春的时候，有些树木先绿了，有些树木还没绿；有些树它先发芽，有些树木还没有发芽。因为物种不一样，大家对阴阳的反应不同，地里的阳气已经来了，有些树木反应比较快，它先发芽了，先绿了；有些反应迟钝，还没有感受到阴阳的变化。有物先复，有物迟复。先者休整，等待后者。休整等待，仁慈以待。一花独放不是春，万紫千红春满园。

六三：频复，厉，无咎。

象曰：频复之厉，义无咎也。

第三爻有个特点：冒进、急躁。它急躁，所以喜欢在那里搞来搞去。频：频繁。厉：危险。它不停地在那里搞来搞去，是很危险的，但是无咎的。复，是要不远复，但你在那里搞来搞去，是在消耗阳气。讲一个猴子掰玉米的故事：有一天，一只小猴子下山来，它走到一块玉米地里，看见玉米结得又大又多，非常高兴，就掰了一个，扛着往前走。小猴子扛着玉米，走到一棵桃树下，它看见满树的桃子又大又红，非常高兴，就扔了玉米去摘桃子。小猴子捧着几个桃子，走到一片瓜地里，它看见满地的西瓜又大又圆，非常高兴，就扔了桃子去摘西瓜。小猴子抱着一个大西瓜往回走，走着走着，看见一只小兔蹦蹦跳跳的，真可爱。它非常高兴，就扔了西瓜去追小兔，小兔跑进树林子，不见了，小猴子只好空着手回家去。最后小猴子折腾了一天，消耗了一天的体能，还是什么也没有得到。危险是说它折腾一天，会消耗阳气，但是又是无咎的，它虽什么也没有得到，可是它是积极的，本身的出发点还是好的，所以是无咎的。正如小孩子调皮，对新事物都有探知的欲望，什么都想去试一试，像玩火玩水，这都是危险的，但它也是无咎的，孩子愿意去探知、愿意去接触是无咎的。

六四：中行独复。

象曰：中行独复，以从道也。

“中行独复，以从道也。”这一句话，不好翻译，我先跟你们讲一个卦的结构。我们在学习卦的六爻的时候，按社会层面来划分，下卦为江湖，上卦为庙堂；按人体层面来划分的话，在贲卦中，我们知道第一爻为脚趾，最后一爻为头部，以耳朵代指，那么第四爻是人体的什么部位呢？是心。中行独复，就是心中的一阳复返。独，是自己先明白了，自己先一阳复返了，没有别人与你同行，自己先独自明白了，这时其他人还没有想到，还没有意识到。真正懂得复，明白自己追随的道，是靠自己的。中，是指内心中已经明白了。从，自己心中知道要追随的道。四爻为心，独复以心。明白四爻是心的话，很多东西就不需要解释，你就明白了。

六五：敦复，无悔。

象曰：敦复无悔，中以自考也。

敦，敦厚。到第五爻了，还在继续地复，怎样复呢，是敦复。敦复，是无悔的。敦，是不断地叠加。考，甲骨文的解释是拄杖的老人。考，过去大多是指老者的意思。就是说假如一个人能够自始至终呵护他的一阳复返直至心中之阳，这是无悔的。如果一个人一辈子都能做到呵护心中之阳，就可以达到厚积薄发这种状态，这是没有问题的；一辈子都可以做到厚积薄发，当然也是无悔的。复卦的本义，就是一阳复返，就是要一直保持着呵护一阳初生的意识和有厚积薄发的意识。

上六：迷复，凶，有灾眚。用行师，终有大败，以其国君凶，至于十年不克征。

象曰：迷复之凶，反君道也。

如果你没有呵护初阳、厚积薄发这种意识，上六将告诉你它的后果。如果你是一阳刚刚复返，阳气刚刚恢复的时候，你就迷失了复的根本，你将会有大败之凶。你以为你很厉害，迷失了复的根本，是危险的，如果在这一阳刚刚复返的时候用兵去打仗，你将有大败之凶。同时对于这个国家与国君来说，从今以后，将有十年，至少十年之多，再也无力打仗了。你迷失了复的根本，背离了一阳复返，是违反了复之道，违反了复的天道。举一个例子：刘邦被围白登山。公元前 201 年（汉高祖六年），韩王信在大同地区叛乱，并勾结匈奴企图攻打太原。汉高祖刘邦亲自率领三十二万大军迎击匈奴，先在铜辊（今山西沁县）告捷，后来又乘胜追击，直至楼烦（今山西宁武）一带。时值寒冬天气，天降大雪，刘邦不顾前哨探军刘敬的劝解阻拦，轻敌冒进，直追到大同平城，结果中了匈奴诱兵之计。刘邦和他的先头部队，被围困于平城白登山，达七天七夜，完全和主力部队断绝了联系。后来，刘邦采用陈平的计谋，向冒顿单于的阏氏（冒顿妻）行贿，才得脱险。刘邦刚刚统一天下，自己刚刚一阳复返，元气还没有完全恢复，就去打人家，这是违背了复的根本，对自己的时和位判断错误，不败才怪。天下初得，元气还没有恢复，不具备远战他国的实力，要呵护好初阳，若违背复的根本，不败才怪。如何避免这种事情发生，那就是要做到不迷复。

复卦讲的是一阳复返的智慧，一辈子都不要骄傲，厚积薄发，要自始至终呵护好心中之阳。一阳复返，阳还在地下，一定要用心呵护好。

就整卦的结构来看，初九是一阳复返，要用心呵护。六二是暂时休整，仁慈等待后来者，有利于大家一起前往。有句话“独行快，众行远”，正是此意。六三是告诫大家不要无功频复，性急冒进，劳而无功。六四告诉我们一阳复返，当从心中而生，独立复返，遵从天道。六五告诉我们，呵护心中之阳是一辈子的大事，要善始善终，最后才能厚积薄发，一生受用。上六告诉我们，一阳复返之时，迷失呵护初阳的根本，其结果将是极其凶险的。

复卦在十二消息卦中的位置：为一年中的农历十一月，二十四节气中的大雪、冬至，每日的子时（23 点—次日 1 点），经络中则为胆经当令，身体部位为会阴，十二生肖为鼠。

在剥卦、复卦讲完之后，引用邵康节《梅花诗》中的第十节供大家回味剥、复两卦的特殊之处：

数点梅花天地春，欲将剥复问前因。
寰中自有承平日，四海为家孰主宾。

复卦讲的是一阳复返的智慧，下面要讲的是无妄卦，请大家预习。

第二十五卦　无妄

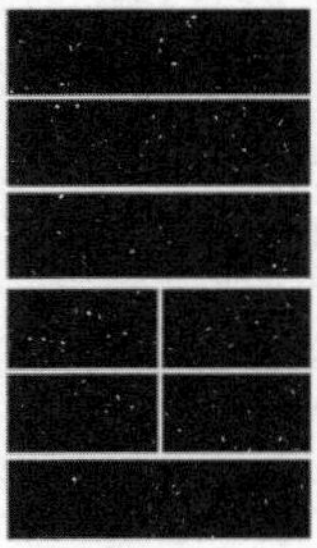

无妄：元亨，利贞。其匪正有眚，不利有攸往。

象曰：无妄，刚自外来而为主于内，动而健，刚中而应。大亨以正，天之命也。其匪正有眚，不利有攸往，无妄之往何之矣？天命不佑，行矣哉！

象曰：天下雷行，物与无妄。先王以茂对时育万物。

初九：无妄往，吉。象曰：无妄之往，得志也。

六二：不耕获，不菑畬，则利用攸往。象曰：不耕获，未富也。

六三：无妄之灾，或系之牛，行人之得，邑人之灾。象曰：行人得牛，邑人灾也。

九四：可贞，无咎。象曰：可贞无咎，固有之也。

九五：无妄之疾，勿药有喜。象曰：无妄之药，不可试也。

上九：无妄行，有眚，无攸利。象曰：无妄之行，穷之灾也。

无妄，一般人讲到无妄，就会想到无妄之灾。实际上，无妄卦讲的是不要乱动的智慧。《序卦传》上说：“复则不妄矣，故受之以无妄。”既然一阳复返了，那就不要乱动了！为什么不要乱动呢，请大家仔细在卦里找答案。

象曰：天下雷行，物与无妄。先王以茂对时育万物。

我们先看卦象：内卦是震，是雷是动，震雷疾动；外卦是乾，代表晴天，乾天刚健。晴天霹雳，就像是晴好的天，突然一个响雷，把人给打死了，这就是一个无妄之灾。打雷的时候，不要乱动，要会避雷，否则，遭雷击确实是无妄之灾。晴好的天突然打雷了，易成无妄之灾。所以打雷的时候，不要乱动，不要乱跑，就不会有无妄之灾。先王效法“无妄”的精髓，在培育种植万物的时候一定要与它的时令相对应，不要反季节而为，这样才能取得好的收获。现在有一些人喜欢吃与时令不符的反季节的东西，其实大家学习《易经》之后应该思考一下：第一，反季节的东西的品质可能是比较差的，因为它是违背天道、违背季节规律的。我们很难想象冬天成熟的西瓜会比夏天成熟的西瓜好吃。第二，反季节的东西对身体可能是不利的，因为它可能不符合人体的季节性要求。就像西瓜在夏季可以解暑，对人体是有益的，若是冬天吃西瓜，除了增加体内的寒邪，不知道还有什么益处。第三，反季节的东西特别贵，因为逆势而为，成本肯定要高，这是从经济层面来分析，大家都容易明白的。总之，合季节性的东西一定是最新鲜的，最有益于身体的，也是口感最好的，反季节的东西则相反，因此，建议大家尽量少吃反季节的东西。夏天，绝大多数东西是茂盛的，而梅花则是在冬天很艳丽。先王早已经明白了其中的道理，所以告诉我们做任何事情都要顺天时而行，天时不合时，就不要乱动。做事若是顺从天时，事情的发展就会非常顺利，根本不需要揠苗助长，也即不要乱动，不要妄动。

无妄：元亨，利贞。其匪正有眚，不利有攸往。

无妄，是元亨的，也是利贞的。在无妄之时，如果你不正，就会有灾、有危险。在无妄之时，你不要乱动，你能够不乱动，将来还是会有前途的。我们知道无妄之卦，是从复卦来的，所以在无妄之时，要守时待正，将来才会有前途。无妄守正，不要乱动。身处无妄，还敢乱动？

象曰：无妄，刚自外来而为主于内，动而健，刚中而应。大亨以正，天之命也。其匪正有眚，不利有攸往，无妄之往何之矣？天命不佑，行矣哉！

无妄卦，有一个阳爻，就是初九，它是从外面飞过来的。注意，单就下卦来看，如果这个阳爻不存在，则下卦是坤卦。坤卦是三阴爻，我们知道一索得男，坤卦一索得男，生了个儿子，这一阳爻不是震卦自己的，也不是坤卦自己的。震卦是儿子，震是候，主内。动而健，初九动是好的，将来刚健。刚中而应，刚是九五，应是六二，九五与六二正相应。内心阳刚，一切皆好。无妄，你是不可以乱动的，天命如此，你还乱动干吗呢？但是无妄之时，你还是要向前走，无妄卦是在复卦之后讲的，复卦是一阳复返，无妄则是已经前行了，所以无妄之时，该动的时候你还是要向前走的。

初九：无妄往，吉。

象曰：无妄之往，得志也。

初九，无妄，一开始就说一阳过来了，是无妄的，但还要继续往前走，是吉祥的。时间到了，一阳复返，这个一阳复返，一定要往上走，这个阳是好的，得志也。比如春天来了，地下的种子发芽了，一定要往上长，一定要破土而出，不往上长，就会憋死烂死在地里，所以它一定要往上长，是顺时而行的，是得志也。这个时候往上长，是顺天时的，是吉祥的。初九一阳复返，无妄，继续往前走，是吉祥的。幼芽破土，顺天时而长而往，吉。应时而动，不动反厉。

六二：不耕获，不菑畬，则利用攸往。

象曰：不耕获，未富也。

菑：初耕之荒地。畬：一义（shē），刀耕火种；二义（yú），指开垦了两三年的熟地。此处为第二义。“不菑畬”，我不刀耕火种，也可以得到熟地，表面上看我是“不劳而获”。为什么可以“不劳而获”呢？很简单，顺天时，是可以“不劳而获”的。你看以前古人捕鱼，按天时季节来捕鱼，每次都有大收获。你看天然的冲积扇平原，土地肥沃，是大自然自己形成的肥沃土地，是大自然给我们的，我们只需要顺天时而为，在那里种植，就可以收获到很多粮食。不耕而获，不菑而畬。顺应天时，亦有所获。无妄六二，中正待时。不用劳作，自然收获。要学会利用大自然，学会观察，顺天时而为，顺天道而行，不用辛苦劳作，自然有所收获。当然，只是靠天吃饭，也是无法富裕起来的！

六三：无妄之灾，或系之牛，行人之得，邑人之灾。

象曰：行人得牛，邑人灾也。

人在家中坐着，无妄之灾从天而降。就像别人把牛系在村子里，被行人牵走了，系牛的人不知道是谁牵走了牛，就冤枉是村里的人偷走了牛，村里的人无缘无故被冤枉，这是无妄之灾。同村的人真是无辜啊！不过有时候，无妄之灾就是这样发生的，该来的就来吧。下卦是雷，雷过三巡，无妄之灾发生了，在这个时候不用去想太多，不用去解释了，因为雷过三巡，这个时候雷声已经不是特别响了。你不用去解释太多，只要自己问心无愧，将来就会真相大白的。易为君子谋，不为小人谋，问心无愧，天塌下来也没事。雷震三巡，其势也弱。无妄之灾，无力诉说。行人偷牛，村邻蒙冤。无妄之灾，无辜受牵。

九四：可贞，无咎。

象曰：可贞无咎，固有之也。

第四爻是心，心动了，心动无咎，因为心本来就会动的。由下卦走到上卦，心动是没事的，是无咎的。但是注意心动就好了，不要行动，如果心也不想动，好，那就直接去睡觉去休息。有人说，我心动了，我想想这又想想那，没事的。身处无妄之时，你不要乱动就行了。四爻性跃，心惑而动。蠢蠢欲动，最好不动。

九五：无妄之疾，勿药有喜。

象曰：无妄之药，不可试也。

九五，君王之位，阳爻得中正。九五告诉你，无妄这个东西啊，它不是病，不用吃药，不用去解，任何药都不用吃，最后会好起来的。无妄之“疾”不是病，不要急，问心无愧就行了，别人的冤枉也好，误解也好，放下去，以后会真相大白的。不用辞职一样可以天下任行，不用出门，也可知天下事。别人冤枉你，怀疑你，你不用去解释太多，不用去担心，先放下，知道自己是没有错的，相信是有天理的，将来会真相大白，还你清白的。反过来，你身处无妄，无辜受冤，结果太多地求爷爷告奶奶地去辩解，可能会越辩越乱，越描越黑。所以，无妄之药，不可乱试。

上九：无妄行，有眚，无攸利。

象曰：无妄之行，穷之灾也。

刚刚说了，这六爻里面，除了第一爻初九可以动，其他的不可以乱动。到上九了，你处于无妄之中，你还往前行走，有灾啊，你一点好处都没有。初九，是无妄行，后面跟着一个字“吉”；上九，也是无妄行，后面跟着两个字“有眚”。从卦象来说，上九已经是无妄的极端了，最高一个爻了，到极点了。到尽头了，如果有灾，这个灾好大的，你不可以动，只要你不动，你就没什么事；你一动，这个灾就很严重。很多时候，我们该干什么就干什么，不要乱搞，就没事的，你一旦乱搞，就出大事了。无妄上九，无妄之极。你该动的时候动，不该动的时候你动了，这就是无妄之灾，这只会越来越糟糕。有时候你陷入了泥潭，你不要乱动了，你若乱动，越折腾，只会越陷越深。有时，你意识到你自己的行为与时不对，好，你复其位，重新回到自己的本位上，无妄自解。所以在无妄之时，一定要守静、守正，不要乱动。

无妄卦讲的是身处无妄须守正的智慧。晴天霹雳，有时不得不防。天有不测风云，人处无妄之时，必须守正守中，不可乱动。人的一生中出现被人冤枉、误解的事情是难以避免的，身处无妄也是很正常的事，你不用去解释，解释太多是不行的，也是苍白的，这时守正守中，到时会真相大白的。

就整卦的结构来看，初九告诉大家，身处无妄顺时而动则吉，顺时不动则厉。六二告诉大家，身处无妄要中正待时，顺其自然，一样能有收获。六三告诉大家，身处无妄，无辜蒙冤，此时的辩解往往是苍白无力的。九四告诉大家，身处无妄，心动无咎；可以心动，不可行动。九五告诉大家，身处无妄应当明白，无妄不是病，时间一到，无妄自消。上九告诉大家，身处无妄，不可乱动；无妄乱动，必有灾眚。

无妄卦讲的是身处无妄如何守正的智慧，下面要讲的是大畜卦，请大家预习。

第二十六卦　大畜

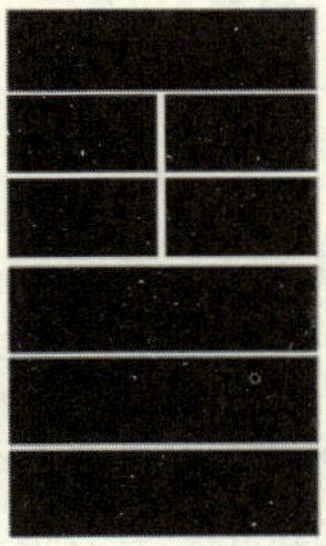

大畜：利贞。不家食吉，利涉大川。

象曰：大畜，刚健笃实，辉光日新其德。刚上而尚贤，能止健，大正也。不家食，吉，养贤也。利涉大川，应乎天也。

象曰：天在山中，大畜。君子以多识前言往行，以蓄其德。

初九：有厉，利已。象曰：有厉利已，不犯灾也。

九二：舆说輹。象曰：舆说輹，中无尤也。

九三：良马逐，利艰贞，曰闲舆卫，利有攸往。象曰：利有攸往，上合志也。

六四：童牛之牿，元吉。象曰：六四元吉，有喜也。

六五：豮豕之牙，吉。象曰：六五之吉，有庆也。

上九：何天之衢，亨。象曰：何天之衢，道大行也。

前面讲的是无妄卦，无妄就是不要乱动。《序卦传》上说：“有无妄然后可蓄，故受之以大畜。”也就是说，做事能够不乱动就可以大畜了。第九卦我们讲过小畜，知道小畜就是蓄自己的文德。那么大畜是什么意思呢？大畜是圣贤蓄天下英才。

象曰：天在山中，大畜。君子以多识前言往行，以蓄其德。

下卦是乾，是天，乾天刚健，一般指晴天，也指阳光向上的青年才俊；上卦是艮，是山，艮山成止，一般指老师，指成功之人。天在山之下，反过来，山在天之上。想象一个画面：半山腰上，云雾环绕。我们知道天是最大的，山能把天容下，天能藏在山里面。下卦的乾卦，可以理解为天下才俊；那么上卦是指老师、圣贤。天下才俊蓄于圣贤。山为什么要蓄天下才俊呢？下卦是乾，是天，你是天下才俊，你要受教于名师，受教于山，君子要明白大畜卦的本义，你要多向前辈学习，多读古圣先贤的经典。经典是要重读的，经典里蕴藏着古圣先贤的智慧，多读经典可以通过了解古圣先贤的言行进而明白其智慧，进而蓄养我们自己的德性。

大畜：利贞。不家食吉，利涉大川。

大畜，是利贞的，圣贤蓄天下英才，不是为了钱，不是为了养家糊口。大畜卦的根本是圣贤蓄天下英才。第一，圣贤是为了教化天下；第二，为国家以后的发展，做人才的准备。天下英才才能在未来“利涉大川”，为国家做贡献。

彖曰：大畜，刚健笃实，辉光日新其德。刚上而尚贤，能止健，大正也。不家食，吉，养贤也。利涉大川，应乎天也。

大畜卦，刚健笃实，下卦为乾，其性刚健，上卦为艮，其性笃实。德，是指天下英才的德行。辉光，是天的光辉。年轻人的光芒已经显示出来了，光只有显露出来了，这样才会有辉。年轻人每天都有新的变化，他的德行一天比一天好了。“刚上而尚贤”，青年才俊的心志是向上的，同时他很崇尚、很尊重圣贤。只有圣贤才是大正，只有圣贤才能改变年轻人的行为和心。圣贤蓄天下英才，不是为了钱，不是为了养家糊口，是为了顺乎天道，为国家的将来提前做好人才的储备。畜者止也，而山能止天之刚健，故大畜也。畜者藏也，天者至大，而山能藏天，故大畜。

初九：有厉，利巳。

象曰：有厉利已，不犯灾也。

这里讲的是大畜卦，下面三爻是指年轻人，初九是指最年轻的年轻人、小朋友。调皮捣蛋的小朋友是经常有危险的，小朋友对新鲜事物有探知的欲望，可又不知危险，所以他是危险的。但又是利己的，因为它愿意去求知，这虽是一个危险，同时也是一个锻炼、历练。“有厉利巳，不犯灾也”，将来就没有问题了。越是阳光少年，越是调皮捣蛋；越是调皮捣蛋，也就越多危险。危险越多，历练越多，才能百炼成钢。关键是少年必须听教听劝，才能有惊无险，以后的人生路上灾难才不至于重演。

九二：舆说輹。

象曰：舆说輹，中无尤也。

舆，是指车，特别是指车厢。輹，是古代木车下的横木，车轴由它转动。舆说輹，本卦是大畜卦，我们不能脱离大畜卦去理解，中无尤也，二爻是中位，得中位的中，中庸。初爻是小朋友，二爻就是年轻人。青年才俊是年轻人，舆是圣贤。圣贤坐在车上，马往哪里走，由圣贤指挥，由圣贤来教导它。

关于九二爻，给大家举一个例子：慧可断臂求法的故事。慧可俗名姬光，洛阳人，少年时博览经籍，特别喜欢《庄子》《易经》之类的经典。后来他放弃世间的学问，出家为僧，更名神光，从此遍学大小乘的佛学教义。到了三十三岁时，回转香山，终日宴坐（相同于静坐）了八年。后来他听说达摩祖师佛法精湛，就到少林寺求见，可是大师时常面壁端坐，并不加以教诲。神光于是便在寒冬大雪之际，彻夜立正侍候在达摩祖师身旁。直到天明，地下积雪已经过膝，神光侍立愈加恭敬。达摩祖师第二天开门见到他立于雪中就问他：“汝久立雪中，当求何事？”神光痛哭流涕地说：“惟愿大师慈悲，开示像甘露一样的法门，藉以广度众生。”但达摩祖师却以训斥的口吻说：“诸佛无上妙道，旷劫精勤，难行能行，非忍而忍。岂以小德小智，轻心慢心，欲冀真乘，徒劳勤苦。”神光听了这番训斥，当下取出利刀，自己砍断了左臂，送到大师的前面，表示自己求道的恳切和决心。于是达摩祖师认为他可以为担当大任的法器，又为他更改法名叫慧可。慧可勤苦专研，终于大成，成为禅宗的第二代祖师，为后世广为推崇。

九三：良马逐，利艰贞，曰闲舆卫，利有攸往。

象曰：利有攸往，上合志也。

这一爻，如同在讲一幅画：群英操练。第一爻是小朋友，第二爻是年轻人，第三爻是一群英才。逐，是奔跑。只有一群马，才会有逐的场景。从卦象，我们已经知道，此处为良马在山脚下奔跑的景象，马在山脚下，一群良马在奔跑，在为将来涉大川做准备，在山脚下操练，为将来做准备。“曰闲舆卫”，你可以说马在闲练，但它也是在操练，也是在为将来做准备。马在外面自己操练，车，就可以停下来，这时，车可以有时间修整，对将来利有攸往。将来马操练好了，车也保养好了，则万事俱备，利有攸往。“利有攸往，上合志也”，合上九的志，合艮的志，合圣贤的志。圣贤在教化天下英才，英才也愿意去操练，是合圣贤的志啊。

六四：童牛之牿，元吉。

象曰：六四元吉，有喜也。

童牛，是牛犊。牿，是约束。六四是蓄养自幼。从小就给小孩教育，从小就教化他，是好的，元吉的。牛犊性情活跃，从小就给它带上颈套。就像牛犊要从小驯养一样，将来才不会乱发“牛脾气”，才不会野性大发。无论小朋友还是牛犊，从小受教都将终生受益。四爻为庙堂之官，义为作为官员必须受到纪律的约束、能止，尤其是对底层的官员必须予以约束、蓄止，将来才能吉祥如意。

六五：豶豕之牙，吉。

象曰：六五之吉，有庆也。

给公猪去势，把公猪阉割了，犹如拔掉它的利齿长牙。六五是蓄止的关键，圣贤在大畜英才的时候要注意，有的年轻人野性很大，所以要先把他的野性去掉，才能更好地教化他。一个野性十足的年轻人，只是一个没有教养的青年而已。所以要把他蓄养成英才，就必须抓住关键，去其野性，然后才能蓄养他的德性。对于五爻君王而言，由于君王掌管天下，往往桀骜不驯，因此，圣贤在蓄止君王这种特殊人物时，必须先考虑给他“去势”，只有去势之后，才能降服之，而后蓄养！

上九：何天之衢，亨。

象曰：何天之衢，道大行也。

何，通荷，是指负荷，荷担。上九是圣贤之爻，圣道大行。圣贤蓄天下英才，因为他担负着一个使命，就是把天道传播给年轻人。如果圣贤能把天道传播给年轻人，则天道大行，也就是其道可以大行于天下了，天道得以大行则天下亨通。蓄天下英才，就是为了传播天道，为将来做准备的。能够担任蓄养天下英才大任的，只有圣贤啊！

大畜卦是讲圣贤蓄养天下英才的智慧。任何事情都是知止而后能蓄的，有为青年当蓄止于圣贤，才能成为未来天下的栋梁之才。从整卦结构上看，初九告诉我们，小朋友顽皮多险不是坏事，只要听教能止，则少年的历险可以成为人生的历练。九二告诉我们，年轻人要听从圣贤的教诲，能听从圣贤的教诲则无忧矣。九三告诉我们，青年才俊群英操练，训练蓄养是要为未来的征战做准备。六四告诉我们，自幼受到约束管教，将终生受益；对基层官员更要加强纪律约束。六五告诉我们，蓄止的关键是去除野性，这样才能蓄养他的德性；对于桀骜不驯的君王更应如此。上九告诉我们，若圣贤之道得以大行，则英才广布，天下亨通。

大畜卦讲的是圣贤蓄养天下英才的智慧，下面要讲的是颐卦，请大家预习。

第二十七卦　颐

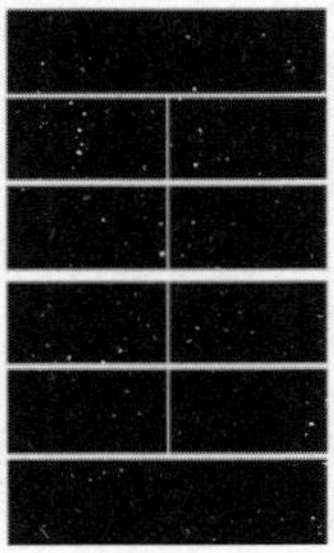

颐：贞吉。观颐，自求口实。

象曰：颐，贞吉，养正则吉也。观颐，观其所养也。自求口实，观其自养也。天地养万物，圣人养贤以及万民，颐之时大矣哉！

象曰：山下有雷，颐。君子以慎言语，节饮食。

初九：舍尔灵龟，观我朵颐，凶。象曰：观我朵颐，亦不足贵也。

六二：颠颐，拂经于丘颐，征凶。象曰：六二征凶，行失类也。

六三：拂颐，贞凶，十年勿用，无攸利。象曰：十年勿用，道大悖也。

六四：颠颐，吉。虎视眈眈，其欲逐逐，无咎。象曰：颠颐之吉，上施光也。

六五：拂经，居贞吉，不可涉大川。象曰：居贞之吉，顺以从上也。

上九：由颐，厉，吉。利涉大川。象曰：由颐厉吉，大有庆也。

前一卦讲的是大畜，是圣贤蓄养天下英才。《序卦传》上说：“物蓄然后可养，故受之以颐。”有了“蓄”才有养的资本，家里没有储蓄是养不了的，所以凡是能够讲养生的都是能吃饱的，衣食问题都能够解决的，这个“颐”就是养、养生，颐养该如何养呢？

象曰：山下有雷，颐。君子以慎言语，节饮食。

我们先看卦象：下卦是震是雷，上卦是山是艮，上下卦合在一起就像一个大嘴巴，这就是颐。“山下有雷”就是颐，“君子以慎言语，节饮食”。颐就是讲养生的，这个“颐”就是嘴巴，上下颌骨，下面的雷是动的，上面的山是不动的；就像我们人的下巴是可以上下左右动的，上颌是不能动的，中间是空的，是口腔。“慎言语”到这里大家应该已经明白了，就是讲话要注意，不该讲的不能乱讲。“节饮食”就是不该吃的不要乱吃，这是从字面上来解释。大家要注意，雷是动的，有声的，山是止的，是静的，动静相宜。大家就应知道哪些该说哪些不该说，很多人讲话没有规矩，他不知道该说不该说，一股脑都讲出来了，这个是最不懂得养生的，为什么这么说呢？大家知道，中国人总结得很清楚的两句话：一句是“病从口入”，吃不好就病了；另一句就是“祸从口出”，讲不好就惹祸了。所以讲话时要注意，不能乱讲；吃饭的时候要注意，不能乱吃。既没有祸也没有病，这样才是懂得养生。对于国家来说，也有“慎言语”的问题，就是国家政策法令的发布，不该发布的政策法令发出去就会出大问题的，所以国家也要“慎言语”。这个“饮食”对于国家来说就是财政，国家财政的支出要注意了，该花的花，不该花的不能乱花。该花的不花不行，公共产品不足将导致社会保障的缺失；不该花的乱花也不行，乱花将导致国家财政的极大浪费。

颐：贞吉。观颐，自求口实。

观颐，看别人怎么养生，然后自己就知道该怎么吃了。比如说你看那牛是怎么吃草的、怎么喝水的，你就知道这里的植物我们人类能不能食用，这里的水我们人类能不能饮用，这就是“自求口实”。

彖曰：颐，贞吉，养正则吉也。观颐，观其所养也。自求口实，观其自养也。天地养万物，圣人养贤以及万民，颐之时大矣哉！

颐卦告诉大家，养生首先要养自己的一身正气。大家都知道“药补不如食补，食补不如气补，气补不如神补”的名言。吃药不如食疗，食疗不如气补，这个气就是正气，自己一身正气出来了，阳气就提上来了，所以以后大家要多读一下“正”的圣贤经文，读多了你自身的气自然就上来了。所以养生要从“正”开始，蒙卦中早就讲“蒙以养正”了，这里再多了一个解释，这个养正有一个好处，直接培养了正气，正气直接就可以养自己的生、养自己的寿了，所以大家要主动地跟自己身上的负能量告别。“观颐，观其所养”，你观察天地万物是怎样养活的，你就知道自己该怎么办了；“自求口实”是说观天地之养，然后你就知道自己该怎么养自己了。大家都知道天地养万物，天地之间万物在生长发育，谁来养？天地在养万物。“圣人养贤以及万民”这一句话把上一卦大畜卦的话给衔接了，是圣人在养天下之贤，教化万民。颐卦的含义是非常广的，它讲“颐之时大矣哉”这个“时”是什么意思？你想养生吗？一定要知道时令，你不知时令不知时节，是没办法养生的，这就是我们经常说的一年四季春生夏长秋收冬藏。在一天之间，十二经络的运行其当令的时辰是不一样的，你一定要按着它的时辰去走，顺天道而行嘛。大家学《黄帝内经》会发现，有些中医治疗比如扶正、祛邪、滋阴、补阳，都很讲究时的。怎么讲究时呢？比如说，天冷和天热是不一样的，天冷能做的事天热不能做，天热能做的事天冷不能做。

初九：舍尔灵龟，观我朵颐，凶。

象曰：观我朵颐，亦不足贵也。

初九是小朋友，要呵护好自己的元阳，不要看到别人吃鸡腿就流口水。你别看别人吃鸡腿了，鸡腿再怎么补，都无法和你自己的先天元阳相比，所以要把你自己体内的元阳保护好，那是你自己体内的“灵龟”。我们都知道灵龟是非常长寿的，它具有仙气，你把自己的先天元阳保护好就可以长寿了，这个是怎么补都补不了的，这是我一开始讲乾卦的时候就和大家讲的概念，要呵护好自己的先天元阳，不要去损伤它，损伤了以后就没有办法再补回了。养生一定要从呵护自己的先天元阳开始，再培养自己的一身正气，这才是最重要的。

六二：颠颐，拂经于丘颐，征凶。

象曰：六二征凶，行失类也。

注意颐卦六爻可以把人生分成六阶段，大概是每十岁一个阶段，初九是十岁以下的小朋友，六二是十岁以上二十岁以下，六三是二十岁以上三十岁以下。六二是十到二十岁的青春期，青春期叛逆，在这个阶段刚好父母又处在更年期，两期相遇；一个春天一个秋天，一个是木一个是金，谁伤谁？双伤。表现最为突出的是青春叛逆，其表象就是"颠颐"，根本不把养生当回事，完全不考虑养生的问题。"拂"是摆手、拒绝；"经"是养生的经典；"丘颐"是谁呢？前面贲卦讲过，"丘"就是六五，六五就是丘，所以六二和六五对着干，六五是母亲，所以青春期的女孩往往和母亲对着干，男孩也会和父亲对着干，青年人不听父母关于养生的劝说。当然这里也有个前提，父母必须是懂养生的，现在的问题是很多父母也不懂养生。现在很多青春期的青年对父母好的养生建议根本不当一回事，这是不好的，"征凶"。为什么呢？"象曰：六二征凶，行失类也。"年轻人这种行为是"失类"的，不符合养生的要求的。年轻人一定要注意，白天是用来工作、学习的，晚上是用来休息的，晚上一定不可以加班熬夜，最好在十一点钟前睡觉，这才符合养生之道。

六三：拂颐，贞凶，十年勿用，无攸利。

象曰：十年勿用，道大悖也。

这里又出现"拂"，和前面一样是直接拒绝的意思。这里是二十到三十岁的人了，他十年都无视养生，因为他认为自己最厉害，身体最壮，身体好得很，不需要养生。六二是"贞凶"，意思是再往下发展就会凶险；已经出现凶兆了，这个凶说不定说到就到了。有些功夫明星和运动员不注意养生，过度消耗了自身的阳气，会出现英年早逝的悲剧。

六四：颠颐，吉。虎视眈眈，其欲逐逐，无咎。

象曰：颠颐之吉，上施光也。

这个"颠颐"和前面不一样，为了让大家明白"颠颐"，我把这个"颠"字拆了。我们知道这个"页"字在古代就是人首，对一个人来说头部是最重要的了。如果“颠”是没有“足”字旁的，就是重视的意思；如果有“足”字旁，则是跌倒、颠倒的意思。前面六二爻中的“颠”，按我的理解是有“足”字旁的，是本末倒置的意思，六四爻这里的“颠”是重视的意思。意思是说：这个人已经到了四十岁，四十不惑，他知道养生的重要了，所以他开始重视养生，故而吉祥。“虎视眈眈，其欲逐逐”是说，他现在身体依然很好，我们知道四十岁是虎狼之年，有欲望，有上进心，这些都是正常的、没有问题的，但是他已经开始重视养生了，所以“上施光也”，颐养的智慧开始发挥作用了。为什么颐养的智慧开始发挥作用了呢？注意这里已经到了上艮卦的第一爻，艮卦是成功、智慧的意思，六四已经进入艮卦的范围了，所以它开始明白了，颐养之道开始发挥作用了。四十岁的人应该开始注意养生、重视养生之道了，如果到了四十岁都不知道开始养生，这一辈子会是很惨的，因为“四十不惑”！一个四十岁的人，他有利益的追逐是没问题的，但是有的时候也要学会放下，放下以后心里就会很舒服。如果到了四十岁野心膨胀，这个时候就要注意了，如果控制不了度的话，会把你的寿命提前消耗掉的。因为从季节上来说四十岁以后实际上已经处在秋天的初秋了，秋就是要收敛，你还不知道收敛，那“秋”不可长也！虎狼之躯有欲望，想上一个台阶是没问题的，不过你已经四十岁了，应该知道哪些能干哪些不能干，哪些要停，停了之后一放下就知道该养生了，如果这个时候能知道养生，自然吉祥。

六五：拂经，居贞吉，不可涉大川。

象曰：居贞之吉，顺以从上也。

这里先给大家讲一个字“居”。“居”不是处，“居”有处的意思但不是处，是静居、静处；另外居的时间较长，而处的时间较短。六五爻的意思是说，五十岁的人要注意：不要到处乱跑了，应该在家里静养。我们知道“五十而知天命”，所以应该在家静居颐养。如果人生经历够的话要学会总结，不用看经，这里的“拂经”和前面的六三的“拂经”又不一样，前面的“拂经”是拒绝，这里是说不用看养生的经书了，为什么？因为他已经知天命了，他的经历已经告诉他应该怎么样做了。就像《坛经》里面所说：如人饮水，冷暖自知。如果喝了水，胃开始感到涩涩的，不舒服，那就说明这杯水对于胃而言太凉了；如果喝了一杯水，不但不舒服，而且往上顶得难受，那就说明这杯水对于胃而言已经不是太凉了，而是太寒了。我虽然不是学中医的，但是由于自己长期脾胃虚寒，经历得多了，这种生活经验就积累出来了。经历和经验已经告诉你应该怎样，人生阅历已经告诉你天命如此。这个年龄应该静居，“不可涉大川”，“居贞之吉，顺以从上也”，这个“上”就是天道，你都五十岁了还不知道天命吗？中国人讲“天命”经常被理解为寿命，其实古人讲这个“天命”是天之道的意思，你还不知道天之道吗？你如果知道颐养的天道你就不会到处乱跑了。

上九：由颐，厉，吉。利涉大川。

象曰：由颐厉吉，大有庆也。

这个“由”是源头的意思，“由颐”是从源头上开始养生的意思，从一开始就注意养生。从一开始就注意养生，为什么会“厉”呢？“厉”在这里不是危险，而是“厉害”的意思。一个人从小就开始学会养生，一生都按天道的要求来养生，他非常厉害，这种人吉祥，走遍天下都没有问题。古代的将领带兵长途跋涉到很远的地方去打仗，如果不懂得处理“水土不服”的问题，结果可能会是很多士兵还没有参战就因水土不服而先病死掉。我们都知道“一方水土养育一方人”的道理，所以只有解决了水土不服的问题，才能走遍天下都没问题，才能利涉大川。可是一般人都做不到，到他乡异域就会水土不服，水土不服首先表现出来的就是脾，脾脏对应五行里的土，脾主运化水谷精微，脾土不适就没办法运化水谷了，整个人就滞而不通了，各种病就会随之出来。上九是颐卦的圣贤之爻，在养生这方面的圣贤，大家肯定会联想到药王，药王孙思邈活到了一百零二岁，即使在今天也算是高寿，他在养生方面肯定称得上是圣贤。其实在药王之前，还有一位与广东特别是广州有联系的养生圣贤，他就是南越王赵佗，享年一百零三岁。1984 年在广州市中山四路南越国宫署遗址考古发现，南越国御花苑中建设有一个超过 4400 平方米的大型地下石构蓄水池。1997 年在地下 3—5 米处发现宫署御花苑的全石构曲流石渠，长 150 米，已发掘 4000 平方米，是一处人工园林水景。石渠迂回曲折，由西向东，渠底密铺黑色卵石。东头有弯月形石池，池底发现几百个龟鳖残骸，说明这是养龟鳖的水池，同时说明赵佗重视养生，喜食龟鳖，所以长寿百岁。看来只有重视养生之道，才有可能长寿！

颐卦讲的是养生的智慧，养生要动静相宜，以静为主，所以静居上，动居下。上为贵，下为贱，下动上静，动静相宜，这才是真正的养生，所以练太极等是非常符合养生之道的。

就整卦结构来看，初九告诉我们，从小就要呵护好先天元阳，保护好真气。六二告诉我们，年轻的时候要学会养生，不要以为自己很年轻有老本吃，这个老本是吃不了很久的，自以为有老本吃的往往也是最早“挂掉”的。六三告诉我们，不要以为自己年轻力壮，正值英年不需要养生，年轻力壮是更需要养生的。六四告诉我们，四十不惑，四十岁的人还能不知道养生吗？应该知道能止能停，这点觉悟都没有，你不是四十岁的人。六五告诉我们，五十知天命，天命之年应该知道怎样养生才是合适的，这时候以静居为主，不要到处乱跑。上九告诉我们，最高的养生境界是养生要合四时八风、顺天而养，这样的话才可以登峰造极，游刃有余，颐享天年。

颐卦讲的是养生的智慧，下面要讲的是大过卦，请大家预习。

第二十八卦　大过

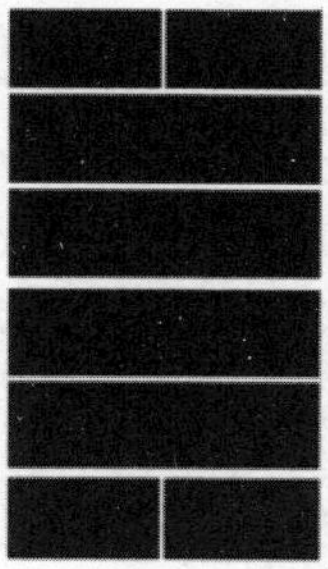

大过：栋桡，利有攸往，亨。

彖曰：大过，大者过也。栋桡，本末弱也。刚过而中，巽而说行。利有攸往，乃亨。大过之时大矣哉！

象曰：泽灭木，大过。君子以独立不惧，遁世无闷。

初六：藉用白茅，无咎。象曰：藉用白茅，柔在下也。

九二：枯杨生稊，老夫得其女妻，无不利。象曰：老夫女妻，过以相与也。

九三：栋桡，凶。象曰：栋桡之凶，不可以有辅也。

九四：栋隆，吉。有它，吝。象曰：栋隆之吉，不桡乎下也。

九五：枯杨生华，老妇得其士夫，无咎无誉。象曰：枯杨生华，何可久也。老妇士夫，亦可丑也。

上六：过涉灭顶，凶。无咎。象曰：过涉之凶，不可咎也。

上一卦我们讲的是颐卦，颐卦讲的是养生的智慧。《序卦传》上说："不养则不可动，故受之以大过"。如果一个人或者动物，没有养，或者是营养不良，基本上是行动不了的。我们看到有些人，他们营养不良，如果硬要他们跑 800 米是不行的，因为他们根本没有相应的体能，所以不养则不可动。反过来说，如果颐养，颐养之后就有能力运动，但是颐养过剩、过头、过度，营养过剩的话，就是大过。大过卦跟前一卦颐卦是有联系的，人不养不行，但是养得太过也不行。何为养得太过？养得太过就是我们发现身边有些人，他们对自己进行厚补，就是天天吃鲍鱼海参之类的高蛋白的东西，还有一些就是吃高丽参之类的各种补品，这样的过度滋补都是不行的。不颐养是不行的，但是颐养还要防止另外一种现象，就是过度养生，所以在颐卦之后是大过卦。大：非常大。过：过了（过了度，度就是中线，过了中线，就是过了度，就是大过）。在《易经》里，大是阳，小是阴，所以大过是讲阳太过了，阳过了度，过了中线。大过卦有四条阳爻，分上下卦，上卦的中线是第五爻，下卦的中线是第二爻，阳爻都过了五和二；从整体来看，全部的阳都过了，所以阳大过，又称“太过于刚强”。

象曰：泽灭木，大过。君子以独立不惧，遁世无闷。

从卦象来看，下卦为巽，巽风柔木；上卦为兑，兑是泽，湖泊水库之类的。两者结合，就是水已经过树顶了，通俗来说，发大水了。大家都知道大水灾的状况，水都过了树木的顶端，水太过了。所以大过卦的卦象就说“泽灭木”了，这水足够大了吧！在泽灭木这种非常情况下，应该独立不惧，该做什么就做什么，这是我们最简单的一个解释。遇到水灾人们通常会很慌张，这里告诉我们不要慌。在非常时期，慌张是没用的，比如说，前两天尼泊尔发生的灾难性地震，无论是当地的灾民还是临近的人都有一种很恐惧的心理，其实从某种意义上来说这也是一种大过啊。《易经》告诉我们，这种情况就应该独立不惧，不要惊慌；遁世不闷，不要去做什么事，也不要郁闷。大过之时是一种非常时期，需要非常之人，要有非常之策，所以要临过不惊，要特立独行，这就是大过卦所讲的智慧。

大过：栋桡，利有攸往，亨。

栋：栋梁。桡：弯曲。怎么看出是弯曲呢？我们来看卦象，卦象中间四条阳爻，两边两条阴爻，我们可以把它想象成一根棍子，这条棍子中间粗两端细，这样的棍子是很好的棍子。“栋桡”，桡是好的，特别是两头弱的这种弯曲，利有攸往，为什么呢？这里就讲到了一种精神，就是你不要跟别人硬碰硬，要学会示弱，示弱好在什么地方？利有攸往！我们能够看到这种栋桡的例子很多，例如广东地区的龙舟、竹排，它们都是弯曲的，两端细中间粗，这种构造是有利于前行的，它前行的阻力很小，这从物理学的角度来说是很容易理解的，其实在生活中也是如此。内里面是非常强大的四条阳爻，但对外却显示其软弱的两条阴爻，这样很好啊，卦辞说：利有攸往，没有什么不亨通的！我们再举个例子：撑杆跳。运动员因为借助可以弯曲的杆而跳得更高，这就是“栋桡，利有攸往”的具体例子。还有一个就是弓箭，弓就是中间粗两端细，是弯曲的，所以能把箭射得很远。可见现实生活中有很多这种例子。在这里希望大家注意“外示以柔”，外示以柔最大的好处就是利于通行，愈柔你所遇到的阻力就愈小。一般情况下不要硬碰硬，那样会处处树敌的，这是很简单的智慧，虽然内里非常刚强，但是对外不一定都显示出来，要学会示弱示柔。

彖曰：大过，大者过也。栋桡，本末弱也。刚过而中，巽而说行。利有攸往，乃亨。大过之时大矣哉！

大过，就是阳刚太过了的意思。栋桡，就是中间粗壮两端柔弱的意思。阳刚太过而能居中，顺水行舟，愉悦前行，这样才能走得更远，才能畅通、亨通。大过卦是一个关注“非常之时”的卦，关于“时”的意义非常之大啊！

初六：藉用白茅，无咎。

象曰：藉用白茅，柔在下也。

继前面泰卦、否卦之后，这里又出现了白茅，不过这里大过卦的白茅与前面的意义不同。孔子在《系辞》中对本爻有专门的解释：“初六，藉用白茅，无咎。”子曰：“苟错诸地而可矣；藉之用茅，何咎之有？慎之至也。夫茅之为物薄，而用可重也。慎斯术也以往，其无所失矣。”孔子说，白茅本是卑贱之物，不值钱，但是其用处非常大。放在地上垫东西，做事谨慎，是不会有什么闪失的。我们要结合卦象来看：初六在六条爻的最下面，上面五条爻都压着它，所以它是垫在五条爻之下的东西。白茅很柔软，垫在众物之下，这是一种谨慎防范的措施。看到这个象我们应该有种感悟：“一阴在下，上承四阳；白茅虽柔，可护阳刚。”在日常生活中不要看不起柔弱之物，如泡沫板，它们很柔弱，但是当要运送电器等硬物时就要用上它作为缓冲以保护电器。本爻告诉我们做事情要谨慎，谨慎无咎，但是本卦为大过，我想提醒的一点是：过于谨慎的人将一事无成。我们可以观察身边的人，有的人做事情大大咧咧，一点谨慎都没有，这是不行的。虽然大大咧咧不好，但过于谨慎也不好，他将丧失机会。换句话说，一个既有勇往直前的精神又谨慎的人，才是最好的。小时候我看过一个童话故事，大概的情节是：有一个家庭，女儿到了谈婚论嫁的年龄，这时候就有媒人带着相亲对象来说媒，双方都谈得很愉悦之后，父亲叫女儿到酒窖里拿酒来庆祝一下，女儿下到酒窖准备拿酒，突然看到一把很锋利的耙子靠在墙上。女儿受到惊吓，她想如果将来有一天她结婚后生的小孩也来到这里，会不会被这把耙子伤到，越想就越担心害怕，于是开始哭起来。看到姑娘久久没把酒拿来，来相亲的男生便下酒窖看是怎么回事，来到之后看到女生在哭便问其原因，女生说了原因后，男生也很担心，于是跟着一起哭了。这个故事给我的印象很深，我对它的理解就是做事过于谨慎，太过谨慎注定一辈子一事无成。耙子不放好是有潜在危险，把它移开安全放置就不用担心了，这是一件很简单的事情啊。所以无论做什么事情都不能太过，过了就不好了。

九二：枯杨生稊，老夫得其女妻，无不利。

象曰：老夫女妻，过以相与也。

枯杨：老树。稊：嫩芽。老树上长出了嫩芽。老夫得其女妻：老夫少妻。生活中这样的例子还是不少的：某地 72 岁老汉和 27 岁的女生结婚，还生了孩子，这就是典型的“枯杨生稊”，没有什么不利的，孩子都生出来了，没什么不好的。少女为何愿意嫁给老头？说明老头有过人之处，一定非同常人，与众不同。九二因为非常阳刚，且与众不同，初六才因此以身相许。建议大家以后走在大街上遇到老夫少妻组合时，不要先入为主地从“道德”层面审视，而应该多观察一下“老夫”有何过人之处。

九三：栋桡，凶。

象曰：栋桡之凶，不可以有辅也。

这里的凶，是下弯之凶。栋桡是弯曲之义，九三是讲下弯的，九四是讲上弯的。俗语有说：胳膊肘往里拐。凡是往内弯的，只会伤自己。为什么呢？就像做木工活一样，如果有一块木材自然向内弯，它很容易被压塌、压断，因为它自己就已经向下了。“不可以有辅也”，九三和上六本是正应关系，但是这里讲的是大过卦，所以这里的正应是敌应。为什么说是敌应呢？看卦象就可以知道，九三向下弯，上面压着两条阳爻一条阴爻，而这条阴爻上六就是“压死骆驼的最后一根稻草”，所以它们是敌应的关系。向内弯的东西受不了外力，只能给自己造成伤害。九三之凶，凶在内弯。内好比家庭，太过阳刚之人如果没有意识到这一点，没有处理好与家人的关系，在自己家中逞强好胜，则极易伤害自己的家人并导致家庭不和，这样肯定是凶的！所以做人既要有阳刚之气，也要有包容之心。在解卦时，我们可以从人、物、事等各个方面来展开。

九四：栋隆，吉。有它，吝。

象曰：栋隆之吉，不桡乎下也。

九四是向上隆起。它：蛇，虫，小人。向上隆起是吉祥的，因为向上隆起可以抵抗外力的压迫。例如，拱形桥的设计就是向上弯的结构，还有高铁站、体育馆等等很多建筑都是穹顶设计，都是向上拱起的。这不仅是光线、通风的问题，还有力的问题，往上隆起，它不会往下塌，这样是很好的，古代有很多石桥也是这样，还有北京的天坛也是，可见中国古人的智慧之处。隆起的好处是不怕外压，但是它也有弱点，我们用拱形桥做例子，其弱点就在桥墩，九四对应初六，这里也是敌应，桥墩弱的话，整座桥就会塌，打好基础很重要。万事万物没有十全十美的，每个事物都有其弱点和短处。岳飞是南宋最厉害的军事家，在抗击金国的入侵时对外应战、所向披靡，但是最后还是被南宋也就是自己国家中的小人设计害死。在金国来看，岳飞很强大，可是强大的岳飞对于本国的小人却没有办法。小人设计杀掉了岳飞，正如蛀虫把桥墩毁掉一样，家国之基础已经不在。岳飞对于外强英勇威武，对于国内小人却无力，最终还是逃不了厄运。所以从策略上讲，对于很强的人，不能以硬碰硬，要碰其柔弱之基。吴王夫差的例子也是如此，吴王属于太强之人，曾灭越国，所以越王勾践不以硬碰硬，而是使用美人计，用一位柔弱女子西施即把吴国给打败了，这正是：柔弱胜刚强。

九五：枯杨生华，老妇得其士夫，无咎无誉。

象曰：枯杨生华，何可久也。老妇士夫，亦可丑也。

华：风华，风茂。老妇得士夫，好比武则天晚年宠张易之、张昌宗兄弟，无咎无誉，虽没有什么过错，但也没有什么值得称赞的。“华”跟“稊”不同，稊是有新芽生出，而华只是表面风光。大过九五，已是本卦最后一个阳爻了，虽依然表现阳刚满满，但实际上已经是“过气之星”了。就像一位老人，自己身强力壮的最好时候早已过去了，却偏偏还要与年轻人比试身手，以显示自己的刚强神武。讲到大过九五爻，就不能不提到一个人，因为他与大过九五爻有一段缘，这个人不是一般的人，他就是大名鼎鼎的汉武帝。汉武帝在颁布《轮台罪己诏》中自己陈述：

> 曩者，朕之不明，以军侯弘上书言“匈奴缚马前后足，置城下，驰言秦人，我若马”，又汉使者久留不还，故兴遣贰师将军，欲以为使者威重也。古者卿大夫与谋，参以蓍龟，不吉不行。乃者以缚马书遍视丞相、御史、二千石、诸大夫、郎为文学者，乃至郡属国都尉成忠、赵破奴等，皆以“虏自缚其马，不祥甚哉！”或以为“欲以见强，夫不足者视人有余”。《易》之卦得《大过》，爻在九五，匈奴困败。公军方士、太史治星望气，及太卜龟蓍，皆以为

吉，匈奴必破，时不可再得也。又曰："北伐行将，于鬴山必克。"卦诸将，贰师最吉。故朕亲发贰师下鬴山，诏之必毋深入。今计谋卦兆皆反缪。重合侯得虏候者，言："闻汉军当来，匈奴使巫埋羊牛所出诸道及水上以诅军。单于遗天子马裘，常使巫祝之。缚马者，诅军事也。"又卜"汉军一将不吉"。匈奴常言："汉极大，然不能饥渴，失一狼，走千羊。"乃者贰师败，军士死略离散，悲痛常在朕心。今请远田轮台，欲起亭隧，是扰劳天下，非所以扰民也。今朕不忍闻。

这个真实的历史故事告诉我们，汉武帝晚年有一次派贰师将军李广利兴兵征讨匈奴，于是找到一干人马占卜，占卜的结果是大过卦的九五爻，解卦的人说这是吉爻，大家也都说是吉，匈奴必败。可是后来真实的结果是汉朝大败，匈奴大胜，所以汉武帝颁布《轮台罪己诏》自责。今天大家学习了大过卦，知道了九五爻的断语是"无咎无誉"，意思是"不值得去干的事"。大家仔细品味一下，应该很容易明白，占卜的结果没有错，只是解卦之人解错了。如果换成是在座的诸位给汉武帝解卦，你一定会说：这场仗没有必要去打，因为九五爻已经告诉我们结果了：无咎无誉！

上六：过涉灭顶，凶。无咎。

象曰：过涉之凶，不可咎也。

咎：在本爻是一语多义。第一，和以前诸卦出现的咎义相同。第二，义为救，指无可救药。水都过树顶了，水灾之大，自己无能为力，只能愉悦地坐在房顶看水慢慢退去，没有救的必要了。第三，义为久，指这种水过树顶的状况不可能持续太久。我们都知道，凶到极点自会转吉，所以"大过"到极时，已经是无可救药之时，也就不用救了。

大过卦讲的是非常时期的智慧，人处非常之时，要有非常之策，才能建非常之功。也就是我们常说的：非常时期，特殊对待。

就整卦结构来看，初六告诉我们，做事情谨慎无咎，但是过于谨慎可能会一事无成。九二告诉我们，发现鹤立鸡群的时候要学会观察鹤与群鸡的不同，要看到它的过人之处。九三告诉我们，刚强之力不要向内使用，否则对内逞强则易自伤。九四告诉我们，对外英勇威猛的勇士，最忌内里小人相伤。九五告诉我们，表面上的刚强是不值得称赞的，人应有自知之明，表面上的要强、虚荣可能让自己更加丢丑。上六告诉我们，非常时期需要非常之策，束手无策之时，放之任之静待时变就是最好的对策。

大过卦讲的是非常时期的智慧，下面要讲的是坎卦，请大家预习。

第二十九卦　坎

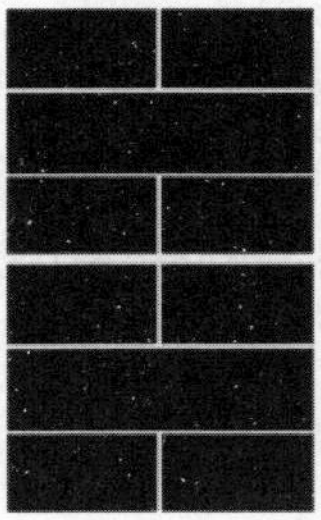

习坎：有孚维心，亨。行有尚。

象曰：习坎，重险也。水流而不盈，行险而不失其信。维心亨，乃以刚中也。行有尚，往有功也。天险，不可升也；地险，山川丘陵也。王公设险以守其国，险之时用大矣哉！

象曰：水洊至，习坎。君子以常德行，习教事。

初六：习坎，入于坎窞，凶。象曰：习坎入坎，失道凶也。

九二：坎有险，求小得。象曰：求小得，未出中也。

六三：来之坎坎，险且枕。入于坎窞，勿用。象曰：来之坎坎，终无功也。

六四：樽酒簋贰，用缶，纳约自牖，终无咎。象曰：樽酒簋贰，刚柔际也。

九五：坎不盈，祗既平，无咎。象曰：坎不盈，中未大也。

上六：系用徽纆 ，寘于丛棘，三岁不得，凶。象曰：上六失道，凶三岁也。

前面讲的是大过卦，就是非常时期，阳刚过强之义。《序卦传》上说："物不可终过，故受之以坎；坎者陷也。"也就是说，任何事情都不能太过，如果太过了就要设置一道"坎"或者"陷阱"予以调整。我们看到有些道路为了防止汽车速度太快，公路管理者就在道路上设置了水泥或者橡胶路阻，这就是坎卦智慧的具体运用。中国古人对于"坎"的利用也是很多的，曹操挖地道，智慧就来自坎卦。"坎"是我们生活中常说常用的一个字，那么《易经》坎卦里到底讲了哪些智慧呢？我们下面做仔细的分析。

象曰：水洊至，习坎。君子以常德行，习教事。

我们常利用后天八卦来描述各卦的特性，或者说是所指代的物性。就坎来说，坎为水、为陷、为险，为正北方，为冬季，为阳根。洊：连续，接连。"水洊至"，就像大海里的惊涛骇浪一样，接连而至；也就是危险接连而至。"习坎"，重坎，坎中有坎，险中有险，指坎险接连不断而来。君子在不断扑面而来的坎险之中培养自己的德行，注意这里的"以常德行"中的"常"是指"坎之常、水之常"。讲到这里，大家肯定已经想到一句耳熟能详的词语：上善若水！对啦，就是这个意思，因为水几于道，所以老子说"上善若水"，而《易经》中的说法是：以常德行，习教事。注意，"习教事"中的"习"，是指演习、练习；也就是平时利用"坎险"来进行演习，例如抢险救灾的演习、练习，当然，也包括军事攻防方面的演习。所以说，坎险能够帮助君子培养德行。讲到这里，我想再次提醒大家回想一下，我们在六十四卦一开始就讲到的屯、蒙、需等卦中多次提到的：坎就是险，每个坎都是人生的一个台阶，它让你不断提高，坎就是黄金坑。人一生中会有很多坎险，遇坎就过了它，所以要学会预防坎险、迈过坎险。

习坎：有孚维心，亨。行有尚。

习坎，就是重坎，险关重重，前面有无数的艰难险阻。坎险接连不断地来，只有心中有信心的人才会亨通、才能通过、才能逾越。因此，在艰难险阻面前要保持心中之阳，要内心坚强，只有这样才能够渡过难关、越过坎险。身处坎险之时，要有选择、有方向地向前；身处坎险若迷失方向，将无法前行，也就无法逾越“坎险”。

象曰：习坎，重险也。水流而不盈，行险而不失其信。维心亨，乃以刚中也。行有尚，往有功也。天险，不可升也；地险，山川丘陵也。王公设险以守其国，险之时用大矣哉！

习坎，就是重坎、重险之义。水因为流动而不会盈满，就如大海波涛汹涌，一浪接过一浪；坎险也是如此啊，一个接着一个，所以身处险境时你千万不要丢失信心。只有内心坚定、充满信心者，才能亨通，才能逾越这重重险阻。身处坎险，要选好方向，坚定前行，一定会成功出险的。所谓的天险，就是那些高得不能再高的地方；所谓地险，就是那些山川丘陵。君王公侯故意设置险阻障碍，可以凭借险阻来保卫国家，把坎险当作屏障，巩固国防，比如古代的护城河、长城。可见，“坎险”的时机和效用都是很大的。

初六：习坎，入于坎窞，凶。

象曰：习坎入坎，失道凶也。

窞：深坑。道：一语双关，一是指已入坎险，要遵循坎险之道；二是指方向。注意，初六为刚入坎险，初入困境，不要失道，不要失于坎道，要知道自己已经进入坎险了。另外，要知道自己的方向，不要迷失方向；否则，身处坎险而迷失方向，将是非常凶险的。

九二：坎有险，求小得。

象曰：求小得，未出中也。

九二已经深陷坎中了，但是深陷坎中应当内心坚定，做自己力所能及的事情，可以有小的收获，可以追求小的收获，但是不可以求大，因为你毕竟是身处坎险之中，而且是深陷坎险之中。讲到坎卦九二的爻辞，大家自然会想到一个故事，就是文王被拘于羑里的故事。文王被纣王拘于羑里七年之久，按照现在的话来说，实际上就是在羑里这所监狱里执行有期徒刑七年。对于任何人来说，七年的牢狱之灾都不是一件容易的事情，坐牢犹如入坎。众所周知，文王在这七年牢狱生活中演绎出了后天八卦和六十四卦，这也算是狱中的小小收获吧。当然，文王狱中演周易的故事也被后人效仿，即使是我们这个时代，也常常见到有关报道。如某某人在狱中改造的过程中写出专著若干部，完成发明创造获得专利若干项；也有个别受刑者在入狱前身体“三高”，而几年监狱生活之后，“三高”不见了，身体各项指标都正常了等。诸如此类，都可以算得上坎中小得吧。

六三：来之坎坎，险且枕。入于坎窞，勿用。

象曰：来之坎坎，终无功也。

之：去。枕：戴在脖子上的刑具。六三处于下卦与上卦的交界，这个坎险尚未过去，新的坎险又要到来，坎险一个接着一个，来的去的都是坎险。六三的坎险比九二的坎险深，就像套在脖子上的枷锁，一个接一个，一环套一环，环环相扣。三爻本性急躁，所以圣人告诫六三：重重坎险之中，不可妄动，身处坎险，切忌急躁，妄动急躁，皆是无用之功！

六四：樽酒簋贰，用缶，纳约自牖，终无咎。

象曰：樽酒簋贰，刚柔际也。

樽：酒杯。簋：古时装熟食的器皿。贰：一式两套。用：木桶。缶：装食物的器皿、乐器，此处为前者。牖：窗户（在墙壁上用木支撑的窗户）、墙上的洞。六四已到上坎，大家读完六四的爻辞有什么感觉？对，感觉就好像有人用木桶等器皿盛着酒食等，而且是一式两份，提着或担着往前走。这个人去干什么呢？对，他去探监，去探视监狱中的人，也就是深陷坎中之人。在座的各位有从事法律职业的学友可能比较容易理解，身陷囹圄之人最盼望亲人来探视，因为他身陷牢狱，失去自由，就好比深陷这个坎中，面对四面黑压压的高墙。此时的牢犯对外面的世界、外面的信息是十分渴望的，而牢犯唯一能取得外界信息的途径就是通过探监，名为探监，实为内外消息相通，也就是“纳约自牖”。能否“纳约自牖”，能否内外消息互通，决定着坎中之人能否渡过坎险。因此，能否成功脱险的关键就是六四爻的“纳约自牖”，里外相通，只有这样才能找到坎的突破口，才能避免灾祸。这一点，在上六时还会得到进一步的验证。

九五：坎不盈，祇既平，无咎。

象曰：坎不盈，中未大也。

五爻在乾卦中为飞龙在天，在坤卦中为黄裳元吉，可惜，现在是坎卦。坎中九五虽然仍处中正的君位，但是切不可以为自己还是那在天飞龙，切不可自以为是，当有自知之明，自己如今是身处坎中啊。坎陷不可盈满，水面能保持平稳就不错了。水还在流，没有坎满溢出，还没能脱险，此时千万不能自以为是，要有自知之明，自己还身处坎中啊！

上六：系用徽纆，寘于丛棘，三岁不得，凶。

象曰：上六失道，凶三岁也。

系：用绳子绑。徽：三股的绳。纆：两股的绳。寘：同“置”，放置。本爻是什么意思呢？从文字上可以看出：系木桶用的绳子被丢弃在草丛里了，寻找多年都没有找到，这是非常凶险的事情啊。为什么呢？因为那根绳子是“救命绳”，现在找不到了，不知道丢哪里去了，没有救命绳就无法出“坎险”啊，那就只能在坎险之中继续待下去了，你说这事情凶不凶啊！救命的绳子被丢弃到草丛中去了，错失这根救命之绳，多年不能走出坎险，此为上六失道。这上六爻太有意思了，与六四的“纳约自牖”相呼应，大家还记得那个木桶吧，还记得那系木桶的绳子吧，那就是你出坎的“救命绳”，你怎么能不收藏好呢？！

坎卦讲的是处险心定的智慧。坎卦告诉我们：人深陷坎中，一定要心定，要有方向感，要寻找把握机会里外相通。在本卦结束之前，再次引用刘邦的“白登突围”的典故来说明坎卦的智慧：刘邦和汉军在白登山被匈奴围了七天后，粮食也快吃完了，饥寒交迫，危在旦夕。陈平在山上看到冒顿单于对新得的阏氏（单于的妻妾）十分宠爱，朝夕不离。于是陈平向刘邦献计：从阏氏身上打主意。刘邦采用陈平之计，派遣使臣，乘雾下山向冒顿单于的阏氏行贿，才得以脱险。大家注意，这个身处坎险的刘邦大军寻找到的脱险突破口（刚柔之际）就是冒顿单于的阏氏，可见白登之围的突破口正是陈平通过“纳约自牖”找到的。

就整卦结构来看，初六告诉我们，初入坎险，内心要安定，千万不要迷失方向。九二告诉我们，身处坎险之中要信心坚定，做力所能及的事情，会有小收获的。六三告诉我们，身处坎险不可急躁冒进，否则劳而无功。六四告诉我们，身处坎险一定要纳约自牖，寻找突破口。九五告诉我们，找到突破口之后切忌高兴得太早，身处坎险要有自知之明。上六告诉我们，出坎的突破口要保护好，因为那是走出坎险的救命绳，丢掉救命绳，将凶多吉少。

坎卦讲的是处险心定的智慧，下面要讲的是离卦，请大家预习。

第三十卦　离

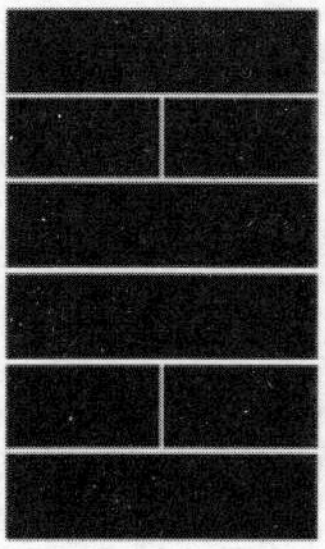

离：利贞，亨。畜牝牛吉。

象曰：离，丽也。日月丽乎天，百谷草木丽乎土。重明以丽乎正，乃化成天下。柔丽乎中正，故亨，是以畜牝牛吉也。

象曰：明两作，离。大人以继明照于四方。

初九：履错然，敬之无咎。象曰：履错之敬，以辟咎也。

六二：黄离，元吉。象曰：黄离元吉，得中道也。

九三：日昃之离，不鼓缶而歌，则大耋之嗟，凶。象曰：日昃之离，何可久也？

九四：突如其来如，焚如，死如，弃如。象曰：突如其来如，无所容也。

六五：出涕沱若，戚嗟若，吉。象曰：六五之吉，离王公也。

上九：王用出征，有嘉折首，获匪其丑，无咎。象曰：王用出征，以正邦也。

前面讲的是坎卦，坎是坎险、坎陷、陷阱的意思。《序卦传》上说：“陷必有所丽，故受之以离；离者丽也。”离：分离、附丽、美丽。所有的陷阱必有依附，众所周知，陷阱依附于大地；把大地的一部分土挖出来，分离出去，就构成了一个陷阱。所有的美丽也必须有所依附，绿叶衬红花，红花因为依附于绿叶而显得更加美丽。有所附才能有所丽，是前因后果的关系。离为火，古人钻木取火，是人类由愚昧走向文明的标志。火有很多用途，可以煮熟食物，改善人的饮食条件，进而延长人类的寿命；可以用来驱赶野兽，保护自身。后世的人们对于火的利用更是不胜枚举。火代表太阳、光明、能量，有教化的功能。

象曰：明两作，离。大人以继明照于四方。

离卦指火，寓意光明、光明普照。在后天八卦里，离代表正南，指夏季。离为阴根，中间一个阴爻，外面两个阳爻，湿为阴，热为阳，所以夏季是湿热的季节。两作：两次，两个离卦，指光明再现之义。继明：连续的光明，同“两作”，也是光明连续再现的意思。从卦象看，这一卦是由两个代表太阳的离卦组成，两个太阳寓意两次光明相继而来，所以大人效法离卦的精神，让自己德行的光辉连续不断地照耀四方，也即大人要像太阳一样始终如一地以自己的光辉普照四方。

离：利贞，亨。畜牝牛吉。

牝牛：母牛。拓荒牛把自己奉献给大地。艳阳高照，是吉祥之兆，亨通。蓄养母牛是吉祥的，因为这样合于离卦之德！为什么说蓄养母牛合于离卦之德呢？大家都知道描述农耕民族理想生活的一句话：三亩地一头牛，老婆孩子热炕头。大家可以想象一下，在古老的农耕社会，人们进行农业生产最主要的畜力就是牛了，耕牛在广袤的大地上默默无闻地为人类的农业生产贡献出自己的力量，耕牛自己就是广袤大地上最美丽的一道风景。如果这个耕牛是母牛，那就更好了，因为它可以生育出更多的耕牛。

彖曰：离，丽也。日月丽乎天，百谷草木丽乎土。重明以丽乎正，乃化成天下。柔丽乎中正，故亨，是以畜牝牛吉也。

离就是附丽、美丽。太阳和月亮因依附着天空而美丽，各种谷物草木因依附于大地而美丽。连续的光明再现因依附着正气而美丽，光明因为它的正德而幻化为光芒，进而可以教化天下。离卦的美丽不仅仅来自外在的阳刚，更加在于其内在的阴柔。外实内虚，对外以光明之德普照天下而内心始终保持谦虚，虚心使其更显美丽，这种柔和之美是中正之美。所以中正之柔更加美丽，因而亨通，就像蓄养柔顺、无私的母牛一般吉祥。

初九：履错然，敬之无咎。

象曰：履错之敬，以辟咎也。

履：实践、践行，这里是指点火。错：交错，这里指刚开始点火时薪火交错之状。然：一语双关，一指样子；二同“燃”，点燃之义。初九的意思是：刚开始点火的时候，薪火相错，点火的时候就要敬火，对火要有敬畏之心，不可玩火，只有这样才能防止火灾发生。

六二：黄离，元吉。

象曰：黄离元吉，得中道也。

黄离：指黄色的火，这是火最凶猛的状态。元吉：最高级别的吉祥。火点了一段时间，风头一到，火势凶猛，如日中天。大家注意：六二得中正之位，且二至四爻成巽，二爻为风头，所以风助火势，火势凶猛，故曰：得中道也！

九三：日昃之离，不鼓缶而歌，则大耋之嗟，凶。

象曰：日昃之离，何可久也？

昃：太阳偏西。缶：乐器。耋：七八十岁的老人。初九如旭日东升，六二则如日中天，九三当是夕阳西下。就人而言，本爻为已经远离中壮年迈向老年的时期。我们在生活中经常看到有人在五六十岁的时候，特别是刚刚退休的时候，嘴边总是挂着一个“老”字，好像日子很快就要结束、人生很快就要结束一样，这是一种消极的人生态度，是不可取的。我们的古圣先贤在离卦九三爻中告诉大家：就像太阳西落一样，人生虽然到了老年阶段，仍然要保持年轻乐观的心态，一样要对酒当歌，让生命释放出她的灿烂，否则，自怨自艾，到暮年之时再后悔荒度人生就来不及了。讲到这里，我不禁想到一位老人，就是曾经的“烟王”、如今的“橙王”褚时健，褚时健晚年的故事是对本爻爻辞的一个最好的注解。正是：人生很短，别等永远；虚度光阴，人生遗憾。

九四：突如其来如，焚如，死如，弃如。

象曰：突如其来如，无所容也。

如：像……一样。在乾卦我们就已经知道四爻有“跳跃”之性，有突如其来的感觉。就像不知道从哪里突然跳出来，或者突然跳跃不见了。所以，在离卦九四爻辞也是这样说：这场火刚开始不知道从哪里来的一样，现在火一下子没有了，也不知道它突然跑到哪儿去了。薪全被火烧完了，只剩下死灰，被丢弃在那里，而火却不见了踪影。大家想一想，你们知道火去哪儿了吗？正是：火起突然，火灭亦然；来去突然，不见踪影。

六五：出涕沱若，戚嗟若，吉。

象曰：六五之吉，离王公也。

涕：鼻涕。出涕沱若：鼻涕一把泪一把。五爻是君王之爻，大火过后，满目凄凉，悲伤涕落，恐惧嗟叹之状。君王你知道“火”的厉害了吧，知道“火”的恐怖了吧。知道了就好，知道了就不会轻易发火，知道了就不会轻启战端，将来才会吉祥！君王公侯知道“火”猛于虎的道理，对“火”保持敬畏谨慎之心，则是吉祥之事。

上九：王用出征，有嘉折首，获匪其丑，无咎。

象曰：王用出征，以正邦也。

丑：类。上九已是离火的最高境界了，可以用火来打仗。君王可以把火用于战争，把敌人首领斩获并且俘虏大批的敌军，这也是用火作为武器保卫家园、安定邦国的一种手段。讲到火攻用于战争，大家肯定想到了火烧赤壁的故事，其实火烧赤壁并不是最早运用火攻的案例，战国时期齐国名将田单火牛阵大破燕军的故事，比这个赤壁之战还要早。火烧赤壁、田单火牛攻燕等都是离卦上九的经典案例。

离卦讲的是因附而丽的智慧，也就是所有的美丽都要有所依附。正是：日月之丽，因附于天；草木之丽，因附于地；大火之丽，因附于薪；光亮之丽，因附于火。离卦表面是讲火，实际则是教导我们怎样做才能美丽，就是要有所附！不要瞧不起所依附的事物，保持谦虚的态度。敬火、用火，不要乱发火！发火不仅伤害别人也伤害自己。离还有分离的意思，森林着火时，消防员常常把未着火的那片林地先烧掉，形成隔离带，从而防止火势扩大。

就整卦结构来看，初九告诉我们，点火之时就要对火有敬畏之心，千万不可麻痹大意，以免发生火灾。六二告诉我们，风助火势，外火最猛之时，内心更要谦虚，这样才能“柔丽乎中正”。九三告诉我们，人生应对酒当歌，让生命发出灿烂之光，否则虚度光阴，临终之时再后悔就来不及了。九四告诉我们，薪尽火灭，火去无踪。死灰复燃，只是最后的灿烂。六五告诉我们，大火过后，玉石俱焚。所以身为君王不可轻易发火，更不可轻启战端。上九告诉我们，用火可以攻敌，保家卫国。

离卦讲的是因附而丽的智慧，到这里《易经》的上经部分就已经讲完了。下面要讲的是咸卦，属于下经的开始，请大家预习。

附录　蒙卦心得：何者为师

梅　子

“坎下艮上，蒙，亨，匪我求童蒙，童蒙求我。”在这个山水蒙中，何者为师呢？是巍然屹立的山还是潺潺流水呢？

我接触《易经》的时间并不长，高中时偶然看了两本《易经的智慧》，从此就喜欢上它和领我进门的那位大师，可惜理解能力有限，久而久之就很少再接触《易经》了，但对那位教授的敬佩之情却从来没减过。这位教授在视频上说蒙卦中的水是老师，山是学生。但到底为什么？他没有很具体说清楚，我听了糊里糊涂的，心里总觉得很多地方解释得很牵强，但由于他是大师，从没质疑过他会讲错，唯一想到就是自己理解能力太差了，无法真正理解。

这次有幸在朋友的介绍下跟着李老师学《易经》，让我颠覆了一直以来的很多想法。老师一开始并没有明确说何者为师，而是一路为我们做铺垫。顺着老师的思路，我一路听下去，总会有灵光在闪动，虽然无法捕获得到，但心里有好几次豁然开朗，一种非常舒服的感觉。在老师还没有真正说出答案时，我就已经知道何者为师了。等老师的铺垫完美画上句号，揭晓答案的那一刻，我的心里一直赞个不停，老师讲得实在是太好了，那一刻觉得自己灵魂被智慧的泉水洗涤了一番，心中波澜起伏，似乎有着千言万语。

老师说不是任何人都可以当老师的，真正的老师必须是有所建树的，有正德的，站得够高的，愿意传授知识的，并不是冠有“老师”的头衔就是真正的老师。这也是韩愈在《师说》上说的：“师者，所以传道授业解惑也。”而蒙卦的上卦是山，上九是山顶，是光明顶。地的极端就是山，除了天没有什么比山更高的，要站得够高，那就只有山了。而泉水的源头是在山顶的，山峰吸收天地之精华，将空气中水蒸气凝聚成山泉，不断地积累然后才源源不断地流出来，滋润大地万物，因此没有山又何来水呢？而这些都是非常符合一位真正的老师的品行。真正的老师是先不断学习提升自我，当有所建树能育人时，就毫不犹豫地将自己毕生的心血倾注给每一位学子。因此成者为师，上九就是名师。山代表的就是老师。

记得司马迁曾这样赞美孔子：“高山仰止，景行行止。虽不能至，然心向往之。”高山仰止，就是高尚品德如巍巍高山让人仰慕。孔子一生中有一大半的时间，都是在从事传道、授业、解惑的教育工作。他门下弟子三千，传授的知识影响着一代又一代中华儿女。他不但爱教育、爱学生，诲人不倦，做到教学相长，还严格要求自己，以身作则，是真正具有高尚师德的一代宗师。因此把他比作巍巍高山一点都不为过，因为他有着山一样的智慧，山一样的情怀，山一样的正德，山一样的高度，山一样的奉献精神。这也从另外一面证明蒙卦里的山代表的就是老师。

其实我们从很小的时候，就已经懂得父爱如山，都会将父亲比作我们的高山，比作我们生命中的珠穆朗玛峰。而一日为师，终身为父，师恩重如山，这些都证明了蒙卦里的山就是老师。

如果在讲解蒙卦的时候，把老师和学生的位子搞错了，自然就会让人觉得更加“懵懵懂懂”，觉得解说得很牵强，也难怪听到后面就像是被山峰堵住的道路，无论从哪个方向走，都是跨不过。而我们的李老师，讲得实在是太好了，不仅有理由充分地证明了山就是老师，而且将老师和学生清楚地定位了，那么后面的解释自然就水到渠成了，突然觉得高手就在人间。

这也让我懂得了：自己理解不了，也许是自己理解能力太差，但有时还是应该适当地去质疑一些解释不通的东西。不要因为他人是专家，是大师，就觉得他们都是对的，从而不敢去质疑，止步我们的思考。毕竟智者千虑，必有一失，愚人千虑，必有一得。在成就领域也许有巨人和矮子之分，但在思考的天空，我们都是巨人，所以不该因为他人是大师，自己是无名之辈，就将自己归类为矮子，否则久而久之，飞翔的翅膀就会折断，从此无缘于思考的蓝天。

感 谢

本书在出版过程中得到以下诸位国学爱好者的解囊相助，作者在此深表感谢（排名依照助印时间先后为序）。

任翠英　孙鹏辉　江晓群　蔡少波　吕晓东

李昆松　吴天澍　伍洁华　何　荣　幸健斌

徐定国（杭州）　谈国栋　罗浩天　黄力新

陈小婷　林志浩　林晋曦　林志豪　林浩堂

林皓洁　刘天聪　林燕姿　钟晓东　杨　希

纪锦锋　广州市易之信文化发展有限公司

后 记

本书有幸能够与大家见面，缘于众多国学爱好者的大力支持，本人在此深表感谢。

首先，要感谢广州市易之信文化发展有限公司。正是缘于易之信邀请本人讲授《易经》《道德经》等国学课程，而学友们在听课过程中反映："市上'易作'多多，但错漏连篇，学界释义五花八门，不知所宗。手中十余册，无一适用。悲！叹！"（见"易之信"微信公众号《学易心路》梅子 2015 年 3 月 13 日文）基于大家的建议，才有了把讲课录音整理成书的起意。

其次，要感谢以下青年志愿者，他们是杨彩莲、吴伟梅、莫雪香、盘嘉欣、林粉婷、刘天聪、幸健斌。正是他们牺牲了自己的宝贵时间，认真地把讲课录音整理成书稿，才使成书的起意得以成为现实。

再次，要感谢在本书出版过程中给予了无私帮助的诸位国学爱好者和热心人士。他们是刘潮活、陈奂奕、植秀忠、侯作斌等，还有黄小丹教授。他们为本书的出版付出了诸多辛苦，让本人极为感动。

最后，要感谢"助印"榜中的诸位志同道合者，他们为本书的出版解囊相助，让我感到在弘扬中华优秀传统文化的大道上，我们的"同人"遍天下！

李振义

2015 年 7 月 21 日于广州